"八八战略"以来浙江省农业减污降碳协同增效的政策演进及其效果评估

卢泓钢　丁永鹏　王益如　等　编著

中国农业出版社

北　京

作者简介

　　卢泓钢，男，浙江温州人，中共党员，经济学博士，讲师，硕士研究生导师，毕业于中南财经政法大学。现为浙江农林大学浙江省乡村振兴研究院研究人员、浙江农林大学经济管理学院讲师，兼任浙江省林学会林业经济专业委员会委员兼副秘书长。长期从事农业经济与资源环境研究，尤其在低碳经济、农业资源效率、农业绿色发展等领域具有深厚的研究积累。先后主持 2 项浙江省社会科学规划项目："'八八战略'以来浙江省农业减污降碳政策演进及其效果评估""中国农业产业绿色转型发展的国际经验与国内实践"。主笔的《关于进一步培育我省农业新质生产力法治保障的建议》获浙江省领导批示，相关成果被浙江省人民代表大会农业与农村委员会采纳，并发表于《政策瞭望》等政府内参。在 *Journal of Environmental Management*、《中国农业大学学报》《研究与发展管理》《华中农业大学学报（社会科学版）》等杂志发表 10 余篇期刊论文。出版 3 部学术专著。担任硕士研究生导师期间，指导学生获得国家级学科竞赛银奖、浙江省大学生乡村振兴创意大赛一等奖等多项荣誉。

》》》编写人员

主　编：卢泓钢　丁永鹏　王益如
参编人员（按姓氏笔画排序）：
王子禾　王先娥　王佳怡　王振雯
石海滨　付净雅　刘瑞怡　汤　越
李旭然　杨沛汶　应欣怡　沈卓艺
宋圆梦　陈优群　陈艳莎　陈徽徽
季涵奕　洪雅妍　梁凤瑜　程　熙
程相波

　　在生态文明建设与"双碳"目标交织的背景下，农业绿色转型已成为全球可持续发展的重要议题。作为中国改革开放的前沿阵地，浙江省自2003年实施"八八战略"以来，始终将生态文明建设作为高质量发展的核心路径，积极探索经济、社会与环境的协调发展模式。在"绿水青山就是金山银山"理念的引领下，浙江省首创减污降碳"双指数"，实现对减污降碳进展和效果的量化，为全国绿色低碳发展提供了宝贵经验。本书以农业减污降碳为目标，立足浙江省的实践探索，系统梳理"八八战略"实施20多年来农业减污降碳的政策演进、实践成效与理论创新，旨在为深化农业绿色转型提供科学依据与政策参考。本书主要研究内容和相应研究结果如下：

　　首先，基于政策文件分析和统计年鉴数据，从宏观视角梳理浙江省农业减污降碳政策的演进历程以及现实成效。在政策演进层面，浙江省农业减污降碳政策的演进历经"弱相关—基本协同—强联合"三阶段，呈现从局部突破到系统集成的显著特征。第一阶段（2003—2011年）为"弱相关期"，政策以面源污染治理为主，聚焦化肥农药减量、畜禽养殖污染整治，但减排固碳目标尚未纳入政策框架。第二阶段（2012—2020年）为"基本协同期"，随着"绿色发展"理念的普及，政策开始兼顾污染治理与碳减排。例如，2014年，浙江省成为全国首个现代生态循环农业试点省，推动种养循环与废弃物资源化利用；2017 年，《浙江省"十三五"控制温室气体排放实施方案》首次将低碳农业纳入政策目标。第三阶段（2021 年至今）为"强联合期"，在"双碳"目标驱动下，政策明确以"减污降碳协同增效"为核心。2022 年，浙江省出台《浙江省减污降碳协同创新区建设实施方案》，打造一批农业领域减污降碳协同试点，以发展现代生态循环农业、畜禽粪污资源化利用和无害化处理、秸秆综合利用、沼液资源化利用等措施，推进非二氧化碳温室气体协同控制并且挖掘农业固碳增汇能力。在现实成效层面，根据浙江省减污降碳政策实施框架，围绕种植业节能减排、畜牧业减排降碳、农田固碳扩容、农机节能减排、可再生能源替代五个方面的政策措施，系统评估了农业减排固碳相关措施与农业面源污染政策的协同关系。在此基础上，进一步测度与比较浙江省农业减污降碳成效指数及与其他地区的差异性，发现样本期内，浙江省农业减污降碳协同增效的综合得分从 0.645 提高到 0.684，总体增长 6.05%，增速超过全国平均水平及各区域平均水平。可见，自实施"八八战略"以来，浙江省在政策推动下不断探索形成在减少农业面源污染基础上控制农业碳排放的综合治理体系，以减污降碳协同增效改革促进农业绿色低碳高质量发展。

其次，基于全国及浙江省宏观面板数据，依次考察种植业政策、畜牧业政策、农田政策、农机政策、清洁能源政策、农业绿色发展先行区政策以及全域土地综合整治政策的减污降碳效应。在种植业方面，以浙江省创新试点"肥药两制"政策为例，研究发现，该政策通过数字化监管（如实名制购买、定额施用与"浙农优品"平台溯源）实现了化肥用量的下降，且存在环境主导技术协同型、组织主导技术协同型、技术主导型 3 条高化肥减量的驱动路径；在畜牧业方面，以现代生态循环农业试点政策为例，研究发现，该政策通过种养循环模式推广与粪污资源化利用技术覆盖，有效推动了碳减排，两者间的作用机制为提高机械化水平与优化农业产业结构；在农田政策方面，研究发现，高标准基本农田建设政策可以通过提高横向分工和纵向分工水平影响农业减污降碳；在农机政策方面，以"全程机械化"政策为例，研究发现，该政策能够显著促进当地的化肥减量，相较于非示范县，全程机械化示范县的化肥施用强度平均降低了11.8%；在清洁能源方面，以清洁能源政策为例，研究发现，清洁能源示范省政策在1%的水平上对农业面源污染、农业碳排放产生显著负向影响；在农业绿色转型方面，以浙江省农业绿色发展先行区政策为例，研究发现，设立农业绿色发展先行区对农业绿色全要素生产率具有显著的正向影响，并且可以促进农业绿色技术进步和农业绿色技术效率提升，两者间的作用机制为农业产业集聚、产业结构优化；在土地利用转型方面，以浙江省全域土地综合整治政策为例，研究发现，全域土地综合整治试点政策对碳排放存在显著的负向影响，其中集聚提升型整治模式、特色保护型整治模式、生态产业型整治模式和生态修复型整治模式是高碳减排率的重要路径。

　　基于以上研究内容和结果，本书围绕"行政规制—市场激励—实施保障"三位一体框架，提出浙江省农业减污降碳协同增效的系统性政策优化方案，旨在为全国农业绿色转型提供可复制、可推广的实践范式。在行政规制层面，通过目标责任制强化刚性约束，以全过程监管网络实现"源头—过程—末端"精准管控，并依托碳汇交易与生态修复提升系统协同能力；在市场经济层面，围绕种植、畜牧、农田、农机、能源五大领域，创新补贴机制、技术推广与绿色金融工具，激活主体减排内生动力；在实施保障层面，通过跨部门统筹协调、能力建设与试点示范，推动政策落地与技术转化。

目 录

第一章
"八八战略"与绿色发展

本章提要："八八战略"作为浙江省生态文明建设的重要指引，在推动浙江省农业绿色发展的过程中发挥着重要作用。"八八战略"通过加强生态环境保护、推进生态文明制度建设、推动产业生态化与生态产业化、促进人与自然和谐共生等举措，充分发挥浙江省的生态优势，促进经济、社会和环境协调发展，实现经济效益和生态效益的双赢。在"八八战略"引领下，浙江省在农业绿色发展过程中，秉承科学规划、系统推进和共同富裕的原则，积累了宝贵的实践经验，为实现浙江省乃至全国的农业绿色可持续发展提供了有益的参考和借鉴。

第一节 "八八战略"与生态文明建设

一、"八八战略"指引浙江省生态文明建设

2003 年 7 月，时任浙江省委书记的习近平同志在浙江省委十一届四次全会上总结改革开放 20 多年来浙江发展的成功经验，立足浙江新世纪发展实际，从新的高度提出了推进浙江未来新发展的战略，进一步发挥"八个方面的优势"、推进"八个方面的举措"，即"八八战略"。20 多年来的发展实践证明，"八八战略"是习近平同志在浙江工作时亲自擘画实施的引领浙江发展、推进浙江各项工作的总纲领和总方略。同时，"八八战略"明确要求进一步发挥浙江的生态优势，创建生态省，打造"绿色浙江"，为生态文明建设的探索实践提供有力的战略指引。浙江作为习近平生态文明思想的重要萌发地和率先实践地、"绿水青山就是金山银山"理念的发源地，在坚定不移深入实施"八八战略"中全面加强生态环境保护、纵深推进美丽浙江建设，奋力打造生态文明绿色发展标杆之地，努力在美丽中国建设上发挥示范引领作用，真正让绿色成为浙江发展最动人的色彩。

作为在地域小省、资源小省、环境容量小省的条件下发展成为经济大省的浙江，经济的高增长付出的代价是极为昂贵的。可概括为"四高"，分别是成本的高投入、资源的高消耗、污染的高排放和经济的高产出。针对这一问题，习近平同志指出，发展经济"不能以牺牲生态环境为代价"。习近平同志在主政浙江期间，先后提出"既要绿水青山，也要金山银山""绿水青山就是金山银山"等发展理念。所以早在 21 世纪初，浙江便在"八八战略"中强调走新型工业化道路和打造"绿色浙江"的目标。

2003 年，面对日新月异的城市面貌与"脏、乱、散、差"的农村面貌，习近平同志亲自谋划、亲自部署了"千村示范、万村整治"工程（简称"千万工程"）。2005 年 8 月 15 日，习近平同志在湖州市安吉县余村考察时明确提出"绿水青山就是金山银山"，强调"我们追求人与自然的和谐、经济与社会的和谐"。近 20 年来，历届浙江省委、省政府全面贯彻"绿水青山就是金山银山"的绿色发展理念，创建生态省，打造"绿色浙江"，建设"美丽浙江"。浙江省持续推进"五水共治"，联动推进治气、治土、治堵，大力淘汰落后产能，使生态环境持续改善。2018 年，联合国环境规划署将"地球卫士奖"中的"激励与行动奖"颁发给了集中体现习近平生态文明思想的"千万工程"。《浙江省生态环境状况公报》（2021 年）显示，2021 年，浙江省水环境和环境空气质量进一步改善，生态系统格局总体稳定，全省生态环境公众满意度连续 10 年上升。2021 年，浙江全省规模以上工业单位增加值能耗下降了 5.8%。其中，千吨以上和重点监测用能企业单位增加值能耗分别下降了 6.7% 和 6.9%，低碳发展之路初见成效。2022 年，浙江生态环境保护工作扎实有力推进，获得国家污染防治攻坚战成效考核、生态环境公众满意度评价两个"全国第一"。

"八八战略"作为浙江省核心发展战略之一，强调了生态保护、绿色转型和可持续发展的重要性，通过发挥浙江的生态优势，推动经济、社会和环境协调发展，实现经济效益和生态效益的双赢。这一战略在生态文明建设方面的举措包括加强生态环境保护和治理、推进生态文明制度建设、促进生态旅游和文化产业的发展，以及倡导绿色生产方式和生活方式等。

二、"八八战略"在生态文明建设方面的举措与成就

1. 加强生态环境保护和治理

浙江省秉持"一张蓝图绘到底""一任接着一任干""功成不必在我"的精神，在"八八战略"的指引下，深入践行"绿水青山就是金山银山"的理念，统筹推进"美丽浙江"等"六个浙江"建设，只为在提升生态环境质量上更进一步、更快一步。在生态文明建设加速阶段，时任浙江省委书记的习近平同志

紧密结合浙江实际，进行了一系列的理论创新："绿水青山就是金山银山""生态兴则文明兴，生态衰则文明衰""保护环境就是保护财富"，具有浙江特色的生态建设理念逐步形成。浙江成为习近平生态文明思想的重要萌发地，取得了生态文明建设的伟大成就。至 2008 年末，浙江累计建成 1 个国家级生态县、43 个国家级生态示范区、6 个国家环保模范城市、138 个全国环境优美乡镇、2 个国家级生态村。随着生态文明建设的持续深化，浙江不仅在发展战略上秉承并不断深化"八八战略"思想，持续深入推进生态文明建设，更形成一系列行之有效的生态文明建设方案，取得显著成效，如实施"811"行动、"五水共治"、清新空气行动、全域"无废城市"建设。截至 2023 年底，浙江省劣 V 类水质断面全面消除，地表水省控断面 Ⅲ 类及以上水质比例上升到 97.0%，设区城市 PM2.5 平均浓度下降到每立方米 27 微克，百山祖冷杉、中华凤头燕鸥等珍稀濒危物种的种群持续增长。凭借环境治理的久久为功，浙江探索出一条富有浙江特色的绿色发展之路，向天更蓝、山更绿、地更净、水更清、环境更优美的目标迈进。

2. 推进生态文明制度建设

浙江高水平推进生态文明建设的背后，离不开省委、省政府高度重视现代环境治理体系建设，以生态文明体制改革撬动全省上下深刻践行"绿水青山就是金山银山"理念，全面构建浙江省生态文明领域"四梁八柱"制度框架。制度成果包括三个方面。一是数字赋能治理现代化。浙江开展全国唯一生态环境数字化改革和生态环境"大脑"试点省建设，构建了生态环境数字化的"1＋N"制度标准体系，将数据共享、工作协同等数字化要求写入《浙江省生态环境保护条例》，积极探索绿色智慧的数字生态文明实现路径。二是建立生态规章制度。浙江省以中共中央、国务院印发的《生态文明体制改革总体方案》为指导，已经构建起由自然资源资产产权制度、国土空间开发保护制度、空间规划体系、资源总量管理和全面节约制度、资源有偿使用和生态补偿制度、环境治理体系、环境治理和生态保护市场体系、生态文明绩效评价考核和责任追究制度八个方面构成的系统性生态文明制度体系，生态文明领域治理体系和治理能力现代化取得重大进展。三是打造生态标准规范。浙江省制定实施了《农村生活污水处理设施水污染物排放标准》《城镇污水处理厂主要水污染物排放标准》《电镀水污染物排放标准》等一系列标准，以及《美丽乡村建设规范》《新时代美丽乡村建设规范》等一系列规范。

3. 推进产业生态化与生态产业化

产业发展是实现生态资源转化为经济价值的核心途径。一是浙江省大力发展绿色产业供应链，打造"生态＋"新业态，充分依托"电子商务""大数据"

等高新技术手段，形成农产品电子商务、特色小镇、精品民宿、村落景区等特色生态产业和生态项目。二是以现代生态循环农业为载体，着力建立起涵盖生态、环保、观光以及产业带动的发展模式，培养绿色工厂、绿色园区和绿色制造服务机构，推动绿色设计及绿色产品发展，创建绿色供应链。三是着力推进多产联动发展特色产业。浙江省积极推进旅游风情小镇和乡村"慢生活休闲旅游示范村"创建，以旅助农、以旅兴农、以旅富农。同时，林业产业区域化和专业化特征日益显现，形成了木业、竹业、花卉苗木、森林食品、森林旅游和休闲养生等若干区域特色鲜明的林业产业集群，配套协作不断完善，产业集聚效应初步显现。

4. 促进人与自然和谐共生

人与自然之间互相依存，自然界为人类提供生存活动所需的物质能量，人类对自然界也具有能动作用，而人作为主体需担负起协调与优化人与自然关系的重任。浙江通过持之以恒开展环境整治行动及"生态日"等活动，让简约适度、绿色低碳的生活消费理念渐入人心，城乡生活垃圾分类集中处理逐步实现，全社会绿色发展方式和生活方式逐步形成。公众参与环境保护蔚然成风，"嘉兴模式"写进联合国报告。2023 年，浙江省拥有的国家生态文明建设示范区、"绿水青山就是金山银山"实践创新基地数量均居全国第一。同时，全省中小学环境教育普及率达到 100%。生态环境公众满意度连续 12 年提升。

浙江生态文明建设成就是"八八战略"推动浙江精彩蝶变的生动体现，是"两个确立"决定性意义的鲜活例证。我们只要坚定不移沿着习近平总书记指引的道路奋勇前进，就一定能够坚持山清水秀"金不换"，擦亮美丽浙江"金招牌"，捧牢生态资源"金饭碗"，用好绿色发展"金钥匙"，为谱写中国式现代化浙江篇章增添更鲜明、更厚重、更牢靠的生态底色。

第二节 "八八战略"与浙江农业绿色发展实践

一、"八八战略"推动浙江省农业绿色发展

"八八战略"以来，浙江成为现代生态循环农业试点省、土地确权登记颁证试点省目前唯一整省推进的国家农业可持续发展试验示范区和首批国家农业绿色发展试点先行区之一，获批创建国家农产品质量安全示范省、畜牧业绿色发展示范省、农业"机器换人"示范省，全省绿色农业发展产业体系、制度体系和可持续发展长效机制已初步形成。在生态文明背景下，全面梳理"八八战略"与浙江省农业绿色发展实践，对推进浙江农业绿色发展具有重要的理论和实践意义。

习近平总书记非常重视生态环境建设，在浙江工作期间领导制定和实施的"八八战略"，指引着浙江省农业绿色发展的实践。"绿水青山就是金山银山"的科学论断化为生动的现实，不断丰富经济发展和生态保护之间的关系，浙江绿色农业发展经历了探索、稳步推进阶段，现已处于全面深化阶段，并取得诸多成绩。

一是政策制度体系基本建立。在绿色农业发展过程中，浙江省围绕"一控二减四基本"的目标任务，按照"一项目标任务、一个实施方案、一套支撑政策"的思路，省人大颁布了农作物病虫害防治、耕地质量管理、农业废弃物处理与利用等法规规章；省人大、省政府出台了加快畜牧业转型升级、加快发展现代生态循环农业、商品有机肥生产与应用、发展农村清洁能源等意见和办法；农业农村部门和其他相关部门制定了畜禽养殖场污染治理达标验收办法、沼液资源化利用、养殖污染长效监管机制、化肥和农药减量增效等指导意见和实施方案。2017年，浙江省先后出台了30多项加快发展现代生态循环农业和促进畜牧业绿色发展的法规政策，形成53条绿色生态农业政策清单，建立起较为完整的绿色生态农业政策体系。

二是现代生态循环农业取得阶段性成效。早在2014年，经农业部批复，浙江省成为全国现代生态循环农业试点省。在养殖领域，浙江省制定"一场一策"治理方案，落实责任、限期整治养殖污染，关停多户养殖场，保留的规模养殖场已基本完成生态治理，污染防治取得突破性进展；建成了"属地管理、部门联动、镇村巡查和社会监督"的养殖污染网格化巡查机制，对规模猪场开展智能化防控建设，实现"线上线下"联动监管。在种植领域，通过推广应用有机养分替代、测土配方施肥、新型肥料和肥水一体化技术，推广水旱轮作、杀虫灯、色板、生物防治、生态防控、统防统治等技术，化肥农药减量增效成效显著。2023年，浙江省农作物秸秆综合利用率超97%，畜禽粪污资源化利用和无害化处理率超92%，农药包装废弃物回收率超90%，废旧农膜回收率超94%，循环经济各项指标位居全国前列。

三是农产品质量安全显著提升。提升农产品质量安全是浙江省绿色农业探索起步阶段的重要建设内容。2015年，浙江省成为农业部批复的整建制创建国家农产品质量安全示范省。在实际工作中，浙江省一手抓农业标准化，一手抓执法整顿，强化农产品质量安全监测体系和监管能力建设，加大农产品质量安全抽检力度，实现省、市、县抽检全覆盖。2018年，浙江省省级农产品质量抽检合格率达98%。浙江省深化完善抽样、监测、会商、通报、查处机制，强化监测结果应用，指导安全生产；进一步强化检打联动机制，对不合格农产品的查处率达到100%。2022年，浙江省新育成省级审（认）定农业新品种

83 个，获国家登记品种 70 个。

四是绿色农业科技支撑日益夯实。浙江省通过创新强省农业科技示范点项目的实施，利用政策资金扶持引导，集聚人才、技术、资本等高端要素，推动产业链、创新链、资金链深度融合。深入实施科教兴农战略，组建产业技术创新与推广服务团队，建成了"3＋X"基层农业公共服务中心，委托培养基层农技人员。继续实施"千万农民素质提升工程"，加强新型职业农民培育，2018 年培训 57.9 万人，其中，各类农村实用人才 18 万人次。2022 年，浙江省农作物耕种收综合机械化率领跑南方 12 个丘陵山区省份；实施农业领域"双尖""双领"重点研发计划项目 78 项；在全国率先开展丘陵山区适用小型农业机械推广应用先导区创建；成立省种业集团；成立首个农业领域省级实验室——湘湖实验室。2023 年，浙江省育成了甬优系列、浙优系列、春优系列等三大系列水稻新品种，主要农作物良种覆盖率已达 98％，农业科技贡献率达 67.97％。

二、"八八战略"背景下浙江省农业绿色发展的经验与启示

基于浙江省"八八战略"背景，梳理浙江省农业绿色的发展脉络，可以总结出以下 3 个方面的基本经验和启示。

1. "一以贯之"做好科学规划

习近平总书记在浙江工作期间强调，"坚持规划先行，以点带面，着力提高建设水平"。绿色发展不是自发的，需要科学规划与战略引领，政府是制定和落实发展战略的主体，浙江绿色发展取得成功的重要原因在于有正确的战略部署。习近平总书记在浙江工作期间领导制定和实施了"八八战略"，并在党的十八大后加强对实施"八八战略"的指导，为进一步发挥浙江的生态优势、创建生态省、打造"绿色浙江"作出了开拓性贡献；浙江各级政府忠实践行创建生态省、打造"绿色浙江"的战略部署，推动了绿色发展，让绿色成为浙江发展最动人的色彩。

2. "一脉相承"坚持系统推进

人类改造自然的能力越强，越要重视绿色发展，以避免这种能力对人类所依赖的生态环境的破坏。如果说 40 多年前确定的开放战略是发展的需要，那么绿色发展是高质量发展的需要。绿色发展是生态环境有效融入社会再生产的过程，与开放一样涉及经济运行的全过程和社会生产生活的各个方面。要像抓开放那样抓绿色发展，全方位、多层次、系统性、综合推进绿色发展。

3. "一如既往"坚持共同富裕

共同富裕是包括生态环境财富在内的共同富裕，那些靠损害生态环境而

"富"的地区并不是真正的富有者。共同富裕应该是人民的共同富裕，如果一些地区在保护和改善生态环境基础上，仍然存在明显的经济发展或生活水平差距，那么需要改进这种差距，这意味着要基于绿色发展实现人民共同富裕。

浙江省将继续扛起深学践行"八八战略"、全力推动乡村振兴的使命担当，立足职能优势，进一步优化规划传导体系和农业绿色发展模式，确保粮食安全、提升乡村建设水平、促进农业绿色发展，共同擘画"千村引领、万村振兴、全域共富、城乡和美"的浙江省农业绿色发展新画卷。

第二章
农业减污降碳协同增效的水平测度及省级比较研究

本章提要： 协同推进农业减污降碳是打好防污攻坚战的关键路径和重要抓手。本章基于2000—2020年全国30个省份的面板数据，利用熵值法从减污、降碳、扩绿和增长四个维度构建评价指标体系，综合评价全国农业减污降碳协同增效水平，并采用耦合协调度模型、核密度估计、空间收敛模型等方法对该指标的耦合协调度、动态演进过程以及空间收敛趋势进行探讨。结果显示：（1）全国农业减污降碳协同增效水平逐年提升，但减污水平与降碳水平两个子系统呈下降趋势；（2）全国及三大区域农业减污降碳协同增效水平均处于明显上升的高耦合水平阶段，但整体耦合协调程度还处于中等水平，尚未形成良好的耦合发展态势；（3）全国农业减污降碳协同增效水平整体呈现上升趋势，且分布的两极化趋势在减弱；（4）全国农业减污降碳协同增效水平存在显著的 α 收敛、绝对 β 收敛和条件 β 收敛。因此，各地区要因地制宜并加强区域合作，推动农业减污降碳高效发展。

第一节 农业减污降碳研究述评

　　保护环境资源，应对气候变化，实现可持续发展，事关中华民族永续发展和人类命运共同体的构建。我国正处于深入打好污染防治攻坚战、持续改善环境质量、建设美丽中国的关键时期；同时也处于积极部署谋划实现2030年前碳达峰目标和2060年前碳中和愿景的开局阶段。习近平总书记在2020年12月的中央经济工作会议上明确指出，要继续打好污染防治攻坚战，实现减污降碳协同效应。为推动实现减污降碳协同效应，2021年1月，生态环境部印发《关于统筹和加强应对气候变化与生态环境保护相关工作的指导意见》，明确指出，鼓励各地积极探索协同控制温室气体和污染物排放的创新举措和有效机制。2022 年 6 月，生态环境部等 7 部门联合印发了《减污降碳协同增效实施方案》，文件中明确提出了"减污降碳"的具体目标：到 2025 年，减污降碳协同推进的工作格局基本形成；到 2030 年，减污降碳协同能力显著提升，助力实现碳达峰目标。从以上文件中不难发现，面对环境污染与温室气体排放这一同根同源问题，中共中央已明确将低碳战略纳入生态文明建设总体布局，推动减污降碳协同治理成为促进经济社会发展全面绿色低碳转型的重要抓手。第二、第三产业是环境污染与碳排放的主导产业，而中国作为传统农业大国，农业农村的污染与碳排放问题亦不容忽视。

尽管相关部门已出台相关政策为缓解农业面源污染和碳排放作出巨大努力，但距离预期目标仍有较大差距。在农业面源污染方面，截至 2020 年，我国三大粮食作物的肥料利用率达到 40.2%，农药利用率达到 40.6%（颜玉琦等，2021），相较欧美等发达国家的化肥利用率和农药利用率，两者分别存在 10%～20% 和 50%～60% 的差距；在农业碳排放方面，目前农业碳排放量以年均 5% 的速度持续增长，若对农业碳排放不采取有力手段加以控制，农业碳排放量将保持持续增长趋势（陈蕊等，2022）。基于农业面源污染和碳排放高度同根同源的特征（徐湘博等，2022），减污降碳协同推进是从根本上解决传统污染问题的战略路径。因此，从减污降碳视角出发，纳入扩绿、增长维度，测度农业减污降碳协同增效指数，揭示其时空演化规律和收敛态势，可以为推动生态环境质量的逐步改善及绿色低碳循环的持续发展提供现实依据。

现阶段而言，关于碳排放和农业面源污染的研究较为丰富，并取得诸多研究成果，主要包括以下三个方面。一是农业碳排放相关研究。具体而言，早期的农业碳排放研究集中于测算及其特征分析，如 West 等（2002）着眼于农田二氧化碳排放，从化肥、农药、农业灌溉和种子培育四个维度来测算农业碳排放总量。刘华军等（2013）从农业生产投入视角出发，基于农药、农膜、化肥、农机使用、翻耕、灌溉等农业生产中的六个方面来测算碳排放量。随着相关研究的进一步开展，大部分研究人员更加注重农业碳排放动态演进（田云和尹忞昊，2022）、影响因素（Soytas et al.，2007）、碳排放效率测度（吴昊玥等，2021），偏向于对减排潜力（Fais et al.，2016）和经济增长关系（Tian et al.，2014）的分析和探讨。二是农业面源污染相关研究。国内外研究人员对其分析重心在于内涵界定（Yun et al.，2015）、评估与测算（Mohammed et al.，2004）、影响因素（Defrancesco et al.，2010）以及治理举措研究（Quan et al.，2002）等方面。如陆杉（2022）、冯琳等（2002）利用单元调查法对农业面源污染排放量进行了核算。宋晓明等（2022）从水产养殖业、畜牧业、种植业和农村生活污水四个方面采用排污系数法计算污染排放量。彭兆弟等（2016）聚焦太湖流域跨界区农村生活污水、农田径流、畜禽养殖等，利用输出系数法对农业面源污染强度进行评价。三是农业减污降碳相关研究。李慧泉等（2022）以农业面源污染的动态测算结果为非期望产出的指标，以此为视角对农业绿色发展状况进行了分析。王信等（2022）探讨了在以碳排放为非期望产出的基础上推动农业低碳可持续发展的有关举措。封永刚等（2015）对农业面源污染和碳排放的产出量进行评估，并测算在农业耕地利用过程中的非期望产出量。

关于减污降碳的基本概念：根据生态环境部环境与经济政策研究中心对减污降碳协同效应的定义，减污降碳协同效应一方面是指在控制温室气体排放过程中减少其他污染物的排放（即降碳政策的减污效应），另一方面是指在污染物排放控制和生态建设过程中减少排放或吸收 CO_2 和其他温室气体（即减污政策的降碳效应）（胡涛等，2004）。关于降碳政策的减污效应研究：Cao 等（2012）模拟发现，碳税政策在促进二氧化碳排放的同时能减少空气污染；叶金珍和安虎森（2017）研究发现，碳税与污染物排量存在异质性因果关系，在 PM2.5 浓度、NO 排量和 NO_2 浓度都特别高的国家，开征碳税将显著改善空气质量；叶芳羽等（2022）采用双重差分模型评估碳排放权交易政策的减污降碳效应，发现碳排放权交易政策不仅作用于碳排放，还有利于污染防治。关于减污政策的降碳效应研究：王东和李金叶（2022）将环境规制、技术进步与能源碳排放效率纳入同一分析框架，研究发现，环境规制政策对能源碳排放效率具有显著的抑制作用；王金涛和黄恒（2022）研究发现，绿色信贷政策整体上降低了碳排放量，且这一效应受制于环境规制的力度。具体到农业减污降碳方面，相关研究更多的是将面源污染和碳排放纳入同一研究框架建立指标体系：封永刚等（2015）采用非期望产出的 SBM 模型，将面源污染和碳排放作为非期望产出，测算中国耕地利用效率；解春艳等（2021）将农业碳排放与农业面源污染纳入指标体系，探讨中国农业技术效率的区域差异和影响因素；张云宁等（2022）基于面源污染和碳排放，构建农业绿色生产效率"经济—能源—环境—社会"评价指标体系。

纵览文献可知，现阶段关于农业减污降碳协同增效的研究探讨不断深入，为后续研究奠定了坚实基础。但同时，已有研究也存在一定不足之处。主要表现在以下三个方面：一是关于减污降碳的相关研究大多从面源污染或者碳排放单方面考虑，少数同时考虑面源污染和碳排放的研究并未将扩绿和增长纳入分析框架；二是鲜有研究构建"降碳、减污、扩绿、增长"的指标体系，无法系统刻画减污降碳的协同演进趋势；三是集中研究减污降碳的定性探讨及现状描述的文献较多，从动态演进、空间分布、收敛性等角度展开论述的文献较少。鉴于此，本章聚焦农业领域，利用全国 30 个省份的面板数据，依托"降碳、减污、扩绿、增长"四大任务尝试弥补这些不足。首先，明晰减污降碳协同增效的内涵特征，并构建评价指标体系进行水平测度。其次，采用耦合协调度模型分析减污降碳协同增效子系统间的耦合协调关系。再次，采用核密度估计和空间收敛模型探讨农业减污降碳协同增效的动态演进过程和空间收敛趋势。最后，根据研究结论给出有针对性的政策建议，以期为农业减污降碳协同增效目标的达成提供重要参考依据。

第二节　农业减污降碳的内涵及水平测度

一、农业减污降碳协同增效内涵界定

结合农业领域自身的特殊性，以"降碳、减污、扩绿、增长"四大任务为基础，建立农业减污降碳协同增效的演化机理（图 2-1）。具体地，以"减污降碳"为核心驱动。一方面聚焦农业面源污染，涵盖化肥施用、农业固体废弃物、畜禽养殖、农村生活垃圾等环节，借农业资源循环利用推进绿色转型；另一方面针对农业碳排放，从农业能源利用、农用物资投入、水稻种植、畜禽养殖切入，依托农业碳汇增长等路径，同步保障供应链安全。两条路径并行，通过资源循环、碳汇功能等作用，最终实现农业绿色转型、供应链安全等协同增效目标，促进农业可持续发展。农业减污降碳协同增效是在各种现实条件下，协同推进农业减污降碳和扩绿增长的发展战略，其中，降碳、减污是做减法，扩绿、增长是做加法。"降碳"可以从源头上减少污染物排放，"减污"可以提高农业生态环境质量，两者降低的是高碳、高污农业的碳排放强度和污染物负荷；"扩绿"可以增强碳汇能力，推动农业资源循环利用，进一步扩大环境容量；"增长"只有建立在保障粮食安全及重要农产品供应的基础上，才能使农业经济发展实现质的有效提升和量的合理增长成为可能。分项来看，在农业碳排放方面，二氧化碳主要排放源来自种植、养殖、加工等生产过程。其中，种植业碳排放聚焦于能源消耗、化学投入品和水稻种植等来源，畜牧业碳排放组成部分包括反刍动物胃肠道甲烷排放、粪便处理过程中产生的甲烷和粪便还田过程中的氧化亚氮排放（吴强等，2022）。农业面源污染的来源同样集中在种植、养殖、加工等生产过程，已有研究大多从化肥施用、畜禽养殖、农业固体废弃物以及农村生活垃圾等方面测度农业面源污染（葛小君等，2022）。由此可见，农业碳排放和农业面源污染两者具有同根同源同过程的特点，农业减污降碳协同增效具备可行性。扩绿与增长对农业减污降碳具有支撑作用。在扩绿方面，农业资源循环利用和农业碳汇是农业绿色发展的两大核心内容：农业资源循环利用即在促进生产清洁化、废弃物资源化和产业模式生态化的基础上，推动农业绿色转型；农业碳汇增长即通过改善农业管理方式，如采用保护性耕作、秸秆还田、有机肥施用、人工种草和草畜平衡等，推动农田固碳增汇的能力。在增长方面，按照《农业农村减排固碳实施方案》，必须以确保粮食安全、重要农产品有效供给为主要内容，为农业农村减污降碳提供有力支撑，因此，实现减污降碳时要综合考虑粮食安全和重要农产品供给。

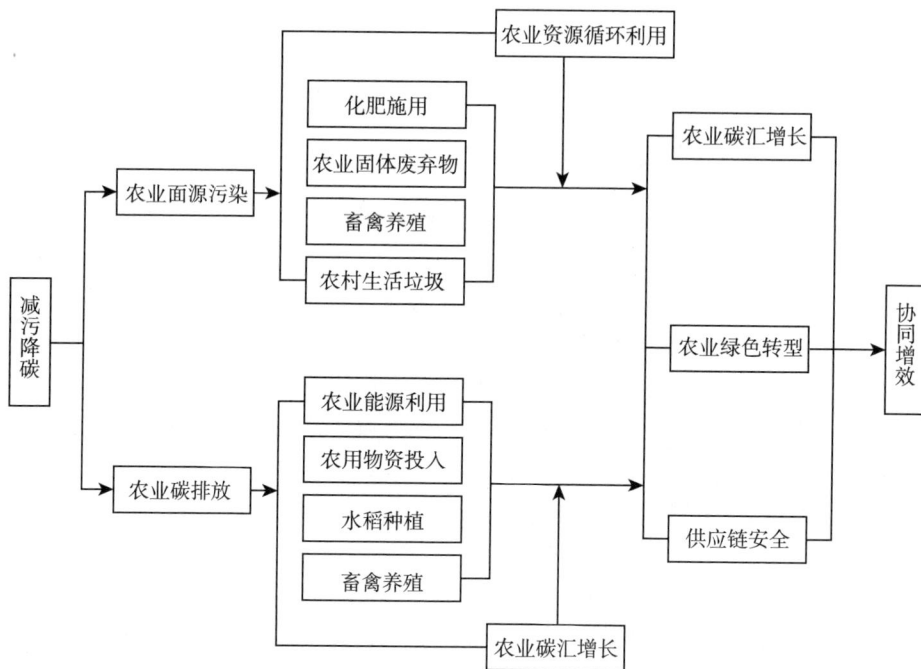

图 2-1 农业减污降碳协同增效的演化机理

二、农业减污降碳协同增效指标体系

根据农业减污降碳协同增效的内涵界定，在综合考虑我国各省份农业发展现状的前提下，遵循科学性、系统性和数据可获得性等基本准则，确定可量化的 16 个二级指标，采用熵值法确立权重，具体内容如表 2-1 所示。其中：减污，即减少农业面源污染，农业面源污染的排放源主要是农业农村生产与生活两方面的排污，选取种植污染量、化肥污染量、畜牧污染量和乡村污染量四项指标（马九杰和崔恒瑜，2021；贾陈忠和乔扬源，2021）；降碳，即降低农业碳排放，农业碳排放主要来自种养环节中资源投入使用及废弃物利用，选取了农业能源利用、农用物资投入、水稻种植和畜禽养殖四项指标（田云和尹忞昊，2022；王恒和方兰，2023）；扩绿，即农业绿色转型，农业资源循环利用与农业碳汇稳定增长是农业绿色转型的两个方面，选取氮养分贡献率、磷养分贡献率、钾养分贡献率（赵俊伟和尹昌斌，2016）和农业碳汇量（尚杰和杨滨键，2019）四项指标；增长，即保障粮食安全与重要农产品有效供给，选取了粮食总产量增长率、人均粮食占有量、单位耕地面积粮食产量和肉蛋奶水产总量（杜志雄和胡凌啸，2023）四项指标。

表 2－1　农业减污降碳协同增效的评价指标体系框架

一级指标	二级指标	指标定义	指标说明	单位	指标属性	权重
减污	种植污染量	作物产量×秸秆与作物产量比×秸秆产污系数×流失率×排放系数	作物包括稻谷、小麦、玉米、油料、蔬菜、豆类、薯类7种	万吨	—	0.064
	化肥污染量	化肥用量×产污系数×流失率×排放系数	化肥包括氮肥、磷肥、复合肥	万吨	—	0.064
	畜牧污染量	畜禽养殖量×排泄系数×流失率×排放系数	畜禽选取猪、牛、羊、家禽	万吨	—	0.064
	乡村污染量	乡村人口数×产污系数×流失率×排放系数	—	万吨	—	0.063
降碳	农业能源利用	农业能源消耗量×碳排放系数	农业能源包括原煤、洗精煤、其他洗煤、煤制品、焦炭、汽油、柴油、燃料油、液化石油气、天然气、热力、电力12种	万吨	—	0.064
	农用物资投入	农用物资投入总量×碳排放系数	农用物资包括化肥、农药、农膜	万吨	—	0.064
	水稻种植	稻田面积×碳排放系数	稻田面积包括早、中、晚稻田面积	万吨	—	0.063
	畜禽养殖	畜禽养殖量×碳排放系数	畜禽选取奶牛、非奶牛、马、驴、骡、猪、山羊、绵羊、家禽9种	万吨	—	0.064
扩绿	氮养分贡献率	畜禽粪便氮养分/农田氮养分需求量	—	％	—	0.064
	磷养分贡献率	畜禽粪便磷养分/农田磷养分需求量	—	％	—	0.064
	钾养分贡献率	畜禽粪便钾养分/农田钾养分需求量	—	％	—	0.064
	农业碳汇量	作物产量×经济系数×(1－含水量)/碳吸收率	作物选取小麦、稻谷、玉米、谷子、高粱、薯类、棉花、花生、油菜籽、烟叶、蔬菜11种	万吨	＋	0.058

（续）

一级指标	二级指标	指标定义	指标说明	单位	指标属性	权重
增长	粮食总产量增长率	（当年粮食总产量－上年粮食总产量）/上年粮食总产量	—	%	＋	0.064
	人均粮食占有量	粮食总产量/常住人口	—	万吨	＋	0.060
	单位耕地面积粮食产量	粮食总产量/耕地面积	—	万吨	＋	0.060
	肉蛋奶水产总量	牛、羊、禽、奶、蛋和水产（鱼类）总和	—	万吨	＋	0.057

注：在指标属性列中"—"表示负向指标，"＋"表示正向指标；在指标说明列中"—"表示无。

三、研究方法

（一）熵值法

采用客观赋权法的熵值法对指标进行赋权，指标权重由各个变量的离散程度来确定，客观地测量农业减污降碳协同增效程度。为将年份间的差异性考虑入内，添加时间变量（杨丽和孙之淳，2015），模型如下：

指标选取：设有 r 个年份，n 个省市，m 个指标，则 $x_{\theta ij}$ 为第 θ 年省份 i 的第 j 个指标值。

指标标准化处理：为保证结果的可靠性，需消除量纲和单位的差异，故进行标准化处理。正向标准化 $x'_{\theta ij} = x_{\theta ij}/x_{\max}$，负向指标体系 $x'_{\theta ij} = x_{\min}/x_{\theta ij}$，其中，$x_{\max}$ 表示指标最大值，$x_{\min}$ 表示指标最小值。

确定指标权重：$y_{\theta ij} = x'_{\theta ij}/\sum_{\theta}\sum_{i} x'_{\theta ij}$ （2-1）

计算第 j 项指标的熵值：$e_j = -k\sum_{e}\sum_{i} y_{ij}\ln(y_{\theta ij})$，其中 $k>0$，$k = \ln(rn)$ （2-2）

计算第 j 项指标的信息效用值：$g_j = 1-e_j$ （2-3）

计算各指标的权值：$w_j = g_j/\sum_{j} g_j$ （2-4）

计算综合指数：$H_{\theta i} = \sum_{j}(w_j x'_{\theta ij})$ （2-5）

（二）耦合协调度模型

耦合度模型常用于衡量两个及以上系统之间相互作用关系的强弱（宋娜

等，2023）。衡量农业减污降碳协同增效水平包括减污、降碳、扩绿和增长 4 个维度。耦合度的计算公式为：

$$C = \sqrt{\frac{U_1 \times U_2 \times U_3 \times U_4}{(U_1 + U_2 + U_3 + U_4)^4}} \qquad (2-6)$$

式（2-6）中，U_1、U_2、U_3 和 U_4 分别为减污、降碳、扩绿和增长 4 个子系统，C 为耦合度，C 的取值范围为 0～1，当 $C=0$ 时表示系统之间的耦合度并不存在；当 $C=1$ 时意味着系统处于高度耦合状态。采用中值分段法，可以将耦合度进行区间划分（表 2-2）。

表 2-2　耦合度及耦合协调度的判别标准

C 值区间	耦合度类型	D 值区间	耦合协调类型
$0 < C \leqslant 0.30$	低水平耦合	$0 < C \leqslant 0.30$	低度耦合协调
$0.30 < C \leqslant 0.50$	拮抗阶段	$0.30 < C \leqslant 0.50$	中度耦合协调
$0.50 < C \leqslant 0.80$	磨合阶段	$0.50 < C \leqslant 0.80$	高度耦合协调
$0.80 < C \leqslant 1$	高水平耦合	$0.80 < C \leqslant 1$	极度耦合协调

鉴于耦合度模型只能反映各系统之间的耦合作用程度，难以反映系统间整体功能大小，如系统间较高耦合度也可能存在系统间各自发展水平较低的情况，故以耦合度函数为基础，构建耦合协调度模型。公式如下：

$$D = \sqrt{C \times T} \qquad (2-7)$$

$$T = aU_1 + bU_2 + cU_3 + dU_4 \qquad (2-8)$$

式（2-6）、式（2-7）、式（2-8）中：C 为耦合度，D 为耦合协调度，T 为减污、降碳、扩绿和增长的综合协调指数，a、b、c、d 分别表示所对应的贡献系数，即各子系统综合权重值。当求解 4 个子系统之间的耦合度时，根据表 2-1 中四类一级指标下二级指标的权重，通过求和计算得到贡献系数，分别取值为 0.251、0.241、0.254、0.254。根据相关研究，D 的取值为 0～1（表 2-2）。

（三）核密度估计

核密度估计是用连续的密度曲线对随机变量的分布形态进行描述（Silverman，1986）。与其他估计相比，核密度估计具有强稳健性、弱模型依赖性的特点。设随机变量 x 的密度函数为 $f(x)$，公式如下：

$$f(x) = \frac{1}{Nh} \sum_{i=1}^{N} K\left(\frac{x_i - \overline{x}}{h}\right) \qquad (2-9)$$

$$k(x) = \frac{1}{\sqrt{2\pi}} \exp\left(-\frac{x^2}{2}\right) \qquad (2-10)$$

式（2-9）、式（2-10）中：N 为样本数量，x_i 为具有独立同分布的观测值，$\bar{x}$ 为均值，$k(x)$ 为核密度函数，h 为带宽。本章选择高斯核函数对全国和三个区域农业减污降碳协同增效的动态演进进行估计（李青松等，2022）。其中，区域划分依据《国家粮食安全中长期规划纲要（2008—2020 年）》的标准，将河北、内蒙古、辽宁、吉林、黑龙江、山东、河南、江苏、安徽、江西、湖北、湖南、四川划为粮食主产区；将山西、广西、重庆、贵州、云南、陕西、甘肃、青海、宁夏、新疆划为粮食产销平衡区；将北京、天津、上海、浙江、福建、广东、海南划为粮食主销区。

（四）空间收敛模型

1. α 收敛

α 收敛能够解释我国 30 个省份在考察期内农业减污降碳协同增效水平在时间趋势上的变化情况和离散程度，标准差、变异系数、泰尔指数或基尼系数等为常用的衡量指标（沈洋和周鹏飞，2022）。本章采用变异系数衡量 α 收敛，计算公式如下：

$$CV = \frac{\sqrt{\sum_{i=1}^{n}(Y_I - \bar{Y})^2/n}}{\frac{1}{n}\sum_{i=1}^{n}Y_i} \qquad (2-11)$$

式（2-11）中：CV 表示变异系数，Y_i 为农业减污降碳协同增效水平，$\bar{Y}$ 为全国农业减污降碳协同增效水平的平均值，CV 值越大表明越多省域的农业减污降碳协同增效水平与全国平均值之间存在较大差异。

2. β 收敛

β 收敛包括绝对 β 收敛与条件 β 收敛两大类。绝对 β 收敛指各地区农业减污降碳协同增效水平收敛于趋同的稳态水平；而条件 β 收敛认为，对于不同地区，外界要素会产生不同效果，需要加入一些关键控制变量，将城镇化率、复种指数等控制变量纳入条件 β 收敛模型。由于各地区农业要素禀赋不尽相同，考虑到与现实的相符性，构建空间面板计量模型检验农业减污降碳协同增效水平发展的 β 收敛情况（向云等，2022），绝对 β 收敛模型和条件 β 收敛模型如式（2-12）和式（2-13）所示。

$$\ln\left(\frac{y_{i,t+1}}{y_{i,t}}\right) = \alpha + \beta\ln(y_{i,t}) + \rho W\ln\left(\frac{y_{i,t+1}}{y_{i,t}}\right) + \lambda W\ln(y_{i,t}) + \varepsilon_{i,t}$$
$$(2-12)$$

$$\ln\left(\frac{y_{i,t+1}}{y_{i,t}}\right) = \alpha + \beta\ln(y_{i,t}) + \rho W\ln\left(\frac{y_{i,t+1}}{y_{i,t}}\right) + \lambda W\ln(y_{i,t}) + \varphi WZ_{i,t} + \gamma Z_{i,t} + \varepsilon_{i,t}$$
$$(2-13)$$

式（2-12）、式（2-13）中：$y_{i,t}$ 与 $y_{i,t+1}$ 分别表示 i 省在 t 期与 $t+1$ 期的农业减污降碳协同增效水平综合指数；α 为常数项；β、ρ、γ、φ、λ 为系数；Z 为控制变量，根据现有文献，选取城镇化率、复种指数、财政支出、产业结构、农业受灾程度作为控制变量。具体来看，一是城镇化率（陆杉等，2022），城镇化水平的提高使农村剩余劳动力向非农产业转移，有效推进规模化经营，从而缓解农业面源污染及碳排放问题，使用城镇人口占总人口的比重为衡量标准；二是复种指数（陈宇斌等，2022），复种指数通过影响农业种植规模及农业生产方式对农业面源污染及碳排放产生作用，使用农作物总播种面积与耕地面积的比值表征；三是财政支出（马九杰和崔恒瑜，2021），财政支出对农业生产环境治理产生行政干预，使用政府财政支出与地区生产总值之比表征；四是产业结构（程秋旺等，2022），合理的产业布局能够促进农业生产方式的转型升级与农业资源配置效率的提升，从而降低污染、减少碳排放，采用农业总产值、牧业总产值在农林牧渔业总产值中的比例来计量；五是农业受灾程度（颜光耀等，2023），农作物受灾程度越高，农业产值越低，使污染和碳排放相应下降，使用受灾面积与总播种面积的比值来表征。W 是 $0 \sim 1$ 权重矩阵；$\varepsilon_{i,t}$ 表示随机误差项；β 代表收敛系数，若 $\beta<0$ 通过显著性检验，说明存在 β 收敛趋势，β 越小表示收敛性越强，若 $\beta>0$ 通过显著性检验，说明存在发散特征。

四、数据来源与处理

基于全国已有数据可得性和统计口径一致性的实际情况，本章决定选用 2000—2020 年的面板数据进行研究，以全国 30 个省份（鉴于数据的可获得性，西藏和港澳台地区除外）为研究对象。所涉及的有关数据主要来自研究期内的《中国统计年鉴》《中国能源统计年鉴》《中国农村统计年鉴》《中国农业年鉴》《中国畜牧兽医年鉴》《中国粮食年鉴》等，部分缺失数据从中国国家统计局以及各省份数据库获取，最后采用线性插值法来处理余下的个别残缺数据。

第三节　农业减污降碳的省际比较

一、农业减污降碳协同增效水平测度结果分析

（一）测算结果分析

从综合指数来看，我国农业减污降碳协同增效水平总体呈上升趋势，2000 年的综合评价得分为 0.628，2020 年上升为 0.651，总体上升 0.023。其中，减污与降碳两个指标呈波动下降趋势，扩绿与增长两个指标呈总体上升趋势

（图 2-2），具体分析来看，主要包括以下几点。

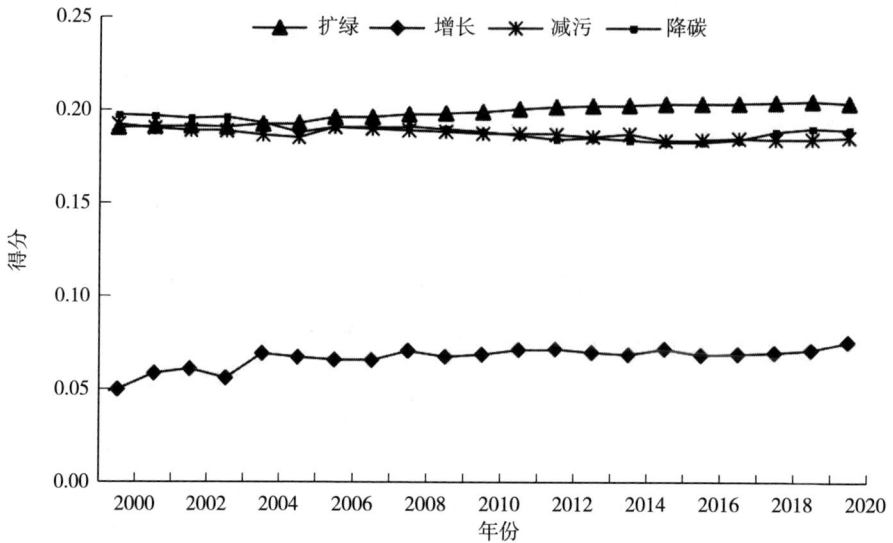

图 2-2 2000—2020 年农业减污降碳协同增效水平及子系统得分

1. 减污指标

2000—2020 年，农业减污水平呈波动下降趋势，由 2000 年的 0.191 下降到 2020 年的 0.184，发展形态呈"W"形，拐点分别为 2005 年与 2015 年。其中，在 2005 年的拐点中，农业减污水平从 2000 年的 0.191 下降到 2005 年的 0.184 之后快速增长，究其原因，主要是 2005 年农业部发布了《关于做好 2005 年耕地与肥料管理工作的通知》，该文件中提到了要加强耕地质量建设、加强"沃土工程"的实施以达到土壤改良进而减轻种植业污染的目的，同时要规范肥料登记管理，做好肥料质量的监管，避免不合格品流入农业领域对耕地造成污染。同年，国家环境保护总局下发了《关于加强集约化禽类养殖与屠宰场所环境监管的紧急通知》，强调为了预防禽流感的蔓延，明确指出要保证禽类养殖废水、粪便的高效处理和处置。在 2015 年的拐点中，农业减污水平先从 2006 年的 0.190 下降到 2015 年的 0.183 之后缓慢增长，可能由于 2015 年农业部发布的《农业部关于打好农业面源污染防治攻坚战的实施意见》，提出了围绕全链条、全过程以及全要素的角度来解决农业面源污染的方案。2017 年，国务院及农业、环保相关部委相继发布了《国务院办公厅关于加快推进畜禽养殖废弃物资源化利用的意见》《畜禽养殖禁养区划定技术指南》等治理畜禽养殖业污染的规划与文件，上述规划与文件从源头减量化、生产清洁化、资源化利用三个角度构成了较为系统的面源污染防治政策体系，虽然体系已具雏形，但仍需长期综合治理才能有效解决农业面源污染问题。

2. 降碳指标

2000—2020年，农业降碳水平呈波动下降态势，从2000年的0.197下降到2020年的0.188，整体波动与减污一致，说明两者具有同根同源同过程的强相关性，减污行动可带来降碳效应，反之亦然。具体来看，农业降碳水平从2005年的0.187上升到2008年的0.190，主要原因在于2005年农业部、国家环境保护总局公布的相关文件，在减少种植业、畜牧业污染的同时促进了碳减排。随即，农业降碳水平从2015年的0.182上升到2020年的0.188，减污政策效用也可作用于降碳，其主要原因也在于上文提及的2015年出台的相关文件，这意味着农业减污降碳具备协同推进的可行性。

3. 扩绿指标

2000—2020年，农业扩绿水平呈先慢速增长后快速增长趋势，从2000年的0.190上升到2020年的0.203，整体增加了0.013，2005年是关键时点，在《中共中央　国务院关于进一步加强农村工作提高农业综合生产能力若干政策的意见》中，建议实施有机肥综合利用与无害化处理，支持畜禽粪便和污水无害化处理设施建设等，大力促进畜禽粪便的资源化利用。关于农业碳汇，《2030年前碳达峰行动方案》提出增强生态系统碳汇能力的要求，发展绿色可持续、低碳循环农业。可见，采用保护性耕作、秸秆还田、有机肥施用等措施确实有利于耕地的固碳增汇，进而为农业减污降碳发展提供动力源泉。

4. 增长指标

2000—2020年，农业增长水平呈现出总体上升的态势，从2000年的0.050上升到2020年的0.076，整体上升了0.026。原因在于我国颁布了多项政策保障粮食的安全生产以及重要农产品的有效供给，如《关于深入实施"优质粮食工程"的意见》《国务院关于建立粮食生产功能区和重要农产品生产保护区的指导意见》等。此外，2003年之后增长指标有明显的涨幅，究其原因，在跨入21世纪以后，我国实施粮食流通体制改革，划分了粮食主产区、主销区、产销平衡区，有效促进了粮食及重要农产品稳产保供。

（二）耦合分析

代入综合评价指数，利用式（2-6）～式（2-8）计算出2000—2020年农业减污降碳协同增效水平的耦合度和耦合协调度变化趋势，绘制图2-3。全国各省农业减污降碳协同增效水平耦合度均值始终处于高耦合水平阶段。研究期间，农业减污降碳协同增效水平的耦合度处于上升趋势，耦合度指数从0.877上升到0.933，说明农业减污降碳协同增效水平子系统及要素之间存在显著的相互作用。减污和降碳是提高农业减污降碳协同增效水平的保障，扩绿是外在体现，增长则提供了延展空间。结合表 2 - 2 发现，2000—2020 年农业减污降碳协同增效水平耦合协调度指数从 0.373 上升到 0.391，但所处阶段仍处于中度耦合协调状态，这表明减污、降碳、扩绿和增长之间的协调发展还具有较大的提升潜力和进步空间。

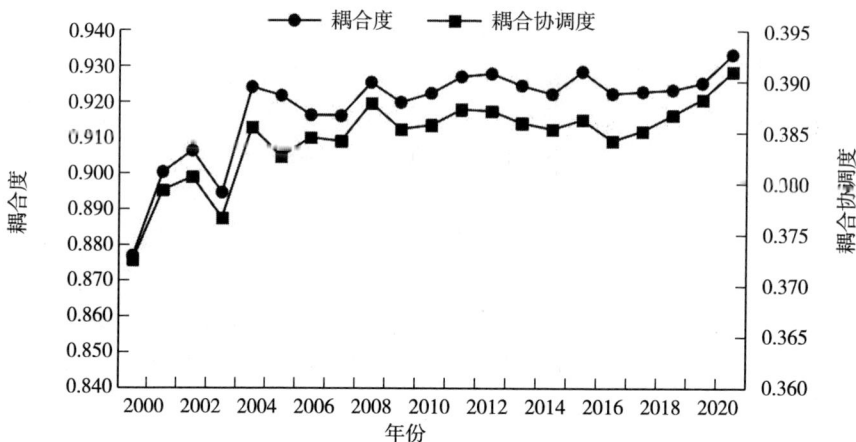

图 2 - 3   2000—2020 年农业减污降碳协同增效水平耦合度及耦合协调度

进一步分析三大区域的耦合协调度（图 2 - 4）。在耦合度方面，粮食主产区、粮食产销平衡区、粮食主销区均处在高耦合水平阶段。在耦合协调度方面，三大区域均处于中度耦合协调阶段，粮食主产区耦合协调度得分由 2000年的 0.365 增长至 2020 年的 0.385，增速为 5.48％；粮食产销平衡区耦合协调度得分由 2000 年的 0.375 增长至 2020 年的 0.387，增速为 3.20％；粮食主销区耦合协调度得分由 2000 年的 0.377 增长至 2020 年的 0.396，增速为5.04％。从时间演变上看，2000—2003 年各区域农业减污降碳协同增效水平的耦合协调度出现小幅回落，但 2003—2020 年各地区耦合协调度均处于稳步上升阶段；从空间演变上看，粮食主销区的耦合协调度高于全国其他地区，形成粮食主销区＞粮食产销平衡区＞粮食主产区的空间分布格局，但粮食主产区耦合协调度的增速快于全国其他地区。由于地理位置、资源限制等要素，粮食主销区较快形成农业减污降碳协同增效水平协调发展的良性循环。而粮食主产区在前期为追求高产出依靠大量的化学投入品，同时农业面源污染和碳排放也同等增加，造成其协调程度欠佳，但随着规模经营所带来的规模效益实现农业面源污染及碳排放的削减效应，逐渐加快追赶粮食产销平衡区、粮食主销区的减污降碳协调水平。

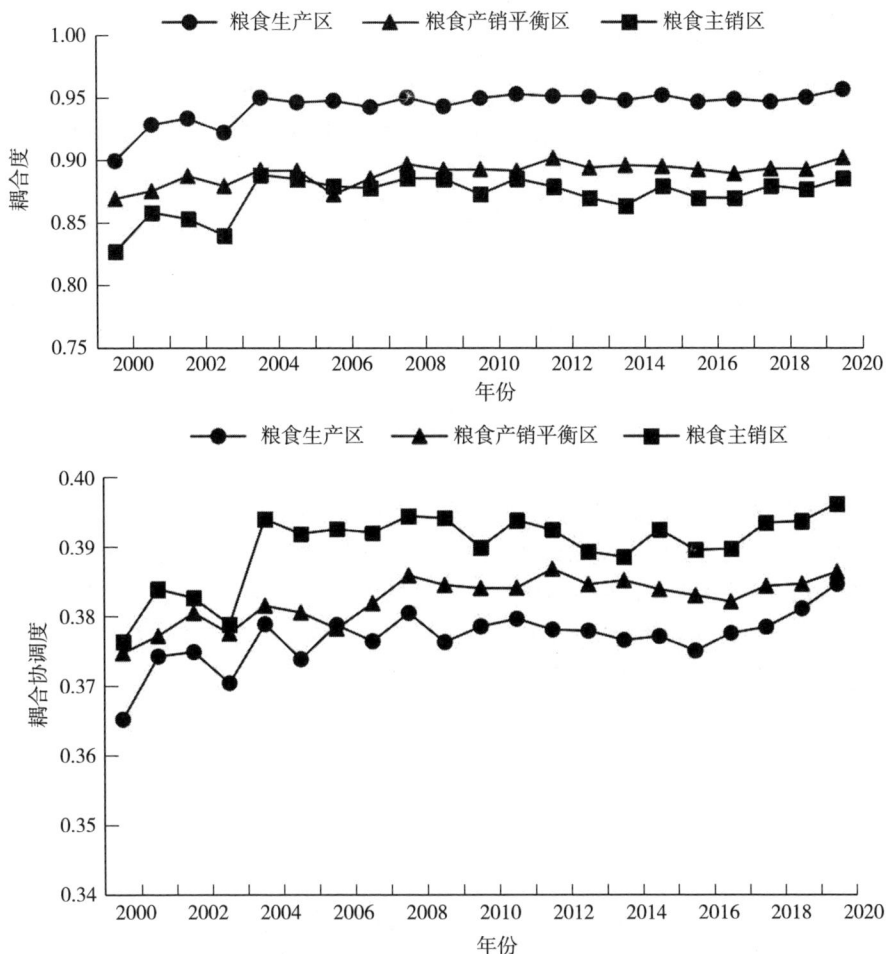

图 2-4　2000—2020 年三大区域农业减污降碳协同增效水平耦合度及耦合协调度

二、动态演变分析

图 2-5 描述了 2000—2020 年全国和三大区域的农业减污降碳协同增效水平的动态演变过程。

图 2-5（a）显示了全国农业减污降碳协同增效水平的整体演变过程。考察期内，核密度曲线中心整体上向右移动，但变动幅度不大，波峰高度经历了一定起伏但最终高于基期，保持短拖尾，整体上看，2000 年起核密度曲线经历了"单峰——主一侧双峰—单峰"的演变过程，两极分化特征趋于减弱。这表明，全国各省份农业减污降碳协同增效水平总体上呈现增长态势，极化现象逐渐消失，地区内部差异逐渐缩小。

图 2-5（b）显示，粮食主产区核密度曲线中心位置向右移动，峰值波动升高，变动区间小幅缩小，峰形从"矮宽峰形"向"高尖峰形"转变，表明考察期内粮食主产区农业减污降碳协同增效总体水平升高，区域内差异逐渐缩小，且呈低值集聚。图 2-5（c）显示，粮食产销平衡区的核密度曲线中心位置变化不大，峰值先上升后下降，从波峰上看，整体呈现"多峰"分布，说明在研究期间粮食产销平衡区农业减污降碳协同增效总体水平发展呈现出显著的分化现象，区域内差异逐渐扩大。图 2-5（d）显示，粮食主销区从总体上看，主峰向密度函数中部右移，变化区间变动幅度较小，波峰高度在大幅降低后又迅速反弹，从波峰上看，由"双峰"转变为"单峰"分布，说明在研究期间，其农业减污降碳协同增效水平存在上升态势，农业减污降碳协同增效水平偏低区域占比依然偏高，但区域间差距在逐步缩小。

综合图 2-5（b）～（d）分析发现：从曲线位置来看，粮食主产区和主销区的密度分布函数在研究期内均呈现向右移动的趋势，其中粮食主产区变化较为显著，粮食产销平衡区曲线中心位置变化不大，这与耦合协调度结果相符；从波峰变化来看，三大区域的分布曲线均呈现过双峰，表明各个产区农业减污降碳协同增效水平存在两极分化现象，其中粮食主销区由"双峰"演变为"单峰"，说明农业减污降碳协同增效水平的两极分化现象逐渐减弱；从变化区间来看，各个产区内农业减污降碳协同增效水平变化程度不同，粮食主产区变化幅度最大，变化区间逐渐变窄，说明相对于其他产区，粮食主产区农业减污降碳协同增效水平区域间的差距最小。

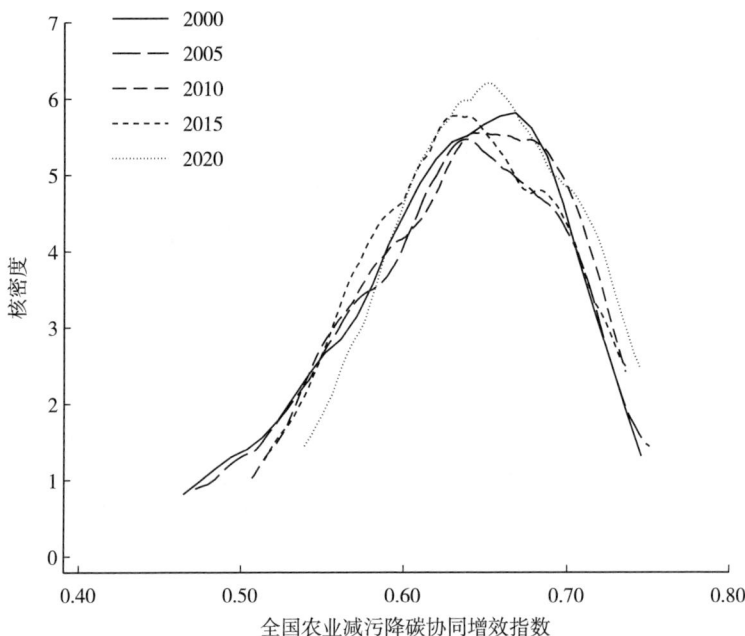

(a)

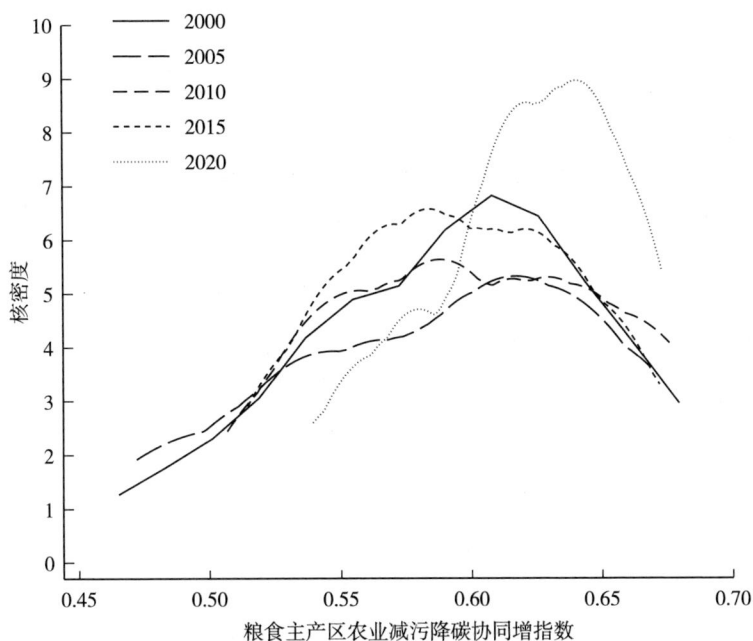

(b)

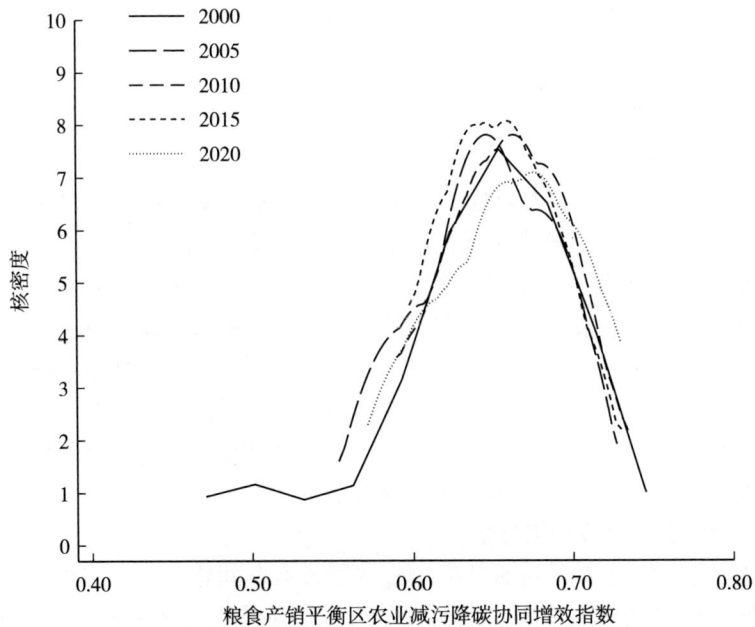

(c)

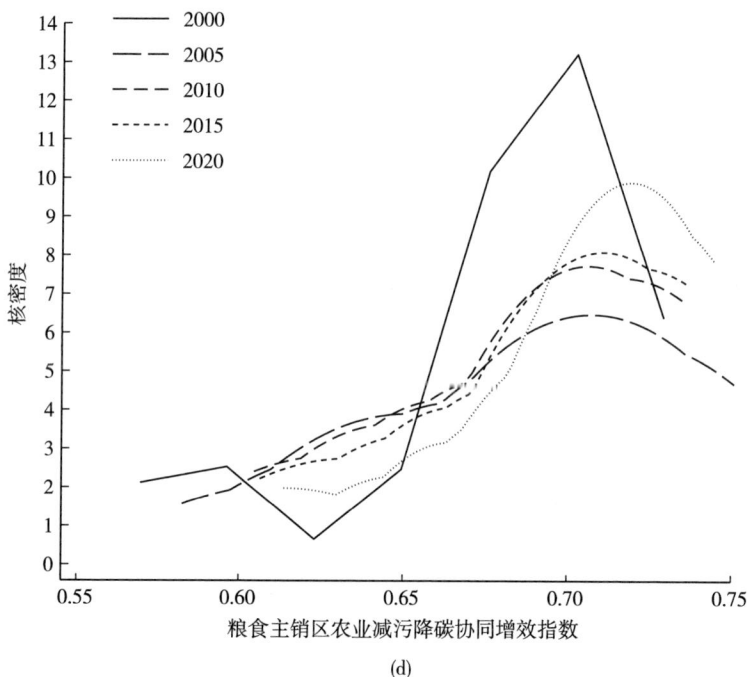

图 2-5 农业减污降碳协同增效水平的核密度估计图

三、空间收敛分析

（一）α 收敛结果分析

α 收敛可以阐明全国农业减污降碳协同增效水平随时间变化的趋势，意味着，随着时间的推移，该指标数值降低，则表明全国农业减污降碳协同增效水平具有收敛性，即全国农业减污降碳协同增效水平发展的差距在不断缩小，否则为发散。图 2-6 显示，全国农业减污降碳协同增效水平的变异系数在 2000—2020 年整体呈阶段性和周期性的收敛和发散特征，样本期内由 0.107 缓慢下降到 0.089，其中 2000—2005 年呈现发散态势，2005 年以后呈现明显的收敛趋势，说明全国农业减污降碳协同增效水平总体上呈 α 收敛，且地区差距随时间推移不断缩小，这与前文的分析结论基本一致。

（二）绝对 β 收敛结果分析

考虑到全国农业减污降碳协同增效水平具有空间相关性，本章采用双固定空间杜宾模型（SDM）来检验全国农业减污降碳协同增效水平是否存在绝对 β 收敛。如表 2-3 所示，模型中收敛系数 β 在 1% 的水平下显著为负，表明在仅考虑地理距离的作用下，全国各省农业减污降碳协同增效水平具有明显的绝对

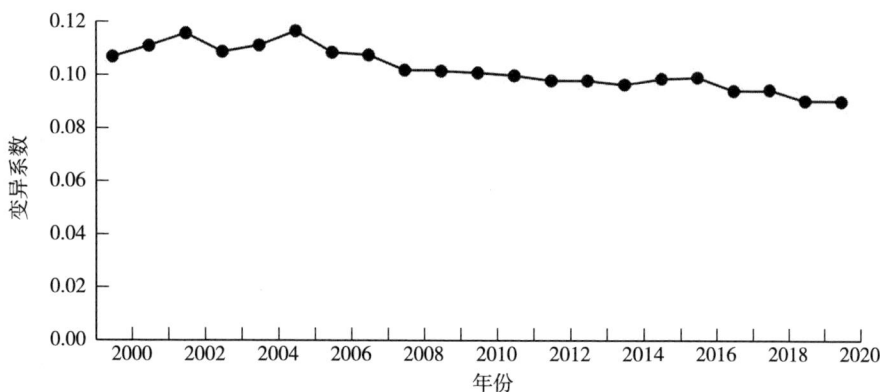

图 2-6　农业减污降碳协同增效水平的 α 收敛结果分析

β 收敛特征。这就意味着无论是否纳入控制因素，全国农业减污降碳协同增效水平发展都存在绝对 β 收敛趋势，即农业减污降碳协同增效水平值较低的省份对较高的省份存在显著的"追赶效应"。同时，模型中空间自回归系数在 5% 的水平下显著为正，显示农业减污降碳协同增效水平的发展具有明显的空间溢出效应，将会使邻近地区协同增效水平差距逐渐减小。

表 2-3　农业减污降碳协同增效水平的绝对 β 收敛结果分析

变量	绝对 β 收敛
β	-0.369^{***}（-0.032）
$W \times \beta$	0.035（-0.062）
Rho	0.027^{**}
δ_e^2	$0.000\ 3^{***}$
R^2	0.183

注：括号内的内容为标准误，*、**、*** 分别表示变量在 10%、5%、1% 的水平上显著，后表同。

（三）条件 β 收敛结果分析

进一步对农业减污降碳协同增效水平是否存在条件 β 收敛进行分析，模型加入城镇化率、复种指数、财政支出、农业产业结构、农业受灾程度等控制变量。表 2-4 为条件 β 收敛的检验结果，β 系数呈负值且通过 1% 的显著性检验，由此可见，加入控制变量后，农业减污降碳协同增效水平仍具有 β 收敛趋势，也就是随着经济发展、人口聚集、产业结构优化等，全国各省的农业减污降碳协同增效水平依旧会趋向于各自稳定的水平。同时，空间自回归项系数为正，并通过了10%的显著性检验，进一步证实农业减污降碳协同增效水平具有正向的空间溢出效应，本地区农业减污降碳协同增效水平的提高将带动周边地区农业减污降碳协同增效水平的提高。

为了更准确地说明影响因素对农业减污降碳协同增效水平的空间溢出效应，进一步以偏微分方式将其分解成直接效应与间接效应两种类型。结果发现：城镇化率的直接效应未通过显著性检验，间接效应系数显著为正，表明相邻地区城镇化率的提高将有效促进本地区的农业减污降碳协同增效。这是因为周边地区城镇化的发展不断吸引本地区劳动力转移，促使本地区农业经营呈现兼业化特征，人口数量下降实现的规模经营及生活污染减排，有助于实现农业农村绿色发展。复种指数的直接效应系数显著为正，间接效应没有通过显著性检验，表明复种指数有利于推动本地区农业减污降碳协同增效的发展。这是因为复种可以提高对土壤肥力的利用，增加土壤有机质的含量，改善土壤的养分状况，从而更好地推动本地区低碳农业的可持续发展。财政支出的直接效应指数与间接效应系数都为正值，但是都没有通过显著性检验。农业产业结构的直接效应未通过显著性检验，间接效应系数显著为负，表明邻近地区的农业产业结构调整将会对本地区农业减污降碳协同增效水平的提升产生负向影响，原因可能在于邻近地区农业产业结构调整挤占了本地区农产品供应。农业受灾程度的直接效应系数显著为负，间接效应未通过显著性检验。这是因为在农业耕作受到破坏后，本区域将在短时间内投入大量要素对其进行重建，从而大幅加剧了农业碳排放和农业面源污染，同时，灾害带来的粮食减产不利于本区域农业减污降碳协同增效水平的提高。

表2-4 农业减污降碳协同增效水平的条件 β 收敛结果分析

变量	模型估计系数	空间矩阵估计系数	直接效应	间接效应	总效应
β	−0.394*** (0.032)	−0.046 (0.064)	−0.395*** (0.033)	−0.094 (0.066)	−0.489*** (0.076)
城镇化率	0.005 (0.013)	0.067*** (0.023)	0.006 (0.012)	0.073*** (0.023)	0.079*** (0.021)
复种指数	0.011*** (0.004)	−0.010 (0.006)	0.011*** (0.004)	−0.009 (0.007)	0.002 (0.008)
财政支出	0.008 (0.009)	0.01 (0.016)	0.008 (0.009)	0.012 (0.018)	0.020 (0.020)
农业产业结构	−0.013 (0.021)	−0.085** (0.041)	−0.015 (0.020)	−0.095** (0.043)	−0.110** (0.047)

（续）

变量	模型估计系数	空间矩阵估计系数	直接效应	间接效应	总效应
农业受灾程度	−0.004*** (0.001)	0.001 (0.002)	−0.004*** (0.001)	0.001 (0.008)	−0.003 (0.003)
R^2			0.159		
Rho			0.104*		
δ_e^2			0.000 3***		

第四节　结论与政策启示

本章使用 2000—2020 年我国 30 个省份的面板数据，运用熵权法对构建的指标体系赋权并测度农业减污降碳协同增效水平，并对农业减污降碳协同增效水平的耦合协调度、动态演进过程及空间收敛性进行分析研究，得出以下结论。

第一，2000—2020 年，全国农业减污降碳协同增效水平整体呈上升的演变特征，从 2000 年的 0.628 上升到 2020 年的 0.651。其中，减污水平与降碳水平两个子系统呈"W"形波动下降态势，扩绿水平与增长水平两个子系统呈总体上升趋势。

第二，2000—2020 年，全国农业减污降碳协同增效水平耦合度处于明显上升趋势，耦合度指数从 2000 年的 0.877 上升到 2020 年的 0.933，始终处于高耦合水平阶段。协调度水平处于中度耦合协调阶段，耦合协调度指数从 2000 年的 0.373 上升到 2020 年的 0.391。说明，减污、降碳、扩绿和增长存在明显的耦合关系，但在耦合协调度方面还有待进一步提升。

第三，2000—2020 年，我国农业减污降碳协同增效水平的核密度曲线中心整体上向右移动，波峰高度上升，经历了"单峰——主一侧双峰—单峰"的演变过程，两极分化特征趋于减弱，协调性增强。分区域来看，粮食主产区和产销平衡区内部差距逐渐缩小，粮食产销平衡区存在明显的分化现象，区域内差异逐渐扩大。这说明，不同区域之间存在明显的协调水平差距，但整体上来看，全国农业减污降碳协同增效水平在持续稳定增长。

第四，从农业减污降碳协同增效水平收敛趋势及其影响因素看，存在明显的 α 收敛，表明地区间农业减污降碳协同增效水平的差距呈逐步缩小态势；存在绝对 β 收敛，且加入城镇化率、复种指数、财政支出、农业产业结构、农业受灾程度等控制变量后，依旧存在条件 β 收敛，说明地区间农业减污降碳协同增效水平的差距会逐渐缩小同时也趋于稳态。

　　基于上述研究结论，本章得到如下政策启示。首先，注重顶层设计，坚持协同发展。在协同减排方面应将减排固碳目标纳入农业绿色发展规划，兼顾减排不减生产力，构建降碳、减污、扩绿、增长协同推进的制度安排和统筹协调机制，在多重目标中寻求动态平衡。其次，制定差异化农业减污降碳规划，不断完善政策保障体系。各类产区应按照自身资源禀赋特征，因地制宜推进农业降碳、减污、扩绿、增长，实施差异化的区域政策引领和空间战略布局，继而引导优化农业结构，提高农业绿色发展水平。最后，充分发挥农业减污降碳协同增效的空间溢出效应，提高收敛速度。应加强各区域间的交流与合作，调整各地区的农业资源配置，加快省际农业要素的流动，逐渐缩小地区间协调水平的差距，从整体上推动实现农业绿色低碳转型。

<h1 style="text-align:center">参 考 文 献</h1>

陈蕊，陈显荣，金璟，2022. "双碳"目标下农业低碳化生产及其成效评价研究：以西部地区为例［J］. 价格理论与实践（12）：183 - 187，204.

陈宇斌，王森，陆杉，2022. 农产品贸易对农业碳排放的影响：兼议数字乡村发展的门槛效应［J］. 华中农业大学学报（社会科学版）（6）：45 - 57.

程秋旺，许安心，陈钦，2022. "双碳"目标背景下农业碳减排的实现路径：基于数字普惠金融之验证［J］. 西南民族大学学报（人文社会科学版），43（2）：115 - 126.

杜志雄，胡凌啸，2023. 党的十八大以来中国农业高质量发展的成就与解释［J］. 中国农村经济（1）：2 - 17.

封永刚，彭珏，邓宗兵，等，2015. 面源污染、碳排放双重视角下中国耕地利用效率的时空分异［J］. 中国人口・资源与环境，25（8）：18 - 25.

冯琳，张婉婷，张钧珂，等，2022. 三峡库区面源污染的时空特征及 EKC 分析［J］. 中国环境科学，42（7）：3325 - 3333.

葛小君，黄斌，袁再健，等，2022. 近 20 年来广东省农业面源污染负荷时空变化与来源分析［J］. 环境科学，43（6）：3118 - 3127.

胡涛，田春秀，李丽平，2004. 协同效应对中国气候变化的政策影响［J］. 环境保护，32（9）：56 - 58

贾陈忠，乔扬源，2021. 基于等标污染负荷法的山西省农业面源污染特征研究［J］. 中国农业资源与区划，42（3）：141 - 149.

解春艳，黄传峰，徐浩，2021. 环境规制下中国农业技术效率的区域差异与影响因素：基于农业碳排放与农业面源污染双重约束的视角［J］. 科技管理研究，41（15）：184 - 190.

李慧泉，毛世平，2022. 我国主要农作物绿色全要素生产率分析［J］. 中国农业科技导报，24（2）：58 - 67.

李青松，张凤太，苏维词，等，2022. 长江经济带农业用水绿色效率测度及影响因素分析：基于超效率 EBM－Geodetector 模型 ［J］. 中国农业资源与区划，43（5）：40－52.

刘华军，鲍振，杨骞，2013. 中国农业碳排放的地区差距及其分布动态演进：基于 Dagum 基尼系数分解与非参数估计方法的实证研究 ［J］. 农业技术经济（3）：72－81.

刘华军，张一辰，2024. 减污降碳协同效应的生成逻辑、内涵阐释与实现方略 ［J］. 当代经济科学，46（3）：32－44.

陆杉，唐佳欣，熊娇，2022. 财政分权与农业面源污染：空间溢出与门槛特征 ［J］. 中南大学学报（社会科学版），28（6）：67－77.

马九杰，崔恒瑜，2021. 农业保险发展的碳减排作用：效应与机制 ［J］. 中国人口·资源与环境，31（10）：79－89.

彭兆弟，李胜生，刘庄，等，2016. 太湖流域跨界区农业面源污染特征 ［J］. 生态与农村环境学报，32（3）：458－465.

尚杰，杨滨键，2019. 种植业碳源、碳汇测算与净碳汇影响因素动态分析：山东例证 ［J］. 改革（6）：123－134.

沈洋，周鹏飞，2022. 农业绿色全要素生产率测度及收敛性分析：基于碳汇和碳排放双重视角 ［J］. 调研世界（4）：58－68.

宋娜，毛娅琪，何亚丽，等，2023. 三元空间视角下长三角四省市旅游空间的耦合协调研究 ［J］. 世界地理研究，32（1）：104－116.

宋晓明，柳王荣，姜珊，等，2022. 湖南省农业面源污染与农村水环境质量的响应关系分析 ［J］. 农业环境科学学报，41（7）：1509－1519.

田云，尹忞昊，2022. 中国农业碳排放再测算：基本现状、动态演进及空间溢出效应 ［J］. 中国农村经济（3）：104－127.

王东，李金叶，2022. 环境规制、技术进步与能源碳排放效率 ［J］. 技术经济与管理研究（7）：31－36.

王恒，方兰，2023. 中国农业数字化与绿色化时空耦合协调关系及驱动力分析 ［J］. 长江流域资源与环境，32（4）：868－882.

王金涛，黄恒，2022. 绿色信贷对碳排放的影响研究：基于 PSTR 模型和 SDM 模型的实证分析 ［J］. 当代经济管理（9）：1－14

王信，于涵，施雨，等，2022. 基于多要素耦合的舟山农业空间低碳评估与规划 ［J］. 同济大学学报（自然科学版），50（2）：168－177.

吴昊玥，黄瀚蛟，何宇，等，2021. 中国农业碳排放效率测度、空间溢出与影响因素 ［J］. 中国生态农业学报（中英文），29（10）：1762－1773.

吴强，张园园，张明月，2022. 中国畜牧业碳排放的量化评估、时空特征及动态演化：2001—2020 ［J］. 干旱区资源与环境，36（6）：65－71.

向云，李芷萱，陆倩，2022. 中国农业经济高质量发展的空间非均衡及收敛性 ［J］. 中国农业大学学报，27（11）：305－316.

徐湘博，李静，薛颖昊，等，2022. 减排固碳目标纳入农业绿色发展政策的协同机制 ［J］.

农业环境科学学报，41（10）：2091-2101.

颜光耀，陈卫洪，钱海慧，2023. 农业技术效率对农业碳排放的影响：基于空间溢出效应与门槛效应分析［J］. 中国生态农业学报（中英文），31（2）：226-240.

颜玉琦，陈美球，张洁，等，2021. 农户环境友好型耕地保护技术的采纳意愿与行为响应：基于江西省1092户农户测土配方施肥技术应用的实证［J］. 中国土地科学，35（10）：85-93.

杨丽，孙之淳，2015. 基于熵值法的西部新型城镇化发展水平测评［J］. 经济问题（3）：115-119.

叶芳羽，单泪源，李勇，等，2022. 碳排放权交易政策的减污降碳协同效应评估［J］. 湖南大学学报（社会科学版），36（2）：43-50.

叶金珍，安虎森，2017. 开征环保税能有效治理空气污染吗［J］. 中国工业经济（5）：54-74.

张云宁，杨琳，欧阳红祥，等，2022. 基于面源污染和碳排放的长江经济带农业绿色生产效率提升路径［J］. 水利经济，40（3）：24-33，41，94.

赵俊伟，尹昌斌，2016. 青岛市畜禽粪便排放量与肥料化利用潜力分析［J］. 中国农业资源与区划，37（7）：108-115.

郑逸璇，宋晓晖，周佳，等，2021. 减污降碳协同增效的关键路径与政策研究［J］. 中国环境管理，13（5）：45-51.

DEFRANCESCO E，GATTO P，RUNGE F，et al.，2008. Factors Affecting Farmers Participation in Agri-environmental Measures：A Northern Italian Perspective［J］. Journal of Agricultural Economics，59.

FAIS B，SABIO N，STRACHAN N，2016. The critical role of the industrial sector in reaching long-term emission reduction，energy efficiency and renewable targets［J］. Applied Energy，162：699-712.

MOHAMMED H，YOHANNES F，ZELEKE G，2004. Validation of agricultural non-point source（AGNPS）pollution model in Kori watershed，South Wollo，Ethiopia［J］. International Journal of Applied Earth Observation and Geoinformation，6（2）：97-109.

QUAN W M，YAN L J，2002. Effects of Agricultural Non-point Source Pollution on Eutrophication of Water Body and Its Control Measure［J］. Acta Ecological Sinica，22（3）：291-299.

SOYTAS U，SARI R，EWING B T，2007. Energy consumption，income，and carbon emissions in the United States［J］. Ecological Economics，62（3-4）：482-489.

TIAN Y，ZHANG J B，HE Y Y，2014. Research on Spatial-Temporal Characteristics and Driving Factor of Agricultural Carbon Emissions in China［J］. Journal of Integrative Agriculture，13（6）.

WEST T，MARLAND G，2002. A synthesis of carbon sequestration，carbon emissions，and net carbon flux in agriculture：Comparing tillage practices in the United States［J］.

Agriculture Ecosystems and Environment，91 (1 - 3)：217 - 232.

YUN S L，AHN J H，MIN K S，et al. ，2015. Non - point sources of pollution from cultivated lands in river districts and their contribution to water bodies along the North Han River Basin in Korea ［J］. Desalination and Water Treatment，53（9）：2301 - 2311.

第三章
浙江省农业减污降碳政策的演进与协同特征

本章提要： 保护环境资源，应对气候变化，实现可持续发展，是"八八战略"中创建生态省、打造"绿色浙江"的关键环节。本章综合运用文献归纳、政策文本分析等方法，刻画了 2003 年以来浙江省农业减污降碳政策的演进历程，定性评价了农业面源污染与减排固碳目标之间的协同关系。结果显示，浙江省减污降碳政策经历农业减污降碳弱相关期、基本协同期、强联合期三个阶段，减污降碳政策的基本定位仍以回应农业减污需求为主，政策工具的应用实现了从单一到多元，政策内容逐渐从模糊到具体；农业面源污染与减排固碳目标可协同推进，但在各个子系统中也存在无协同作用，甚至负协同的状况。

第一节 浙江省农业减污降碳的政策研究

浙江省作为首个在全省范围内开展碳评价工作的省份，探讨其减污降碳政策协同具有重要的示范意义。2022 年，浙江省委、省政府积极推进减污降碳协同增效创新省建设，将减污降碳协同增效纳入重大改革项目，于 2022 年 6 月 15 日"低碳日"率先发布全国首创减污降碳"双指数"，即减污降碳协同增效区域指数和企业减污降碳协同增效指数，并率先上线浙江省减污降碳协同增效场景应用，但并未具体到农业减污降碳指数。在浙江省农业减污降碳的相关政策中，在减污方面，浙江省已出台《浙江省农业面源污染治理与监督指导实施方案》《浙江省农村生活污水治理"强基增效双提标"行动方案（2021—2025 年)》《浙江省农业农村污染治理攻坚战行动方案（2022—2025 年)》等相关政策；在降碳方面，浙江省已出台《浙江省节能降耗和能源资源优化配置"十四五"规划》《浙江省应对气候变化"十四五"规划》《中共浙江省委浙江省人民政府关于完整准确全面贯彻新发展理念做好碳达峰碳中和工作的实施意见》等系列政策。

随着浙江省农业环境规制政策的颁布与落实，近些年，浙江省农业污染和碳排放降幅明显。在农业污染方面，2013—2022 年，浙江省化肥、农药用量实现"九连降"，化肥降幅 27.5%，农药降幅 47.27%。2020 年，全省畜禽粪污资源化利用率、农作物秸秆综合利用率分别达到 89%、95%。在农业碳排放方面，截至 2020 年，浙江省农业碳排放总量达到了 773.86 万吨，相比 2015 年下降了 22.13%，其中：农业能源利用碳排放达到 111.78 万吨，较 2015 年下降了 7.21%；农用物质投入碳排放达到 152.76 万吨，较 2015 年下降了 14.82%；水稻种植碳排放达到 259.29 万吨，较 2015 年下降了 0.28%；畜禽养殖碳排放达到 250.02 万吨，较 2015 年下降了 42.58%。另外，浙江省农业碳排放强度在 2019 年达到 1.79 吨/万元，较 2015 年下降了 45.69%。可见，在多项强有力的政策措施下，浙江省资源消耗型农业经济增长方式已逐步被绿色生态型方式取代。

浙江省农业污染和碳排放尽管整体呈下降态势，但减污降碳面临的条件约束与不确定性依旧很大。除了受人均农业资源相对稀缺和粮食安全等硬性约束外，农业减污降碳还受农民收入偏低、技术储备不足、分散经营等条件约束。此外，由于农业减污降碳具备准公共产品的非竞争性和非排他性的特征，无法通过市场调节达到和谐统一，由此产生了对外部政策的需求和依赖。但由于政策与规章制度等硬性约束内容在性质上的差别，农业减污降碳政策尚未确立与之协同的政策约束与惩处机制，导致减污降碳政策效力的不确定性大大增加，如政策口径管理与执行效用控制性不足、行政执法"一刀切"、政策执行计量及监督性不足等现象时有发生（石凯含和尚杰，2021）。而围绕相关政策与农业减污降碳的现有研究多数还停留在单一政策的减污或降碳效应的研究框架下，忽视了农业减污降碳政策协同的识别，使其对农业减污降碳政策制定的指导与借鉴作用受到限制。因此，协同使用多种政策就成为农业减污降碳协同增效的必然选择。这就要求政府在设计和实施减污降碳治理机制时需综合考虑不同政策的协同效应，兼顾农业污染防治和减碳固排目标的协同推进。

为了更好地发挥政策效力，推动农业绿色转型，越来越多的学者开始致力于评估中国农业环境政策，探讨政策现有问题。金书秦等（2018）探讨畜禽养殖污染防治政策，认为目前畜禽养殖污染治理政策存在目标不一致、政策约束偏差、激励措施不到位等问题。刘明庆等（2019）聚焦水产养殖环境，认为水产养殖政策存在责权不明、政策落地难、约束标准不统一等问题。石凯含和尚杰（2021）聚焦农业面源污染防治，认为农业面源污染防治政策存在政策执行计量及监督性不足、政策口径管理与执行效用控制性不足等问题。此外，随着政策评估模型的广泛应用，越来越多的学者开始实证分析政策对农业减污或是降碳的影响效力。在农业减污政策方面，曹洪华等（2014）立足农业生态补贴政策，运用双重差分法（Difference‐in‐Differences，DID）模型研究发现，农业生态补贴政策实施后流域内面源污染程度得到有效缓解。李守伟等（2019）立足农业产量补贴政策与绿色补贴政策，构建农民专业合作社的古诺竞争博弈模型，研究表明，农业产量补贴政策会导致农业排污量增加，而绿色补贴政策则相反。孔祥才和王桂霞（2017）立足畜牧业污染政策，基于5县市的调研数据，发现命令控制型政策的实施效果较差，经济激励型政策的实施效果也不理想。梁志会等（2021）立足中国高标准基本农田建设政策，研究发现，高标准基本农田建设政策在粮食主产区实施具有显著的化肥减量效应，在非粮食主产区实施则不显著。在农业降碳政策方面，陈红喜等（2013）聚焦环境政策与农业企业低碳生产行为，发现激励性政策工具、基础服务性政策均对农业企业低碳生产行为产生显著正向影响，而约束性政策工具效力并不明显。胡川等（2018）立足农业补贴政策，发现农业补贴政策与农业碳排放存在显著的负向关系。陈宇斌和王森（2023）立足农业综合开发投资政策，发现政策实施对农业碳排放具有持续性的抑制作用。

通过上述文献可知，目前有关政策减污和降碳的成果极为丰富，同时也有文献专注于政策协同效应研究。但即便如此，当前研究依旧存在欠缺，具体表现在：一是现有研究大多从单边政策角度分析政策的减污效应或者降碳效应，缺乏将政策协同效应纳入农业减污降碳分析框架的研究；二是研究结果具有明显的局限性，并未深入剖析浙江省减污降碳政策的阶段性效果，无法有效为政策优化提供助力。因此，本章采用文本分析法，聚焦"八八战略"以来浙江省颁布的农业减污降碳政策，系统评估政策的演进逻辑和协同机制，并在此基础上剖析各类政策在浙江省农业减污降碳中的作用。

第二节 "八八战略"以来农业减污降碳政策的演进与阶段特征

一、"八八战略"以来农业减污降碳政策的演进

"八八战略"实施以来，浙江省明确要求进一步发挥浙江的生态优势，创建生态省，打造"绿色浙江"，先后出台多项政策推动农业绿色生态转型。为解析政策脉络和政策重点，首先，在浙江省人民政府、浙江省生态环境厅、浙江省农业农村厅、浙江省发展和改革委员会、浙江省环境保护厅、浙江省自然资源厅等与浙江农业绿色发展密切相关的部门网站上对减污降碳政策进行搜

索，将检索词设置为"农药""化肥""秸秆""畜禽粪便""地膜""饲料""肥料""耕地""农村能源"等。其次，为保证政策文本的精确性和权威性，采用如下原则进行筛选：一是所选取的政策文本内容须与农业减污降碳密切关联并现行有效，相关性较弱的文件以及已失效文件不计入统计范围，修正的文件选取最新版本；二是选取政策类型为法律法规、部门规范性文件、部门工作文件，具体包括通知、条例、意见、规划、办法等正式文件，不包括函、复、会议通知等。最终梳理出 59 份有效政策文本（图 3-1）。

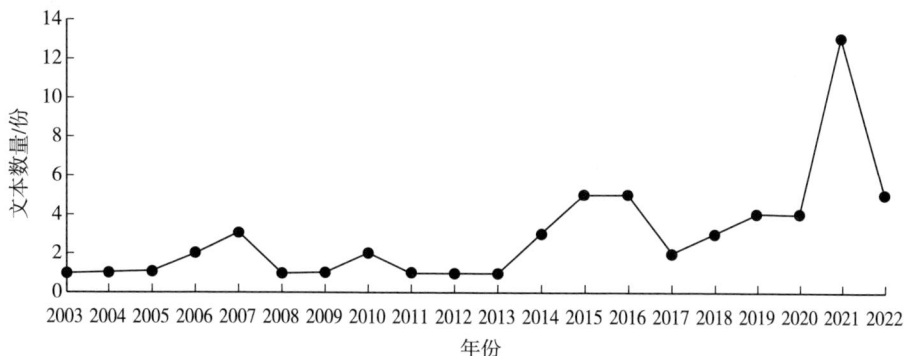

图 3-1　农业减污降碳政策文本数量变化

二、"八八战略"以来农业减污降碳政策的阶段特征

从政策演进历程及变迁逻辑等视角系统梳理和归纳农业减污降碳相关政策，按照主导性政策出台年份作为政策演变划分的关键节点，可将之划分为三个阶段。一是农业减污降碳弱相关期（2003—2011 年）。二是农业减污降碳基本协同期（2012—2020 年），2012 年，浙江省发布《关于进一步加强农业源污染减排工作的通知》，强调在控制农业面源污染基础上协同降低农业源化学需氧量和实现氨氮减排；2015 年 10 月，中共十八届五中全会正式提出"绿色发展理念"；三是农业减污降碳强联合期（2021 年至今），仅 2021 年浙江省出台的政策文本数量就多达 13 个，其中最具标志性意义的是《浙江省生态环境保护"十四五"规划》，其正式将"减污降碳协同"纳入浙江省绿色低碳高质量发展的重要内容，成为浙江省今后一段时间内缓解农业污染与碳排放问题的指导性文件。借助文本分析工具 ROST Content Mining 6.0 对样本政策文本进行词频分析，进而根据不同时期农业减污降碳相关政策高频主题词（表 3-1）以及政策文本内容，分析农业减污降碳政策在三个阶段的演进历程。

表 3-1 2003 年至今农业减污降碳相关政策高频主题词

2003—2011 年 农业减污降碳弱相关期		2012—2020 年 农业减污降碳基本协同期		2021 年至今 农业减污降碳强联合期	
主题词	频数/个	主题词	频数/个	主题词	频数/个
农业	382	农业	775	农业	326
建设	363	利用	333	建设	319
环境	295	建设	315	发展	295
农村	248	污染	297	利用	232
发展	212	发展	275	绿色	231
保护	201	推进	255	污染	229
污染	190	土壤	252	环境	207
加强	147	加强	245	资源	206
提高	137	生态	245	技术	196
工程	136	环境	215	畜禽	192
质量	132	技术	206	加强	190
处理	130	畜禽	204	耕地	186
设施	129	农村	196	重点	183
农产品	126	肥料	194	生态	181
生态	124	管理	158	提升	170
技术	123	开展	153	体系	169
重点	121	治理	152	低碳	166
推广	117	建立	150	推动	166
污水	116	质量	149	农村	161
利用	114	推广	148	排放	161
资源	112	养殖	146	治理	154
耕地	110	耕地	140	协同	149
整治	109	绿色	139	气候	145
体系	94	设施	138	能源	142
畜禽	92	保护	127	质量	135

（一）农业减污降碳弱相关期（2003—2011 年）

2003—2011 年，浙江省农业面临农业资源短缺和生态环境保护双重压力。在这一阶段，浙江省针对农业面源污染出台多个专项政策。表 3-1 展示了第一阶段政策文本的高频主题词是农业、建设、环境、农村、发展等，说明该阶段是农业面源污染防治政策体系确立的起步阶段，农业面源污染防治成为绿色发展政策核心，涉及重点是科学施肥、地下水治理、耕地质量管理等。这些政策为农业集约化生产、推行农业清洁生产奠定基础，也为传统农业向绿色农业过渡提供了发展思路。

在这一时期，宏观指导性规划指明了农业环境治理的长期路径。例如，2003 年，浙江省委、浙江省人民政府发布《关于进一步加快农村经济社会发展的意见》，主要以农业增效为目的，促进耕地保护，提高农业综合生产力。2005 年，《浙江省委省政府关于切实做好 2005 年农业和农村工作的若干意见》在强调高度重视农业粮食生产的同时制定了发展高效生态农业的目标。2006 年，浙江省农业厅印发《浙江省"十一五"农业发展规划》，明确提到重点建立一批农业面源污染控制与综合治理示范区并将生态农业目标落实到微观实施行为。2007 年，浙江省农办、省农业厅印发《关于加快农村沼气建设的若干意见》，提出推广沼气等清洁能源，通过沼气池和大中型沼气工程的厌氧发酵实现畜禽粪便的资源化利用，初步在政策文件中具体提到畜牧业减排的举措。2009 年，浙江省政府在对畜禽养殖、化肥农药污染进行防治以外加入了对污染土壤治理的规划。2010 年，浙江省人民政府结合本省实际情况，对于种植业、畜牧业生产中产生的废弃物制定了如何处理和利用的办法并且提出"减量化、再利用与资源化"的农业面源污染防治原则。2011 年，浙江省开展粮食稳定增产行动，提出要深入实施农机化促进工程，提高农机资源利用效率从而在农业机械方面降低农业环境污染。综上所述，该阶段侧重于在单个领域采取较为宏观的措施，农业面源污染防治工作逐渐系统化，但详细有效的政策行动尚未明确。

（二）农业减污降碳基本协同期（2012—2020 年）

该阶段浙江省农业高投入高产出的粗放生产经营方式依然没有转变，资源环境约束也趋紧，但是对于农业面源污染治理和碳减排开始有了具体要求，整体上推进节奏较为迅速。该阶段是农业低碳发展与农业面源污染防治政策体系确立的过渡阶段。2012 年，浙江省化肥、农药碳排放量分别达82.53 万吨、31.02 万吨，与上一阶段相比，浙江省农业碳排放量仍在持续增加（田云和林子娟，2021）。因此，推动农业绿色低碳化转型成为亟待解决的问题。浙江省先后被农业部列为全国首个现代生态循环农业试点省和整省推进国家农业可持续发展试验示范区（农业绿色发展先行区），从而为开展农业减污降碳行动奠定基础。2012—2020 年，该阶段政策文本的高频主题词是农业、污染、发展、生态、畜禽、技术、治理、绿色等，"技术""利用""生态"等关键词的频数逐渐上升，政策主题逐渐聚焦。与此同时，"绿色""肥料"等关键词开始显现并占据一定比重，表明浙江省开始关注农业面源污染及碳排放所造成的环境问题并进一步探索农业绿色发展。

　　政府及相关部门接连发布农业面源污染防治领域的针对性政策，对污染治理工作做出了具体规划，政策操作性逐渐增强，政策措施逐渐细化，在发展和治理中寻找平衡成为该阶段农业减污降碳进程中的要点。2012—2014 年，浙江省接连发布《关于进一步加强农业源污染减排工作的通知》《关于印发浙江省农村能源开发利用项目资金管理办法的通知》《浙江省农业厅关于加快推进沼液资源化利用的指导意见》等文件，以农业能源工作为落脚点，协同推进清洁能源开发利用与农业废弃物资源化利用。2014 年，浙江省发布《浙江省人民政府办公厅关于加快推进农作物秸秆综合利用的意见》，这是浙江省首次开始关注探索秸秆资源化相关行动，并且重点强调杜绝露天焚烧秸秆所造成的空气污染问题，可见浙江省在政策导向中已重视农业碳排放的控制。2015 年，浙江省人民政府办公厅印发《浙江省农药废弃包装物回收和集中处置试行办法》并在全省范围内铺开该项工作，农药产品的监管从生产、经营、使用到废弃包装物回收处置形成了闭环。2016 年，浙江省回收农药废弃包装物 5 024 吨，回收率达到 82%，其中无害化处置 4 701 吨，处置率超过 93%。2016 年，浙江省对于畜牧业发展提出了《浙江省农业厅等 4 部门关于支持畜牧业绿色发展的意见》，再次强调通过实现碳达标排放推动畜禽养殖污染防治工作。2017 年，《浙江省"十三五"控制温室气体排放实施方案》中首次提出发展低碳生态农业，关注到有效控制农业领域温室气体排放极大地推动农业生态环境保护。2019 年，浙江省发布《关于试行农业投入化肥定额制的意见》《关于加快推进废旧农膜回收处理工作的意见》，当年实现化肥农药施用量零增长，农膜回收率达到 80% 以上。2020 年，《浙江省人民政府办公厅关于推行化肥农药实名制购买定额制施用的实施意见》进一步推动主要农作物测土配方施肥技术推广率达到 90% 以上，化肥利用率提高到 40%，逐步推动实现化肥农药减量增效。同年，浙江省农业农村厅实施病死畜禽无害化处理工作，畜牧业生态化水平进一步提升。综上所述，浙江省第一阶段农业发展政策导向偏向于数量增长及农业面源污染防治；第二阶段着力于进行农业面源污染防治和探索减少农业碳排放的行动，在农业面源污染治理方面由解决单领域行动转变为具体行动，在探索农业碳减排方面结合农业技术创新手段以及循环利用等方式推进。从治理面源污染相关措施存在降碳痕迹到推出聚焦于碳减排的政策文件，逐步形成农业低碳发展与农业面源污染防治政策体系。

（三）农业减污降碳强联合期（2021 年至今）

2021 年至今是确立农业减污降碳政策格局的阶段。浙江省政府和相关部门出台的农业面源污染防治和碳减排政策急剧增加，政策工具的种类也愈加丰富。该时期政策文本的高频主题词是农业、建设、发展、利用、绿色、资源、技术、低碳、协同等。"绿色""发展"词频显著提高，体现了浙江省在该时期对于控制农业碳排放以及促进农业废弃物资源化可持续利用的高度重视。"低碳""协同"也逐渐成为政策关注焦点，说明浙江省农业减污降碳发展迈入更高阶段，科技支撑和政策保障更加有力，防治农业面源污染和降低碳排放协同也成为重点任务。

现阶段，政策目标由数量增长为主转到数量和质量效益并重、政策行动坚持顶层设计与基层实践并重。2013—2022 年，浙江省化肥、农药使用量已连续九年实现负增长，废弃物资源化利用率、秸秆综合利用率、畜禽粪污综合利用率不断提升。2021 年，浙江省接连印发《浙江省土壤、地下水和农业农村污染防治"十四五"规划》《浙江省畜牧业高质量发展"十四五"规划》《关于严格制止耕地抛荒的通知》《浙江省农业面源污染治理与监督指导实施方案的通知》《浙江省人民政府关于加快建立健全绿色低碳循环发展经济体系的实施意见》等政策，详细阐述了治理农业面源污染的要求并明确提出在降低污染排放的同时促进农业低碳发展。同年，《浙江省应对气候变化"十四五"规划》明确提到，浙江作为"绿水青山就是金山银山"理念的发源地和率先探索实践地，需全面加快推进农业领域绿色低碳转型。2022年，浙江省出台《浙江省减污降碳协同创新区建设实施方案》，首次在文件中提到减污降碳需协同；打造一批农业领域减污降碳协同试点，以发展现代生态循环农业、畜禽粪污资源化利用和无害化处理、秸秆综合利用、沼液资源化利用等措施，推进非二氧化碳温室气体协同控制并且挖掘农业固碳增汇能力。综上所述，该阶段农业减污降碳的政策顶层框架逐步确立，实施内容逐步深化，政策目标也从以减污为主的发展模式转向减污降碳协同推进。政策制定也经历了由面及点的过程，先从整体上确立农业减污降碳的实施意见和总体目标，再按照重点方面进行突破并展开工作，政策体系的衔接更加紧密，实施节奏也逐渐紧凑。

第三节　农业减污降碳政策协同关系分析

　　绿色农业发展极大地推动了农业经济的可持续发展，从面源污染治理到减碳增汇，农业减污降碳政策在新发展时期逐渐形成了系统的政策体系（图3-2），措施涉及种植业节能减排、畜牧业减排降碳、农田固碳扩容、农机节能减排、可再生能源替代五方面。例如，《浙江省"十一五"农业发展规划》阐述了浙江省农业发展的指导思想、基本原则和总体目标，对化肥、农药、畜禽养殖、秸秆利用等保护农业生态环境的措施做出了具体规定，极大地推动了农业面源污染防治。2009年，《浙江省人民政府办公厅关于进一步加强农村环境保护工作的意见》的实施，标志着浙江省农业农村环境保护工作进入统筹兼顾、分类指导的政策阶段。2017年是浙江省农业减污降碳政策的转折点，"发展低碳生态农业""化肥农药减量增效行动""构建种养循环体系"等政策陆续落地实施。2021年，为实现"双碳"目标，浙江省积极探索符合省情的农业绿色低碳发展的具体路径。2022年，浙江省提出开展一批农业领域减污降碳协同试点，但未明确具体发展目标与行动内容。

　　新时代下，"双碳"目标以及"绿水青山就是金山银山"理念为浙江省农业减污降碳的可持续发展提出了新要求和新目标。就理论层面而言，农业面源污染治理政策与农业减排固碳政策是农业绿色发展的基础，也是推动农业高质量发展的动力；就实践层面而言，要求实现减污降碳政策协同推进，进一步提升农业发展与资源环境承载力的匹配度；从农业面源污染治理政策与农业减排固碳政策处理原则来看，均提出源头减量化、资源利用化、处理无害化三个原则，但在实施过程中存在二者不协同的可能性。因此，虽然农业面源污染治理政策与农业减排固碳政策在治理对象上存在重叠，但是从政策目标、政策工具以及政策效果等方面梳理农业面源污染治理政策与农业减排固碳政策的协同关系对于形成农业绿色发展多元激励与约束的政策体系至关重要。本章通过内容提炼、对比分析浙江省开展的与农业减污降碳行动相关的办法、意见、方案等文件，系统总结了潜在可行的农业减排固碳相关措施与农业面源污染治理政策的协同关系。具体而言，一是根据本章第二节内容总结了农业减排固碳与面源污染治理相关措施；二是梳理了自2003年至今发布的农业面源污染治理的相关办法、条例和计划等文件；三是逐条分析农业面源污染治理政策的文件内容与农业减排固碳相关措施的协同度。对于协同度的界定，"无作用"指当前农业面源污染治理政策尚未涉及农业减排固碳相关措施;"低协同"指当前农业面源污染治理政策间接促进了农业减排固碳相关措施的实施;"高协同"指当前农业面源污染治理政策直接促进了农业减排固碳相关措施的实施。如表3-2所示。

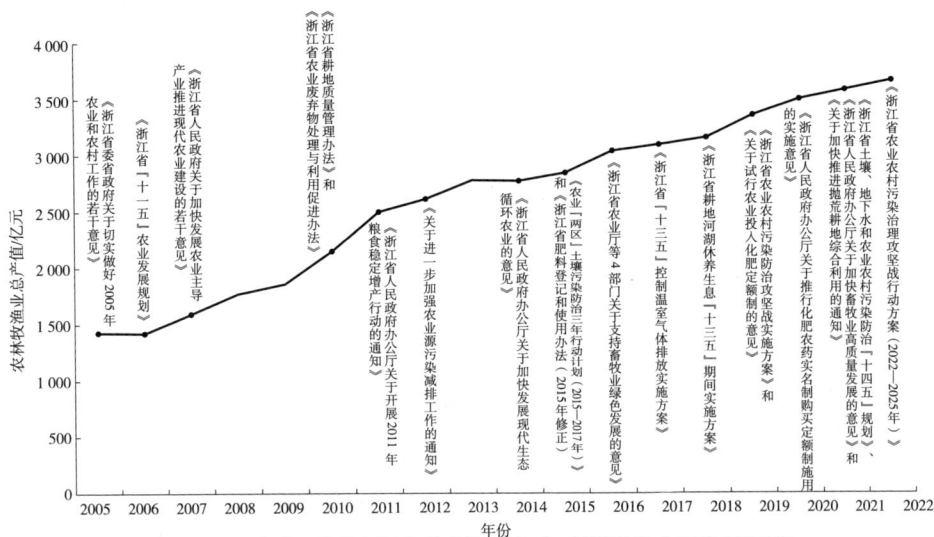

图3-2　农业面源污染治理政策与农业减排固碳政策发展历程

表3-2　农业减排固碳相关措施与农业面源污染治理政策的协同关系

类型	农业减排固碳相关措施	协同度
种植业节能减排	推行优质高产低排放良种	无作用
	提高肥料利用率、推广节肥节药技术	高协同
	减少农田氧化亚氮、甲烷排放	无作用
	回收田间农药废弃包装物和废旧农膜	高协同
	"肥药两制"改革:化肥、农药等农业投入品实行实名制购买、定额制施用改革	高协同
	秸秆发电项目的建设和推广	高协同
畜牧业减排降碳	划定调整畜禽禁养和限养区域	高协同
	推广应用良种、清洁养殖技术、精准饲喂技术	高协同
	集约化养殖	高协同
	加强饲料添加剂管理和推广绿色环保型饲料	高协同
	推广密闭式发酵处理粪便减少氮磷排放	无作用

(续)

类型	农业减排固碳相关措施	协同度
农田固碳扩容	落实秸秆还田、有机肥施用、绿肥种植等措施	高协同
	地力综合培肥改良	低协同
	推广深松深耕、保护性耕作、测土配方施肥技术	高协同
	推动抛荒耕地恢复生产	负协同
	水肥一体化技术	高协同
	推进高标准农田建设	高协同
农机节能减排	改善农机装备结构	高协同
	深入实施农机化促进工程	高协同
	推广应用低耗高效的新型农机具	高协同
可再生能源替代	大力推广应用沼气	高协同
	推广应用太阳能、生物质能、地热能等清洁可再生能源	高协同

（一）种植业节能减排与农业面源污染治理政策

种植业节能减排措施主要侧重点在于化肥和农药、废弃包装物和农膜以及秸秆。在化肥和农药方面，2012年，《关于进一步加强农业源污染减排工作的通知》指出要提高肥料利用率、推广节肥节药技术，该措施旨在减少化肥和农药的使用量，从而缓解化肥和农药残留物的污染并且显著降低温室气体的排放。2018年，浙江省创新性地推出农药、化肥实行实名制购买、定额制施用的"肥药两制"改革，次年出台政策细则，进一步强调"肥药两制"对于促进化肥、农药减量增效的作用。在废弃包装物和农膜方面，农药包装废弃物和农用废弃薄膜也是不可忽视的污染源，在浙江省农业面源污染治理政策发展脉络中，从2009年《关于进一步加强农村环境保护工作的意见》建议统一收集报废农药瓶（袋）和农用废弃薄膜，到2019年《浙江省农业农村污染防治攻坚战实施方案》要求全面回收处置田间农药废弃包装物和废旧农膜。2019年，基于上述政策，浙江省接连发布《浙江省农业农村厅等4部门关于加快推进废旧农膜回收处理工作的意见》《浙江省农业农村厅关于肥料包装废弃物回收处理的指导意见》，最终确立构建协同高效的肥料包装废弃物、废旧农膜回收机制。可见，农用物资废弃物综合回收利用在降低二氧化碳排放的同时可以切实减少农业面源污染。在秸秆方面，2006年的《关于加快推进"农村环境五整治一提高工程"的实施意见》提出推广秸秆综合利用技术，实现政策目标从秸秆禁烧到秸秆资源化利用的转变。在2014年的文件《关于加快推进农作物秸秆综合利用的意见》中，浙江省人民政府进一步将秸秆资源化利用的政策目标细化，即加快建设秸秆发电项目，同时将之作为浙江省重点推广项目，秸秆发电后生成的草木灰是高品质钾肥，利用草木灰替代部分化肥可以减少农业环境污染，再加上秸秆发电所形成的生物质燃料可以替代化石燃料进而减少碳排放。另外，一些低碳技术如优质高产低排放良种以及减少农田氧化亚氮、甲烷排放等聚焦于种植业的降碳措施尚未在农业面源污染治理政策中呈现。

（二）畜牧业减排降碳与农业面源污染治理政策

浙江省畜牧业减排降碳发展过程经历保量增长至减量提质两个阶段。2003—2011 年是稳定增长阶段，该阶段主要以农村家庭庭院饲养为主，在饲料供应充足和"菜篮子工程"等一系列利好政策的引导下，全省畜牧业养殖产值在 2011 年达到 559.55 亿元，相比 2010 年提高近 23%。2012 年至今为减量提质阶段，治理畜牧养殖污染成为该阶段的首要任务，因此养殖方式向规模化、标准化、集约化转变。2012 年为浙江省畜牧业转型升级的关键时间点，该年发布《关于进一步加强农业源污染减排工作的通知》，在数量控制方面，鼓励集约化养殖；在质量提升方面，规定推行畜禽养殖区域和污染物排放总量控制制度，划分"禁、限养区"，开辟出资源化利用和结构调整的新治理思路，通过降低反刍动物养殖数量来减少粪尿等污染物以及甲烷等温室气体排放量，进而推动形成降碳与减污协同的综合治理框架。随后，2016 年发布《关于支持畜牧业绿色发展的意见》，明确浙江省要创建畜牧业绿色发展示范省，大力推广绿色环保型饲料，提高畜禽对饲料的利用率，减少碳排放，进一步将降碳纳入污染治理当中。2021 年，《浙江省人民政府办公厅关于加快畜牧业高质量发展的意见》提到，培育与推广良种、发展精准饲喂技术、提高畜禽单产水平、降低反刍动物肠道甲烷排放强度，是养殖过程中从源头实现减污降碳协同治理的重要举措。此外，在粪便处理中推广密闭式发酵、生物转化和微生物菌剂等处理措施可以减少氮磷排放，但这些措施与农业面源污染治理政策之间的协同性亟须加强。

（三）农田固碳扩容与农业面源污染治理政策

农用地管理方式的发展历程从简单的土地整理到土地治理再逐渐向土地综合整治转变，发展方向也从原先的治理农田面源污染过渡到培育土壤固碳减排。2003 年，《关于进一步加快农村经济社会发展的意见》提出加强土地整理，切实保护基本农田，从而提高粮食生产能力。在 2006 年发布的《浙江省"十一五"农业发展规划》中，政策导向开始注重提升耕地质量，提到以"测土配方施肥"为抓手，建设"沃土工程"示范区，具体包括开展秸秆还田、绿肥和有机肥资源的开发应用，秸秆还田即通过把一部分碳固定在土壤里达到固碳的效果，绿肥和有机肥的施用即通过改善土壤结构、提升土壤肥力从而促进土壤有机碳储存，在实现降碳和减污协同的同时提高土壤碳汇能力。2014年发布的《浙江省人民政府办公厅关于加快发展现代生态循环农业的意见》中积极推广了水肥一体化技术，通过合理施肥和科学用水，减少土壤中污染物的积累和面源污染风险，同时减少施肥和灌溉量，降低能耗和碳排放，极大地推动二氧化碳和面源污染的协同治理。2021年《关于严格制止耕地抛荒的通知》所提及的推动抛荒耕地恢复生产等减排固碳举措在实施过程中可能存在为了提高产出过度使用化学投入品的情况，导致了土壤污染，造成了与农业面源污染治理的负协同。

（四）农机节能减排、可再生能源替代与农业面源污染治理政策

农业机械化和能源消耗带来的碳排放是农业碳排放中占比极大的因素。在前期政策文件中，为了推动农业机械化、农业现代化的发展，政府积极组织农户购置农机具，这些措施带来粮食增产的同时也导致因能源消耗造成的污染物排放量大量攀升。为了缓解该状况，政策文件逐渐调整，向环保农机、清洁能源转变。2005年发布的《农业机械购置补贴专项资金使用管理暂行办法》中通过农机补贴专项鼓励农民使用农业机械，提高农业综合生产能力。2007年，《浙江省人民政府关于加快发展农业主导产业推进现代农业建设的若干意见》中提及改善农机装备结构以及深入实施农机化促进工程，提高农机资源利用效率，促进农机在农业面源污染治理方面与减污降碳实现协同。同年，发布《关于加快农村沼气建设若干意见》，文件提到大力推广应用沼气以及重点组织实施百万农户生活污水净化沼气工程、规模畜禽养殖场沼气工程和清洁能源开发利用工程，沼气技术可以将粪便等污染物转化为沼气燃料及有机肥，通过探索高效利用沼气能减轻农业生态环境污染、促进节能减排。在此基础上，2014年，《浙江省人民政府办公厅关于加快发展现代生态循环农业的意见》进一步提出推广低耗高效的新型环保农机具以及太阳能、地热能等清洁能源在农业生产中的应用，这些措施在减少农业碳排放的同时促进了农业面源污染治理，形成了较高的协同性。

第四节　浙江省农业减污降碳协同增效的省际比较

一、测算结果分析

根据第二章熵值法测算出2003—2020年全国、粮食主产区、粮食产销平衡区、粮食主销区以及浙江省五个维度的农业减污降碳协同增效水平得分，以剖析区域差异及根源（图3-3）。可以看出，2003—2020年，全国农业减污降碳协同增效水平综合得分从 0.629 提高到 0.651，总体增长 3.50%。由此可见，全国减污降碳协同增效水平存在稳步上升态势。从三大区域来看，粮食主产区的综合得分从 2003 年的 0.592 提高到 2020 年的 0.617，总体增长 4.22%；粮食产销平衡区的综合得分从 0.644 提高到 0.658，总体增长 2.17%；粮食主销区的综合得分从 0.678 提高到 0.704，总体增长 3.83%。可见，三大区域中粮食主销区的减污降碳协同增效水平综合得分均值最高，而粮食主产区在减污降碳协同增效中增长趋势最为明显。从浙江省来看，浙江省的综合得分从 0.645 提高到 0.684，总体增长 6.05%，增速超过全国平均水平及各区域平均水平。可见，自实施"八八战略"以来，浙江省在政策推动下不断探索形成在减少农业面源污染基础上控制农业碳排放的综合治理体系，以减污降碳协同增效改革促进农业绿色低碳高质量发展。

进一步分析浙江省农业减污降碳协同增效水平的子系统得分（图 3-4）可知，浙江省的综合得分总体呈上升趋势，其中，减污、降碳和增长三个指标呈上升趋势，扩绿指标基本维持不变。从时序演变来看，2003—2020 年，浙江省减污子系统综合水平呈波动上升趋势，由 0.204 上升到 0.219，2012 年、2014年、2019 年是三个关键时点。其中，2012 年，浙江省发布《关于进一步加强农业源污染减排工作的通知》，提到推广节肥节药技术以及鼓励集约化养殖，在种植业和畜牧业两个方面极大减轻农业面源污染程度。在 2014 年这个时点，文件《浙江省人民政府办公厅关于加快发展现代生态循环农业的意见》以"减量、清洁、循环"为目标，首次制定建设生态循环农业的具体行动方案，大力推进农业面源污染治理和农业废弃物综合利用。2019 年，《浙江省农业农村污染防治攻坚战实施方案》根据"八八战略"和"绿水青山就是金山银山"的指导思想，在降低污染基础上实现"高标准""高水平"的治理农业环境污染的目标。从降碳子系统综合评价指数来看，浙江省降碳水平呈缓慢增长趋势，由 2003年的 0.193 上升到 2020 年的 0.200，该结论符合浙江省农业绿色发展历程，浙江省前期主要聚焦于治理农业面源污染，自 2017 年浙江省提出发展低碳生态农业，才逐渐将减排固碳目标纳入到农业绿色可持续发展当中。从扩绿子系统综合评价指数来看，提升幅度不明显，基本上保持稳定。从增长子系统综合评价指数来看，浙江省增长水平呈稳定增长趋势，由 0.049 上升到 0.066，相较于其他子系统，增长子系统得分较低。原因可能在于，首先，浙江省因"七山一水二分田"的资源禀赋，难以兼顾重要农产品有效供给和农业生态环境保护；其次，结合浙江省农业污染治理相关政策提出的"一控两减"（"一控"是指控制农业用水总量和农业水环境污染，"两减"是指化肥、农药减量使用），化肥、农药双减在一定程度上降低了粮食单位面积产量，但从整体增长趋势来看，浙江省的减污降碳行动并未以牺牲粮食安全和重要农产品供给为代价。

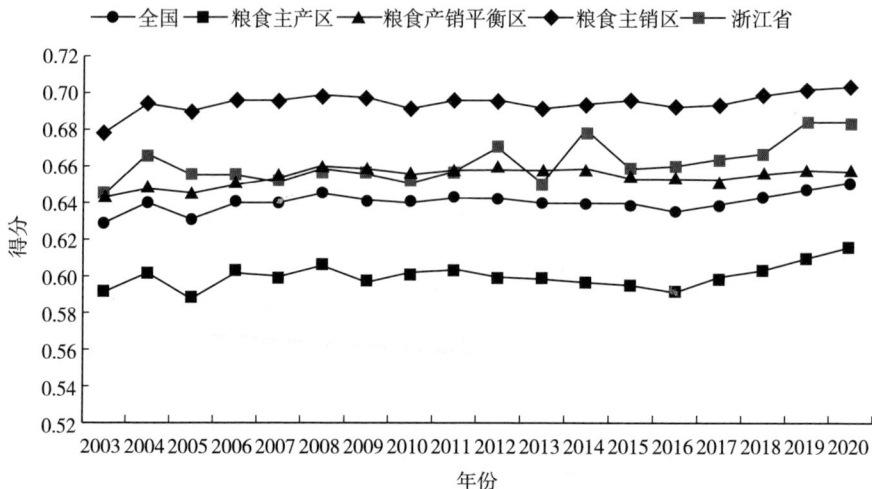

图 3-3 农业减污降碳协同增效水平得分

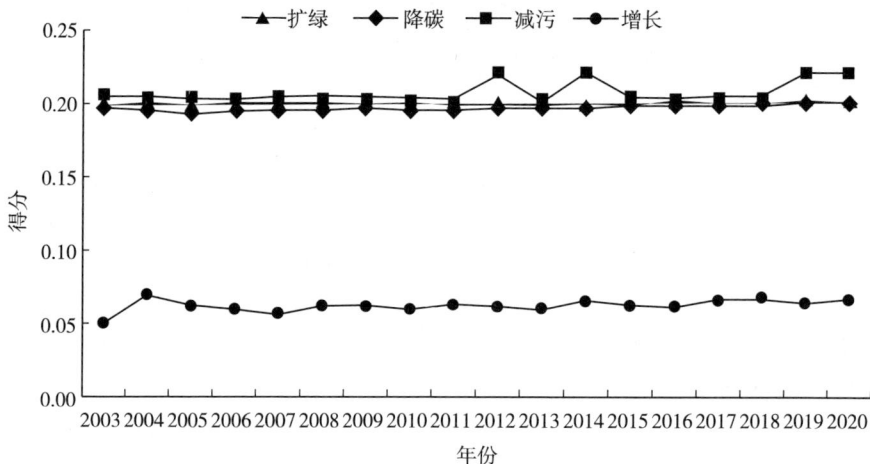

图 3-4 浙江省农业减污降碳协同增效水平子系统得分

二、耦合分析

代入第二章中的综合评价指数计算出 2003—2020 年全国、粮食主产区、粮食产销平衡区、粮食主销区以及浙江省五个维度的农业减污降碳协同增效水平的耦合度和耦合协调度变化趋势，如图 3-5、图 3-6 所示。在耦合度方面，研究期内全国、三大区域以及浙江省的农业减污降碳协同增效水平的耦合度均处于上升趋势且处于高耦合水平阶段，说明无论在全国总体水平、区域水平还是省域水平，其子系统及要素之间存在显著的相互作用。在耦合协调度方面，从全国总体水平来看，2003—2020 年，全国农业减污降碳协同增效水平的耦合协调度呈现上升态势，从 2003 年的 0.379 上升到 2020 年的 0.396，但仍处于中度耦合协调阶段。从区域水平来看，在研究期内，三大区域的农业减污降碳协同增效水平的耦合协调度总体呈增长态势，粮食主产区协调度得分由 2003 年的 0.371 增长到 2020 年的 0.383，粮食产销平衡区协调度得分由 2003 年的 0.377 增长到 2020 年的 0.387，粮食主销区协调度得分由 2003 年的 0.376 增长到 2020 年的 0.391，三大区域均处于中度耦合协调阶段，其中粮食主销区的耦合协调度得分较高，粮食产销平衡区次之，而粮食主产区得分较低。从省域水平来看，浙江省在样本期内农业减污降碳协同增效水平的耦合协调度从 0.375 上升到 0.395，同样处于中度耦合协调阶段，且浙江省耦合协调度的演变趋势基本与粮食主销区一致。这说明浙江省乃至整个粮食主销区的降碳、减污、扩绿、增长虽存在显著的相互作用，但四个系统之间的协调发展水平还存在差异，其原因可能在于：首先，从政策文件角度看，浙江省为了逐步实现农业绿色转型的政策目标必然会减少化学投入品的使用，但这与粮食增产存在不协调；其次，从政策制定主体角度看，浙江省农业农村部门制定的政策主要围绕农业的增产稳产，而浙江省生态环境部门制定的政策主要围绕碳减排，造成降碳与增长的不协同。从整体上看，农业减污降碳协同增效水平呈增长态势，降碳、减污、扩绿、增长之间的协调发展还具有较大的进步空间。

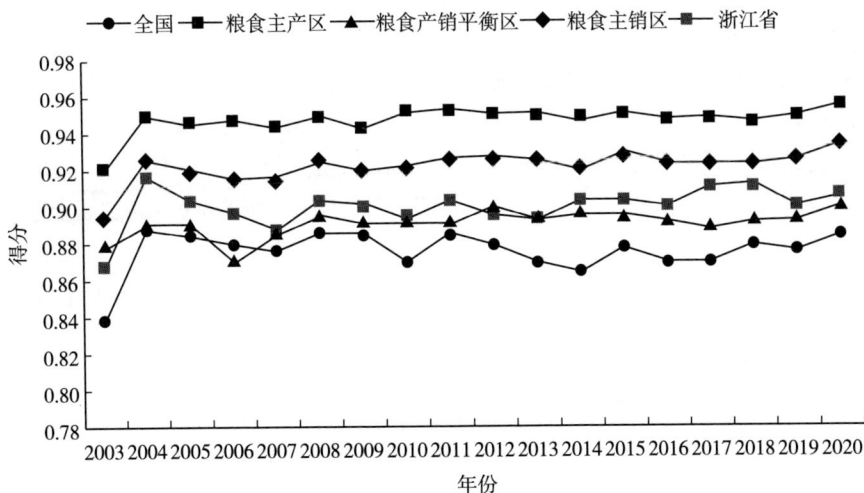

图 3-5　农业减污降碳协同增效水平的耦合度

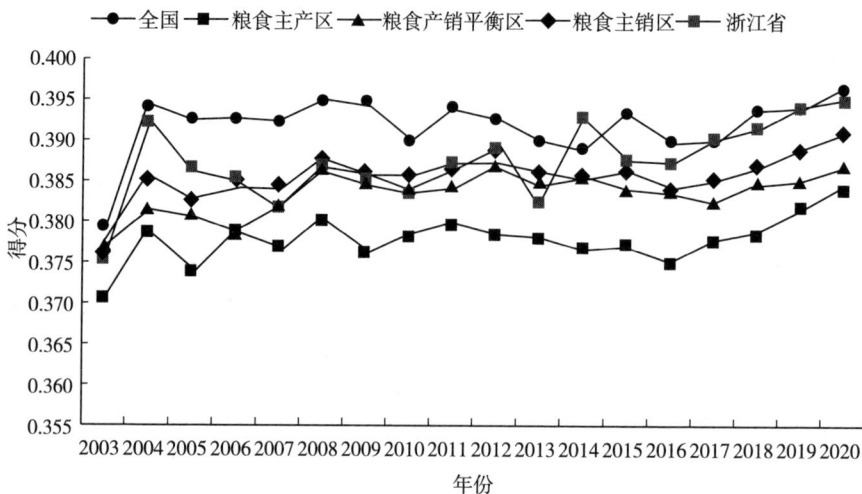

图 3-6　农业减污降碳协同增效水平的耦合协调度

第五节　总　　结

　　"八八战略"以来，浙江省农业减污降碳政策总体上经历了农业减污降碳弱相关期、基本协同期、强联合期三个阶段，逐渐将农业减排固碳目标纳入农业绿色发展政策，协同面源污染治理推动农业绿色转型；政策的基本定位仍以回应现实的农业减污需求为主，政策工具的应用实现了从单一到多元，政策内容逐渐从模糊到具体；浙江省减污降碳水平高于全国平均水平。但同时也应该看到，浙江省减污降碳协同增长面临的障碍和压力依然巨大：一是协同碳减排和面源污染治理的政策措施尚未明晰，在全省范围内减污降碳成功的、可推广的模式较少，尚未形成示范功能强、因地制宜的减污降碳协同模式；二是已实施的减污降碳等扶持政策多是"打包式"的，并未与实际减污降碳贡献挂钩，缺乏量化的补贴依据，因而对减污降碳协同的激励效果有限；三是浙江省减污降碳协同增效的耦合性相较全国平均水平较弱，协调性水平处于中度耦合协调阶段，亟待提高。

参　考　文　献

曹洪华，王荣成，李琳，2014. 基于 DID 模型的洱海流域生态农业政策效应研究 [J]. 中国人口·资源与环境，24（10）：157-162.

陈红喜，刘东，袁瑜，2013. 环境政策对农业企业低碳生产行为的影响研究 [J]. 南京农业大学学报（社会科学版），13（4）：69-75.

陈宇斌，王森，2023. 农业综合开发投资的农业碳减排效果评估：基于高标准基本农田建设政策的事件分析［J］. 农业技术经济（6）：67-80.

封永刚，彭珏，邓宗兵，等，2015. 面源污染、碳排放双重视角下中国耕地利用效率的时空分异［J］. 中国人口·资源与环境，25（8）：18-25.

胡川，韦院英，胡威，2018. 农业政策、技术创新与农业碳排放的关系研究［J］. 农业经济问题（9）：66-75.

胡涛，田春秀，李丽平，2004. 协同效应对中国气候变化的政策影响［J］. 环境保护（9）：56-58.

解春艳，黄传峰，徐浩，2021. 环境规制下中国农业技术效率的区域差异与影响因素：基于农业碳排放与农业面源污染双重约束的视角［J］. 科技管理研究，41（15）：184-190.

金书秦，韩冬梅，吴娜伟，2018. 中国畜禽养殖污染防治政策评估［J］. 农业经济问题（3）：119-126.

孔祥才，王桂霞，2017. 我国畜牧业污染治理政策及实施效果评价［J］. 西北农林科技大学学报（社会科学版），17（6）：75-80.

李守伟，李光超，李备友，2019. 农业污染背景下农业补贴政策的作用机理与效应分析［J］. 中国人口·资源与环境，29（2）：97-105.

梁志会，张露，张俊飚，2021. 土地整治与化肥减量：来自中国高标准基本农田建设政策的准自然实验证据［J］. 中国农村经济（4）：123-144.

刘明庆，席运官，陈秋会，等，2019. 水产养殖环境管理与污染减排的政策建议［J］. 中国环境管理，11（1）：90-94.

石凯含，尚杰，2021. 农业面源污染防治政策的演进轨迹、效应评价与优化建议［J］. 改革（5）：146-155.

田云，林子娟，2021. 长江经济带农业碳排放与经济增长的时空耦合关系［J］. 中国农业大学学报，26（1）：208-218.

王东，李金叶，2022. 环境规制、技术进步与能源碳排放效率［J］. 技术经济与管理研究（7）：31-36.

王金涛，黄恒，2022. 绿色信贷对碳排放的影响研究：基于 PSTR 模型和 SDM 模型的实证分析［J］. 当代经济管理，44（9）：80-90.

叶芳羽，单汨源，李勇，等，2022. 碳排放权交易政策的减污降碳协同效应评估［J］. 湖南大学学报（社会科学版），36（2）：43-50.

叶金珍，安虎森，2017. 开征环保税能有效治理空气污染吗［J］. 中国工业经济（5）：54-74.

张云宁，杨琳，欧阳红祥，等，2022. 基于面源污染和碳排放的长江经济带农业绿色生产效率提升路径［J］. 水利经济，40（3）：24-33，41，94.

第四章

种植业政策的效果评估——以浙江省"肥药两制"政策为例

本章提要："肥药两制"改革政策是浙江省基于数字技术从农业生产源头推动农业生产理念和方式转型的首创政策，但具体的实施效果有待进一步验证。本章以化肥减量代表农业减污，基于2015—2022年浙江省县域面板数据和准自然实验思路，运用多期双重差分模型估计"肥药两制"改革政策对化肥减量的影响效应，并运用模糊集定性比较分析方法探讨数字技术赋能化肥源头减量的组态路径。研究发现，"肥药两制"改革政策具有显著的化肥减量效应，而电商嵌入会弱化政策的化肥减量效果。异质性分析表明，在不同作物种植结构中，"肥药两制"改革政策在粮食作物主导地区实施具有显著的化肥减量效应，而在非粮食作物主导地区不显著；在不同经济发展水平中，经济发达地区相较于经济欠发达地区政策实施带来的化肥减量效应更为明显。组态结果表明，存在环境主导技术协同型、组织主导技术协同型、技术主导型3条高化肥减量的驱动路径。本章研究结论为充分认识数字技术赋能化肥源头减量的机制与效果提供了经验证据，也为进一步细化数字治理政策和将之推广至全国提供了借鉴与启示。

第一节 引 言

作为"石油农业"的典型要素，化肥被广泛运用于农业生产中，并且有效推动了农业经济发展。我国是化肥的主要生产国和使用国，改革开放以来化肥施用量快速增加，高强度的化肥施用以及低效率的肥料利用给农业绿色发展带来了巨大挑战（周曙东和王颖，2023）。据统计，2022年，我国水稻、玉米、小麦三大粮食作物化肥利用率为41%[①]，低利用率意味着所消耗的肥料只有一小部分被作物吸收，其余进入农业生产环境，造成了土壤质量下降、环境污染等一系列问题（Zou et al.，2020）。为了实现化肥减量增效目标，农业部在2015年发布的《到2020年化肥使用量零增长行动方案》中首次提出化肥减量增效；2021年，农业农村部等6部门联合印发《"十四五"全国农业绿色发展规划》，强调继续推进化肥减量增效；2022年，《农业农村减排固碳实施方案》明确要求实施化肥减量增效等行动；同年印发《到2025年化肥减量化行动方案》，提出进一步减少农用化肥施用总量，提高有机肥资源还田量、测土配方施肥覆盖率以及化肥利用率，即"一减三提"；2023年，《国家农业绿色发展先行区整建制全要素全链条推进农业面源污染综合防治实施方案》进一步提出探索整建制全要素全链条推进化肥源头减量。一系列相关政策措施的出台，使化肥总量得到有效控制。化肥施用量从2015年的6 022万吨减少到2022年的5 079万吨，降幅达到15.66%；化肥施用强度从2015年的369.9千克/公顷减少到2022年的298.8千克/公顷，降幅达到19.22%。但即便如此，我国2022年化肥施用总量仍居世界首位，相较于发达国家，我国的单位耕地面积化肥投入量仍高出国际公认化肥施用安全上限（225千克/公顷）0.33倍[②]。因此，在资源匮乏与环境污染双重约束背景下，寻求优化环境规制的新路向，从而减少化肥等生产要素的投入，提高资源利用效率，推动农业绿色发展显得更为迫切（毛慧等，2023；苏柯雨和罗必良，2024）。

在化肥减量的诸多路径中，环境规制被广泛认为是实现化肥减量的重要途径之一（林珊等，2024）。目前研究主要集中在过程治理和末端治理两个方面。一是过程治理方面，即在化肥流通端通过价格管控、差别化税收以及财政补贴等市场化调节行为"诱导"各类农业主体绿色生产行为的发生（何丽娟和王永强，2019；桑贤策，2021；范东寿等，2023）。但也有研究指出，补贴政策后劲不足、信息不对称以及有限理性"自选择"等问题降低了政策的实施成效，造成"有补贴即用，无补贴即停"的现实困境，甚至引致个别农户出现"骗补"等投机行为（Takeshima and Nkonya，2014；张露和罗必良，2022）。二是末端治理方面，即在化肥施用端通过多种途径实现化肥减量，具体包括测土配方施肥技术、水肥一体化、有机肥替代化肥等技术支持。既往研究表明，技术推广、技术培训能够带来显著的化肥减量效应（王学婷等，2021）。但也有

---

① 数据来源：中华人民共和国国家发展和改革委员会，https://www.ndrc.gov.cn/xwdt/ztzl/2023qhjnxcz/bfjncx/202307/t20230707_1358207_ext.html。

② 数据来源：国家统计局，https://www.stats.gov.cn/sj/ndsj/。

研究发现，技术推广、技术培训往往偏向于规模农业生产主体，从而产生信息"精英俘获"现象（佟大建和黄武，2018）。另外，还有研究表明，过程治理和末端治理的环境规制政策存在边际效用递减的特征（陆泉志和张益丰，2023）。因此，在过程和末端的环境治理效果有限的情况下，基于源头视角发挥环境规制的作用显得十分必要。

互联网、大数据、人工智能等技术和应用使源头治理成为可能。已有相关研究初步探讨数字赋能源头治理的成效及作用机制，但大多集中在政府、社会、企业层面（舒利敏和廖菁华，2022；何小钢和钟湘菲，2023；王军和王杰，2024）。部分文献也初步探讨了数字技术在乡村环境治理中的应用（程莉等，2023；王泗通和闫春华，2023；于水和范德志，2024），数字技术已成为农业绿色转型升级的重要驱动力，推进数字技术在农业中的应用是破解农业资源环境约束和促进农业绿色发展的有效抓手（Benyam et al.，2021）。然而，也有研究表明，单一的数字技术无法有效地治理环境（陈曦等，2023），其监管效能的发挥与组织、环境等条件密不可分（张远记和韩存，2024；张冉和唐书清，2024）。

综上所述，既有研究能够为本章提供有益借鉴，但仍存在诸多可优化的空间：一是现有聚焦化肥减量的研究大多集中在过程治理和末端治理两个层面，忽视了数字技术嵌入源头治理的效果评估；二是关于数字治理的文献主要侧重于理论层面，少量的实证研究也仅关注了单一数字技术的净效应，而忽略了数字技术发挥治理效能的组态路径。鉴于此，本章以浙江省"肥药两制"改革政策为例，深入分析数字技术赋能化肥源头减量的作用机理，并结合 TOE（技术—组织—环境）理论评估数字技术推进化肥源头减量的组态路径，以期为"肥药两制"改革政策的优化推广和全国化肥减量增效提供参考和借鉴。

第二节　政策背景与化肥减量逻辑

一、政策背景

"肥药两制"改革政策聚焦于农业生产的源头，以实名制购买和定额制施用为核心手段，旨在推动农业生产理念和方式的转型与升级。2019 年，浙江省相继颁布了《关于试行农业投入化肥定额制的意见》《关于加快推进农药实名制购买工作的通知》等一系列数字配套政策，在全国首创"肥药两制"改革政策，将治理视角由末端治理向源头治理转变、治理手段由传统的人工记录方式向数字化全面转型。2020 年，浙江省正式发布《浙江省人民政府办公厅关于推行化肥农药实名制购买定额制施用的实施意见》，强调全省需全面构建

"肥药两制"改革数字管理平台。同年,浙江省先后发布《浙江省农业农村厅关于开展"肥药两制"改革农资店创建工作的通知》《浙江省农业农村厅关于开展"肥药两制"改革试点主体培育工作的通知》等文件,提出进一步培育数字农资店和新型农业经营主体。基于技术和组织层面的支持,推动政府监管端、农资店销售端、主体生产端肥药使用数据化,搭建"肥药两制"改革数字平台整合系统,该系统的重点在于完善了新型农业经营主体信息管理、农业投入品购销实时登记、农业生产在线记录以及化肥施用强度测算等功能,实现了跨平台、跨地区、跨层级的数据对接和信息共享,推动了农业绿色发展的全方位智慧监管。同时配套以实名购买制度、投入品增减挂钩制度、补贴制度以及技术推广制度,具体政策运行机制见图4-1。

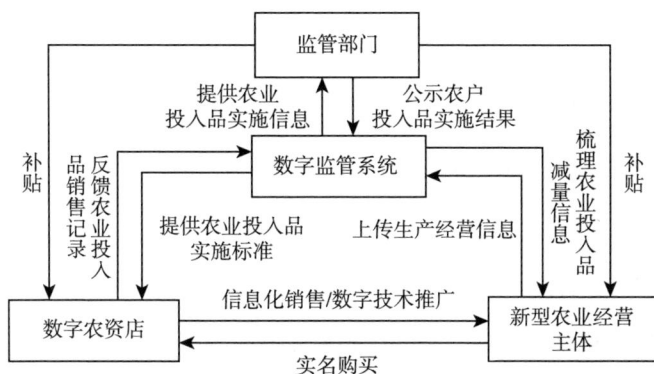

图4-1　政策运行机制图

　　具体来看,一是数字平台整合系统。整合农资产品监管平台、农资产品购销平台、农业主体信息管理系统以及农产品质量安全监管系统等平台,构建"肥药两制"改革数字化管理系统,重点完善农业主体信息管理、农业生产在线记录、肥药施用强度测算等功能,实现跨平台、跨地区、跨层级数据对接、资源共享,推动农业绿色发展全方位智慧监管。二是实名购买制度。一方面对农资产品开展信息化管理,指导农资经营主体开展农资商品统一赋码,并导入全省农资商品数据库,建立县级农资产品信息库,实现县域范围内农资产品统一管理;另一方面基于资金支持完善农资经销商应用建设和硬件升级,配备读卡器、摄像头、刷脸系统等设备,推行刷脸、刷卡等信息化购销方式,系统实时上传相关信息数据至农资监管信息化平台,以信息化购销方式实现从源头规范农业投入品的使用。三是投入品增减挂钩制度。首先,农资店将购销数据实时上传至农资监管信息平台;其次,新型农业经营主体在农业主体信息管理系统上传个人种植信息,并且在农产品质量安全监管系统上记录药、肥使用情况；最后，监管部门通过农资产品购销平台梳理相关农资包装物、废弃物回收数量，核对本县农资购销记录，形成管理闭环，实现农业投入品在全环节进出留痕、增减平衡。四是补贴制度。依托资金奖励以及财政补贴，对于农资店，一方面通过设立示范农资店项目提升农资经营规范化水平，另一方面将农资包装废弃物电子台账记录作为农资经销商回收补助核算依据，激励农资经销商如实登记农资购销信息；对于新型农业经营主体，将惠农补贴与实名购买整合，推动经营主体通过实名方式购买农资产品。五是技术推广制度。围绕测土、配方、配肥、供肥、施肥等环节，提供化肥"精、替、改、调"集成减量技术指导，以及农业防治、生态调控、理化诱控、生物防治和科学用药等绿色防控技术服务，实施化肥农药减量增效行动。

浙江省农业农村厅先后遴选了 60 个县开展三批"肥药两制"改革试点。其中第一批于 2019 年在 30 个农业绿色发展先行试点县率先整县制推行"肥药两制"改革；第二批于 2021 年创建 21 个"肥药两制"改革综合试点县；第三批于 2022 年在 30 个县（市、区）以及三个地级市启动实施"肥药两制"改革综合试点。三批试点中存在重复的情况，因此，在剔除重复试点后，最终获得 60 个试点县（市、区）。

二、理论分析

（一）"肥药两制"改革政策的化肥减量逻辑

传统乡村治理囿于政府数据资源共享程度低，治理信息形成一个个独立的"信息孤岛"，使一些致力于乡村环境治理的社会组织与政府之间存在信息不对称问题，增加了社会组织进入的难度（高榕蔚和董红，2023）。"肥药两制"改革政策依托数字管理系统，将农资经销商纳入监管主体，使传统的"政府-农户"主客体二元关系被"政府-社会-农户"三元主体关系取代，保障各主体在治理中充分发挥自身优势，实现了"多元共治"的治理格局（张锋，2020）。根据多中心治理理论，数字技术赋能化肥污染治理基于渠道效应与信息效应，为不同主体的高效互动提供了一个有效场域，从而促进实现协同治理（张岳等，2023）。

1. 渠道效应

基于数字技术的数字监管系统具备打破时空和身份限制的功能，能够有效降低各治理主体参与环境治理的预期成本，得以推进源头治理（胡占光和吴业苗，2023）。一方面，数字监管平台的互联互通为不同主体提供了便捷多样的交流互动方式。这种由物理空间向数字空间转变的治理形式，克服了传统的"在场式"治理模式，破解了农村环境治理的地理分散性，实现了精准监管和精准补贴，从而在一定程度上控制了政府的治理成本，同时也激励新型农业经营主体参与绿色生产。另一方面，依托数字管理平台传递的减量标准和绿色技术更具时效性、科学性和针对性，增强了数字技术治理的透明度。透明度是信任的前提，能有效提升新型农业经营主体的信任感，进而深化了各治理主体间的依赖关系和互动频率（Jouanjean et al.，2020）。信任有助于降低交易和监督成本并鼓励组织间的信息交流（Nooteboom，1999；Edelenbos and Klijn，2007）。

2. 信息效应

信息约束是实现数字协同治理的主要阻碍。依托互联网、大数据等数字技术而衍生的立体化、交互式数字治理模式可以有效缓解不同治理主体间的信息不对称问题，提高信息透明度（何雨可等，2024）。信息效应有助于降低预期成本和实现外部收益的转化，从而缓解化肥污染治理面临的信息不对称难题。一方面，新型农业经营主体在传统信息获取方式中常常面临信息搜集成本高和信息失真等问题。而建立多主体共享数据库的数字管理系统，显著提升了信息获取的便捷性，推动新型农业经营主体做出理性的绿色生产决策，大幅降低了信息获取成本（杜凤君等，2023）。另一方面，实施"肥药两制"改革政策，推行化肥购销和实时施用数据上传，基于化肥实名制为新型农业经营主体的有机肥补贴提供凭据，通过经济激励实现源头治理目标。此外，基于化肥定额制为新型农业经营主体制定不同作物的具体施肥建议，通过质量溢价策略增加对绿色生产未来收益的预期。

在数字治理体系的框架下，数字技术的正向作用受到了"数字悬浮"和"数字负担"等因素的制约。具体而言，即使在严格监管的环境下，"理性经济人"和"复杂社会人"也会搜寻制度的漏洞以规避监管（黄少安和李业梅，2021）。在实践中，电商渠道是新型农业经营主体购置农资的额外渠道之一，因其匿名购买的特点和便捷性，成为规避"肥药两制"数字监管的关键渠道之一。在数字监管制度下，新型农业经营主体可以通过无需登记、不受限制的电商平台购买化肥，避开农资经销商的烦琐流程和数字监管平台的超额预警，从而削弱数字平台、数字农资店的功能，减弱数字监管对化肥使用量的控制效果。由此提出假说1、假说2。

假说1："肥药两制"改革政策的实施能够促进化肥减量。

假说2：电商嵌入干扰了"肥药两制"改革政策对化肥减量的作用。

（二）"肥药两制"改革政策对化肥减量的组态理论

前文理论分析可知，基于数字技术的"肥药两制"改革政策能够促进化肥源头减量。然而，根据数字治理生态系统理论，数字治理并非简单地应用数字技术提升治理能力，而是应用数字技术全面推进政府内跨层级、跨地域、跨系统的整体协同，以及政府与外部市场和社会主体的包容协同，以此来摆脱实践困境（刘灵辉等，2022）。其生效逻辑不仅包括数字技术应用，而且涵盖外部动因和环境条件，这意味着研究视角要拓展至"全景视角"，整合多种因素进行多层次、多维度的全面剖析。换言之，数字技术赋能不仅要考虑单一技术因素对化肥污染治理的净效应，也需将数字技术带入组织行为与治理环境等多维情境，以充分认识数字技术赋能化肥源头减量的复杂性。因此，数字技术赋能化肥源头减量的本质内核与 TOE 分析框架的核心理念具有较强的适切性，需要基于要素联动视角利用"技术—组织—环境"维度系统识别影响因素（图 4-2），从而深入剖析"肥药两制"改革政策的实践逻辑。

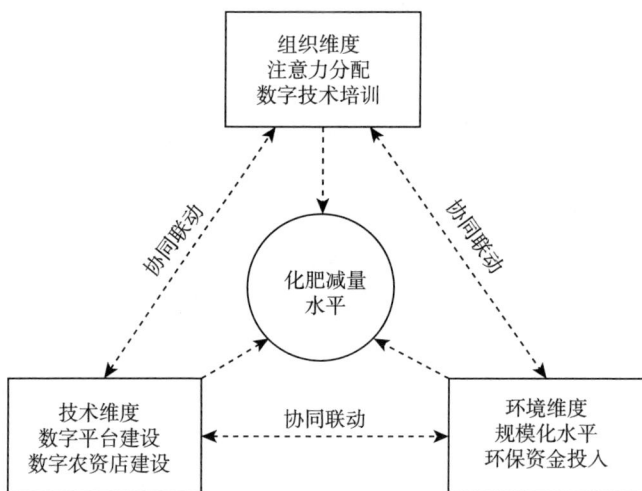

图 4-2　基于 TOE 理论的化肥减量影响因素分析框架

1. 技术维度

技术是实现化肥源头减量的核心驱动力，根据"肥药两制"改革政策的实践逻辑，数字平台建设与数字农资店建设是重点。以数字技术为依托的数字监管平台能够通过绑定新型农业经营主体的方式，实时记录化肥购买及施用量，监管端根据数字平台数据进行监督和补贴。这种精准的监管和补贴机制在一定程度上控制了政府的治理成本，提升了化肥源头减量的效果。数字农资店通过配备读卡器、摄像头、刷脸系统等设备，推行信息化的购销农资方式，并建立"人证比对"信息库等措施从购买端有效控制化肥施用量，这些措施有助于数字治理的多元协同，显著提升了化肥源头减量的治理效率。

2. 组织维度

组织作为技术的结构性保障，是化肥源头减量的内在推动力，主要体现在注意力分配与数字技术培训两个方面（文宇和姜春，2023）。实现化肥减量离不开地方政府的支持，完备的制度保障是实现农业绿色转型的有力支撑。农业绿色发展具有明显的公共品或准公共品特性，需要政府运用公权力进行引导。注意力分配指政府对"肥药两制"改革政策的重视程度，反映了政治权威的分配关系。政府对政策的重视程度越高，相应的激励力度也越大，从而影响政策的实施效果（谭海波等，2019）。数字技术培训是对新型农业经营主体开展数字化培训与指导，从而提升其参与数字治理的能力。新型农业经营主体既是数字监管的目标群体，也是化肥减量控制的主体，其数字能力的强弱不仅决定了数字治理能否生效，还直接影响化肥施用总量。数字技术培训作为新型农业经营主体最容易接触到的权威指导，具有强大的引领和示范作用，能够显著提升新型农业经营主体的数字能力和自我效能感，有利于推动应用有机肥和实施科学施肥，从而有效实现化肥减量增效。

3. 环境维度

环境作为技术的承载空间，是化肥源头减量的外部制约力，主要体现在规模化水平与环保资金投入两个方面（熊春林等，2024）。规模化水平主要体现在对各类农业资源的使用效率上。资源禀赋指农业生产中的土地、资本和劳动力等要素，是新型农业经营主体进行农业生产决策权衡的重要基础。根据理性经济人理论，新型农业经营主体会基于自身资源条件进行理性权衡，实现最优规模生产，以达到利润最大化的目标（黎孔清和马豆豆，2018）。在数字监管与物质激励作用下，资源禀赋丰裕的经营主体更有动力调整种植策略及施肥方案以提高生产效率（黄炎忠和罗小锋，2020）。环保资金投入指政府对绿色发展的资金支持力度。作为浙江省各县级行政区乃至全省的重要项目，"肥药两制"改革政策需要大量的人力、物力、财力的投入，如新型农业经营主体的技能培训、农资店设备的配置和数字系统的搭建等依赖于政府对生态环境保护的财政支持。增加资金保障不仅能有效完善数字管理体系，还能降低新型农业经营主体参与农业绿色生产的成本和风险，提高化肥源头减量的效率和效益。基于上述理论分析，提出如下研究假说：

假说3："肥药两制"改革政策对化肥减量的影响存在多重路径。

第三节　数据、模型设置与变量说明

一、数据说明

基于浙江省已有数据可得性和统计口径一致性的实际情况，选择2015—2022年浙江省60个县（市、区）的面板数据进行分析，其中，共有44个县

（市、区）被纳入"肥药两制"改革试点名单。同时采用模糊集定性比较分析方法进行进一步组态分析。所涉及的有关数据主要来自研究期内的《浙江省统计年鉴》、各地级市统计年鉴、各县（市、区）国民经济和社会发展统计公报等，其中，注意力分配的数据来自各县（市、区）人民政府官网，改革示范农资店名单来自浙江省农业农村厅，电子商务进农村综合示范县名单来自商务部。

二、模型设置

（一）基准回归模型

本章将"肥药两制"改革试点政策视为一项准自然实验并构建双重差分模型，以评估"肥药两制"改革政策是否有效促进了化肥源头减量。借鉴袁航和朱承亮（2018）的做法，构建基本计量模型如下：

$$\ln F_{it} = \alpha_0 + \alpha_1 Policy_{it} + \alpha_2 X_{it} + \mu_i + \gamma_t + \varepsilon_{it} \qquad (4-1)$$

式（4-1）中，i 和 t 分别代表县域和年份，F_{it} 表示 i 县域第 t 年的单位面积化肥用量；$Policy_{it}$ 为政策虚拟变量，如果县域 i 在第 t 年进行了"肥药两制"改革，则当年及其以后的各时点都赋值为 1，否则为 0；X_{it} 表示控制变量；μ_i 和 γ_t 分别表示县域和时间固定效应；ε_{it} 是随机误差项。

（二）平行趋势检验

为了检验本章的研究是否满足双重差分模型所需要的平行趋势假设，采用 Jacobson 等（1993）提出的事件研究法检验"肥药两制"改革政策实施前后化肥源头减量的变化趋势，构建平行趋势检验模型如下：

$$\ln F_{it} = \beta_0 + \sum_{t=-4}^{t=3} \beta_1 Policy_{it} + \beta_2 X_{it} + \mu_i + \gamma_t + \varepsilon_{it} \qquad (4-2)$$

其中，$Policy_{it}$ 表示县域 i 于第 t 年是否实施了"肥药两制"改革政策，如是，取值为 1，否则为 0；β_0、β_1、β_2 为待估系数。为避免多重共线性，将政策实施前一年作为基准期去除。

（三）调节效应模型

为了进一步探究政策推行过程中政策效应存在的差异，构建调节模型如下：

$$\ln F_{it} = \omega_0 + \omega_1 Policy_{it} \times Z_{it} + \omega_2 Z_{it} + \omega_3 Policy_{it} + \omega_4 X_{it} + \mu_i + \gamma_t + \varepsilon_{it}$$

$$(4-3)$$

其中，Z_{it} 为调节变量，用电商嵌入（EC）表示，ω_1 表示电商嵌入对"肥药两制"改革政策与化肥源头减量之间关系的调节效应。

（四）模糊集定性比较分析（fsQCA）

定性比较分析包括清晰集定性比较分析（csQCA）、多值集定性比较分析（mvQCA）以及模糊集定性比较分析（fsQCA）。本章采用模糊集定性比较分析方法（fsQCA）探索影响化肥源头减量的因果复杂机制，旨在探讨技术、组织与环境三个层面的因素对化肥源头减量的影响，主要基于以下几个方面的考虑：

（1）化肥减量的前因条件间多是相互依赖而非独立的，相较于探讨简单线性相关关系，QCA 方法基于整体论视角和组态分析提供了一个复杂因果分析的新路径，更符合对化肥减量这一果多因的复杂现象进行分析（Fiss，2007）。

（2）fsQCA 方法既适用于中小样本研究，也适用于开展大样本分析，本章案例样本量为 44，通过大量样本数据分析，探讨条件组态组内关系和组间关系，从而发现多要素之间的"复杂性"问题和"殊途同归"现象。

（3）由于文中的前因条件多为连续变量，相比于 csQCA，使用 fsQCA 能够更充分地捕捉到前因条件在不同水平或程度上的变化带来的细微影响。

三、变量说明

（一）被解释变量

本章将化肥用量（F）作为被解释变量。在基准回归中，用单位面积化肥用量（折纯量）表征，采用化肥施用折纯量除以农作物总播种面积来计算；在组态分析中，作为结果变量，采用试点县确立以后的年均单位面积化肥用量的下降量来计算。

（二）核心解释变量

本章将"肥药两制"改革政策（$Policy_{it}$）作为核心解释变量，进行准自然实验。根据试点名单设置处理组和对照组，其中，处理组包括三个批次的 44 个试点县，取值为 1；对照组包括除 44 个试点县外的 16 个县（市、区），取值为 0。现实情况中，大多数试点县的设立都经历了地方申请和省级农业农村部门批复的过程，导致地方政府可能会提前知道能否成功获批并开展相关工作。因此，参考曹清峰（2020）的做法，本章设定：若试点县的创建时间处于上半年，则将试点时间往前推一年；若试点县的创建时间处于下半年，则将试点时间视作当年。将 2019 年、2021 年和 2022 年定义为政策实施年份并且取值为 1。组别变量与政策时间变量相乘即代表"肥药两制"试点政策。

（三）控制变量

对化肥减量影响的因素诸多，借鉴相关研究选择如下控制变量（徐旭初等，2023；黄少安和唐琦，2024；张利国和陈志杰，2024）：财政自给率（$Fina$），选取一般公共预算收入与一般公共预算支出的比值表示；有效灌溉面积（$Land$），以每万农业从业人员所拥有的有效灌溉面积表示；机械总动力（$Mach$），以每万农业从业人员所使用的机械总动力表示；年均气温（$Temp$），以各县域的全年平均气温为基础，采用对数法进行衡量；降水量（$Rain$），以各县域的全域平均年降水量为基础，采用对数法进行衡量。

（四）调节变量

本章将电商嵌入（EC）作为调节变量。根据前文的理论分析，本章选取是否入选电子商务进农村综合示范县进行衡量，若已创建，则用 1 表示；若未创建，则为 0。电子商务进农村综合示范项目通过积极培育电商主体、逐步完善电商网络建设以及完善电商物流配送体系等措施，为新型农业经营主体提供了更多的市场信息。但与此同时，电子商务进农村也放大了"肥药两制"数字监管的难度，使农业投入品监管存在盲区或覆盖不全的情况，部分经营主体采取线上购买农资的形式逃避监管。因此，调节变量采用是否入选电子商务进农村综合示范县进行衡量。

（五）条件变量

1. 技术条件

一是数字平台建设。以各县（市、区）整合农资产品监管平台、农资产品购销平台、农业主体信息管理系统、农产品质量安全监管系统等平台的时间为主要依据。具体而言，大部分县（市、区）采用省级"浙农优品"平台整合系统，部分县（市、区）采用自有平台整合系统，本章通过政府官网和相关媒体报道等渠道获取县域整合数字平台的时间作为该变量的数据来源。本章采用四值模糊集赋值法对数字平台建设这一变量进行赋值。其中，在 2020 年及以前进行数字平台建设的县域赋值为 1，在 2021 年进行数字平台建设的县域赋值为 0.67，在 2022 年进行数字平台建设的县域赋值为 0.33，没有进行数字平台建设的县域赋值为 0。

二是数字农资店建设。选用县域"肥药两制"改革示范农资店数量与县域农资店总量的比例表示。

2. 组织条件

一是注意力分配。政策文件是各级政府进行资源配置与精力投入的风向标，是政府向公众宣告或承诺将要重视的领域和投入的资源方向，是注意力分配的重要载体（王印红和李萌竹，2017）。具体而言，本章选取各县域"肥药两制"相关政策文件的出台和执行情况作为衡量注意力分配的指标。同时，借鉴已有权威文献对注意力分配的做法，根据县级政府发布地方相关文件的时间来评估其对该领域的关注程度（谭海波等，2019）。因此，将在 2020 年及以前发布相关文件的县域赋值为 1，在 2021 年发布相关文件的县域赋值为 0.67，在 2022 年发布相关文件的县域赋值为 0.33，没有发布相关文件的县域赋值为 0。

二是数字技术培训。选取是否开展"肥药两制"数字化培训作为衡量指标，通过县域政府官方网站和媒体信息等资料来衡量"肥药两制"数字化培训指标。具体来看，在2020年及以前开展"肥药两制"数字化培训的县域赋值为1，在2021年开展"肥药两制"数字化培训的县域赋值为0.67，在2022年开展"肥药两制"数字化培训的县域赋值为0.33，没有开展"肥药两制"数字化培训的县域赋值为0。

3. 环境条件

一是规模化水平。本章采用人均机耕面积来测量规模化程度，具体计算方式为机耕面积与农业从业人员的比例。

二是环保资金投入。财政资源是农业绿色发展的重要基础和物质保障，选取浙江省下达至各县（市、区）的环境保护专项资金作为测量指标。

详细的变量定义和描述性统计见表4-1。

表4-1　变量说明表

变量	测量方法	单位	均值	标准差	观测值
化肥用量	化肥施用折纯量/农作物总播种面积	千克/公顷	379.786	158.332	480
化肥减量水平	化肥施用强度下降率	%	0.029	0.134	44
电商嵌入	是否入选电子商务进农村综合示范县	—	0.183	0.387	480
财政自给率	一般公共预算收入/一般公共预算支出	%	0.599	0.285	480
人均灌溉面积	有效灌溉面积/农业从业人员	公顷/人	1.073	1.637	480
人均机械总动力	农业机械总动力/农业从业人员	万千瓦/人	0.015	0.095	480
年均气温	全年平均气温	摄氏度	17.066	1.727	480
降水量	平均年降水量	毫米	4.637	1.043	480
数字平台建设	数字平台整合时间	—	0.477	0.245	44
数字农资店建设	县域"肥药两制"改革示范农资店数量/县域农资店总量	%	0.115	0.102	44
注意力分配	数字赋能"肥药两制"相关政策制定时间	—	0.638	0.189	44
数字技术培训	数字技术培训时间	—	0.234	0.223	44
规模化水平	机耕面积/农业从业人员	公顷/人	1.234	1.122	44
环保资金投入	环境保护专项资金投入	万元	779.042	653.702	44

注：本研究组态分析中化肥减量水平、数字农资店建设、规模化水平、环保资金投入变量采用试点县确立后的年均值。

第四节　结果与分析

一、基准回归分析

本章采用多期双重差分模型来研究"肥药两制"改革政策对化肥用量的影响，表4-2展示了基准回归结果。列（1）仅控制了时间固定效应和县域固定效应，双重差分项的系数估计值为－0.073，且在5％的水平下显著，说明"肥药两制"改革政策能够显著降低单位面积化肥用量。在纳入控制变量后，交互项"肥药两制"改革政策的系数依然显著为负，下降至－0.079，且在5％的水平下通过了显著性检验，说明遗漏财政自给率、人均灌溉面积、人均机械总动力、年均气温、降水量等控制变量，会低估"肥药两制"改革政策的化肥减量效应。这表明在"肥药两制"改革政策实施背景下，一方面，通过数字赋能实现化肥源头减量，倒逼农业经营主体落实实名购买、定额施用制度，确保农资全程可追溯，可以从源头减少生态污染；另一方面，推进测土配方施肥、病虫害绿色防控等技术落地，提高精准施肥效率，可以从源头实现化肥减量增效。总体上看，"肥药两制"改革政策对化肥用量存在显著的消减效应。另外，从控制变量的回归结果看，财政自给率显著且系数为负，原因在于实现化肥减量势必需要政府财政支持，政府财政支持可用于研究和推广环保型农业技术，进一步推动农业生产的绿色升级。人均灌溉面积的系数在5％的水平上显著，人均机械总动力的系数在1％的水平上显著，证明了提高灌溉水平和机械化水平能够有效推动化肥源头减量增效。此外，年均气温在1％的统计水平上显著为正，说明极端气温对于化肥投入具有促进作用，究其原因：长期以来，我国的小农生产方式对极端气温变化的抵御能力较差，极端气温事件频率增多使粮食生产脆弱性加剧，进一步导致化肥等要素过量投入。据此，假说1得以验证。

此外，由前文的理论分析可知，电商嵌入可能是"肥药两制"改革政策与化肥源头减量的重要调节变量，为此我们将该变量引入基准模型。为了消除多重共线性的影响，本章对交互项进行了去中心化处理，调节效应的结果如表4-2列（3）所示，"肥药两制"改革政策与电商嵌入的交互项显著为正，说明电商嵌入反而削弱了"肥药两制"改革政策的化肥减量效应，即电商嵌入越深，"肥药两制"改革政策发挥的化肥减量效果越弱。至此，假说2得到验证。

表4-2 基准回归结果

变量名	化肥用量		
	(1)	(2)	(3)
"肥药两制"改革政策	-0.073**	-0.079**	-0.102***
	(0.032)	(0.032)	(0.037)
电商嵌入			-0.052
			(0.044)
"肥药两制"改革政策×电商嵌入			0.110**
			(0.043)
财政自给率		-0.304*	-0.317*
		(0.169)	(0.179)
人均灌溉面积		-0.012*	-0.012**
		(0.006)	(0.006)
人均机械总动力		-0.478***	-0.580**
		(0.165)	(0.223)
年均气温		0.033***	0.037***
		(0.007)	(0.008)
降水量		0.029	0.041
		(0.050)	(0.048)
常数项	5.902***	5.973***	5.942***
	(0.015)	(0.102)	(0.102)
时间固定效应	是	是	是
县域固定效应	是	是	是
R^2	0.100	0.136	0.150
样本量	480	480	480

注：括号内的内容为标准误，*、**、*** 分别表示变量在10%、5%、1%的水平上显著，后表同。

二、平行趋势检验

本章平行趋势检验结果如图4-3所示，在政策实施之前，"肥药两制"改革政策并未对县域化肥用量产生显著影响，且其估计系数值均在0处浮动，这说明处理组和控制组在政策实施前没有系统性差异，验证了本章实施双重差分法的平行趋势假设。同时，在政策实施之后，"肥药两制"改革政策的实施对县域单位面积化肥用量产生了明显的负向影响。

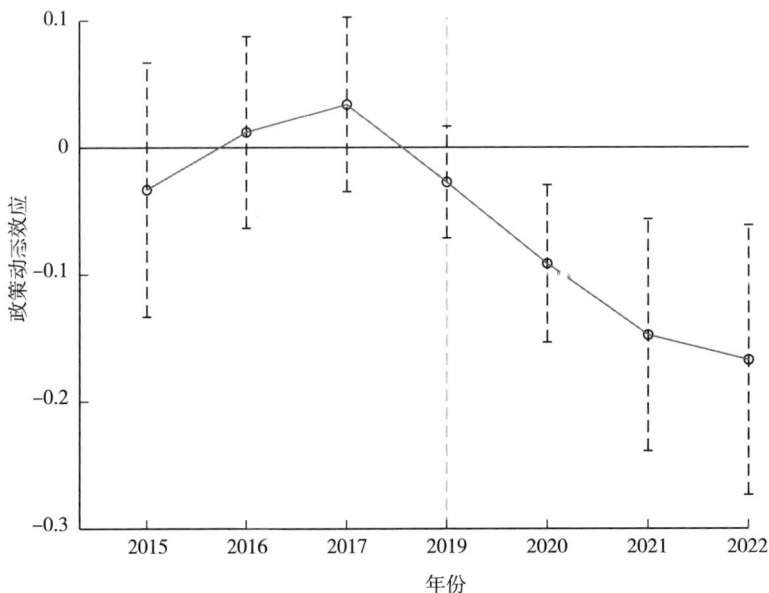

图 4-3　平行趋势检验图

注：政策前一期 2018 年为基础期，为避免模型共线性，图中不展示这一期。

三、稳健性检验

（一）安慰剂检验

运用多期双重差分模型来评价"肥药两制"改革政策对化肥减量的影响效应，所得结论也许存在偶然性。为了排除此可能性，本章采用安慰剂检验对"肥药两制"改革政策效果的偶然性加以识别。参考 La Ferrara et al.（2012）的做法，每次从 60 个样本县中随机抽取 44 个县并随机生成政策实施时间，随机抽样重复 500 次，检验其系数和 P 值分布，结果如图 4-4 所示。随机化后的回归系数的均值接近于 0，且远小于基准回归系数，估计系数的分布接近正态分布，绝大多数 P 值大于 0.1，在 10% 的水平上并不显著。这说明"肥药两制"改革政策对化肥减量的影响不存在偶然性，上文得到的结论可靠。

（二）缩尾处理

考虑到数据中可能存在极端值影响"肥药两制"改革政策与化肥减量的关系，本章首先对所有连续变量进行了 1% 与 5% 水平的双边缩尾处理，将高于

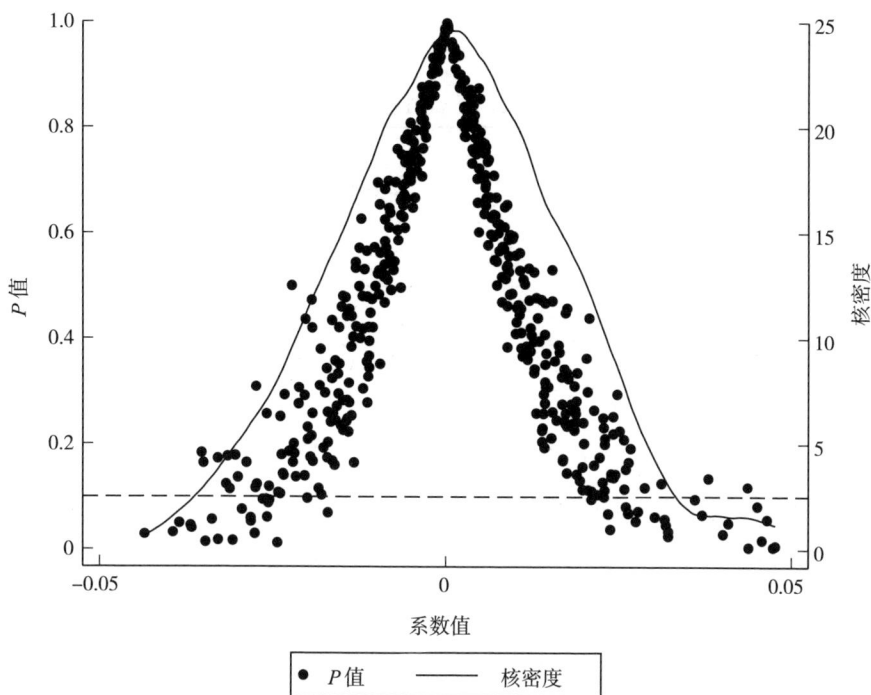

图 4-4　安慰剂检验

最高分位点和低于最低分位点的数值进行替换，处理后重新回归。如表 4-3
列（1）所示，即使剔除极端值，本章的结论仍然保持不变。

（三）双重机器学习模型

本节通过设置双重机器学习模型的方式进行稳健性检验（Chernozhukov
et al.，2018；张涛和李均超，2023）。采用随机森林算法、套索回归算法以及
弹性回归算法进行回归分析，来验证算法变化对结论的干扰程度。结果如
表 4-3 列（2）所示。显然，不同算法的机器学习模型均不影响"肥药两制"
改革政策的化肥减量效果的结论，仅在一定程度上改变政策效应的大小，表明
本章研究结论具有稳健性。

（四）考虑地级市-时间交互固定效应

地级市在浙江省政府治理结构中扮演关键的行政角色，使同一地级市下的
县（市、区）在政策环境、地理位置和基础设施等方面往往呈现出相似性。因
此，本章采用机器学习模型进一步引入地级市和时间的交互固定效应进行检
验，以缓解数字平台广泛发展可能带来的宏观系统性环境变化问题。估计结果
见表 4-3 列（3）。可以看出，"肥药两制"改革政策对化肥减量仍具有显著的

负向影响，这表明时间变化对地级市层面的边际影响几乎不产生干扰，原结论依然成立。

表4-3 稳健性检验结果

变量	(1) 缩尾处理		(2) 双重机器学习模型			(3) 考虑地级市-时间交互固定效应
	1%缩尾	5%缩尾	rf	lassocv	elasticcv	
"肥药两制"改革政策	−0.070**	−0.058**	−0.028**	−0.069***	−0.069***	−0.070**
	(0.029)	(0.025)	(0.014)	(0.020)	(0.020)	(0.028)
常数项	4.096***	2.693**	−0.002	0.001	0.001	−8.324
	(0.797)	(1.203)	(0.008)	(0.007)	(0.007)	(8.252)
控制变量	是	是	是	是	是	是
时间固定效应	是	是	是	是	是	是
县域固定效应	是	是	是	是	是	是
地级市-时间固定效应	否	否	否	否	否	是
样本量	480	480	480	480	480	480

四、异质性分析

(一) 种植结构

使用粮食播种面积与农作物播种面积的比值来表征农业种植结构（毛凤霞和沈凯月，2023）。将农业种植结构比重大于等于0.5的县（市、区）列为粮食作物主导地区，小于0.5的县（市、区）列为非粮食作物主导地区。结果如表4-4列（1）、列（2）所示，在粮食作物主导地区，"肥药两制"改革政策能够降低单位面积化肥用量，在5%的水平下通过了显著性检验；而在非粮食作物主导地区，交互项的系数虽然为负，但是未通过显著性检验。原因可能在于：粮食作物主导地区大多属于规模经营，地块分布较为集中，从而更能有效实施数字监管；而在非粮食作物主导地区，种植的经济作物占比较高，经济作物对化肥需求相对较高，导致化肥等要素投入过量问题较为严重。因此，数字监管在粮食作物主导地区更容易发挥"肥药两制"改革政策的农业面源污染减量效应。

(二) 经济发展水平

各县经济发展水平可能会影响绿色治理的政策效果的展现，本章根据浙江省公布的山区 26 个县名单,将山区 26 个县划分为经济欠发达地区,其他县(市、区)划分为经济发达地区。表 4 - 4 列(3)、列(4)表明,"肥药两制"改革政策的实施对经济发达地区的化肥减量有更显著的积极影响,在经济欠发达地区则不显著。原因可能在于:经济发达地区的环境保护资金支持、数字技术和数字基础设施更加完善,能够有效地激发出"肥药两制"改革政策对化肥减量的推动作用;而经济欠发达地区存在信息不对称、市场激励不足和技术推广难度大等问题,并且该地区农民生活水平较低,对数字平台等新事物接纳度较保守,绿色生产意识弱且生产模式相对粗放,这些因素限制了"肥药两制"改革政策在该地区的充分实施和发挥作用。

表 4 - 4　异质性分析结果

变量	种植结构		经济发展水平	
	(1) 粮食作物主导地区	(2) 非粮食作物主导地区	(3) 经济发达地区	(4) 经济欠发达地区
"肥药两制"改革政策	−0.093**	−0.064	−0.108**	−0.025
	(0.041)	(0.043)	(0.044)	(0.033)
控制变量	是	是	是	是
时间固定效应	是	是	是	是
县域固定效应	是	是	是	是
R^2	0.311	0.117	0.130	0.393
样本量	248	232	304	176

第五节　组态路径分析

一、变量校准

模糊集定性比较分析(fsQCA)的条件变量和结果变量数据均需要转换为 0~1 的集合关系的隶属分数数据,这一过程即为校准。具体来说,需要给案例设定 3 个临界值作为隶属分数,分别为完全隶属、交叉点和完全不隶属。本章将除数字农资店建设、规模化水平、环保资金投入及结果变量外的完全隶属、交叉点与完全不隶属分别设置为 95%、50% 和 5% 分位数。同时,为了避免校准后数据刚好处于 0.5 的隶属度的情况,本章将隶属度为 1 以下的变量中加入 0.000 01 的常数。具体校准数据如表 4 - 5 所示。

表 4-5　条件和结果的校准

变量分类	变量名称	锚点
结果变量	化肥减量	0.21, 0.05, −0.25
条件变量	数字平台建设	1, 0.67, 0.33, 0
	数字农资店建设	0.29, 0.08, 0.03
	注意力分配	1, 0.67, 0.33, 0
	数字技术培训	1, 0.67, 0.33, 0
	规模化水平	3.63, 0.85, 0.19
	环保资金投入	1 847.98, 670.51, 2.59

二、必要条件分析

本章在进行组态分析前，先对影响化肥减量形成路径的条件变量进行了必要性检验，将一致性和覆盖率作为定性比较分析中的两项重要指标。当某一条件变量的一致性大于 0.9 时，则可以认为该条件变量作为促进结果变量产生的必要条件。从表 4-6 中可知，6 个条件变量及其反值的一致性均低于 0.9，都无法单独成为化肥减量这一结果的必要条件，说明化肥减量是多因素协同作用而产生的结果，各条件变量对化肥减量的影响机理具有相互依赖性。

表 4-6　条件变量的必要性分析结果

条件变量	高化肥减量		非高化肥减量	
	一致性	覆盖率	一致性	覆盖率
数字平台建设	0.795	0.851	0.604	0.621
～数字平台建设	0.645	0.629	0.855	0.801
数字农资店建设	0.693	0.760	0.590	0.622
～数字农资店建设	0.656	0.625	0.773	0.707
注意力分配	0.895	0.716	0.814	0.626
～注意力分配	0.532	0.749	0.630	0.852
数字技术培训	0.506	0.568	0.401	0.432
～数字技术培训	0.494	0.462	0.599	0.538
规模化水平	0.632	0.726	0.587	0.647
～规模化水平	0.693	0.636	0.752	0.663
环保资金投入	0.715	0.755	0.669	0.678
～环保资金投入	0.695	0.686	0.758	0.719

注："～"代表非高条件。

三、条件组态分析

参考相关文献，将组态分析的原始一致性阈值设定为 0.8，案例数阈值设定为 1；同时，为降低潜在的矛盾组态，将 PRI 一致性阈值设定为 0.7（杜运周等，2020）。通过对比分析结果得到的简单解和中间解区分影响化肥减量水平的核心条件和边缘条件，在简单解和中间解均出现的条件为核心条件，仅在中间解出现的则为边缘条件。高化肥减量的组态分析结果见表 4-7，存在 3 条高化肥减量的组态路径。总体解的一致性水平为 0.937，显著高于可接受的最低一致性标准，说明 3 条组态路径均可视为化肥减量的充分性条件组态。本章总体解的覆盖度为 0.580，表明 3 条组态路径能够诠释 58% 的案例，说明本章选择的案例对农业化肥减量具有充分的解释力度，得到的 3 条组态路径能够很好地解释引致高化肥减量的多维因素联动效果。至此，假说 3 得到验证。

（一）高化肥减量县域组态分析

1. 环境主导技术协同型

表 4-7 中的组态 1 表明，当县级政府拥有较好的数字平台建设、规模化水平以及较强的环保资金投入力度时，化肥投入的减量增效能够有效实现。具体而言，以数字农资店建设为边缘条件缺失的环境主导技术协同型组态表明，县级政府即使数字农资店占比较低、注意力分配较低和数字技术培训较弱，也能在规模化经营和环保资金支持的推动下，巧妙利用其现有的数字平台技术优势，稳步推进化肥减量。结果显示，该路径的一致性为 0.922，原始覆盖度为 0.320，唯一覆盖度为 0.079，说明该路径能够解释约 32% 的农业化肥减量的案例。

从实践样本来看，环境主导技术协同型对应的高水平案例为萧山区。该地区通过建设粮食生产功能区，在浙江省内处于领先地位，并以"肥药两制"改革为核心，构建了完善的专业化、机械化和集约化农业生产模式。一方面，根据不同作物的生长需求和土壤条件，萧山区制定了主要作物化肥投入的定额标准，创新了化肥定额施用的技术模式和长效机制。另一方面，萧山区积极推广测土配方施肥技术和绿色防控等技术手段，精准控制化肥施用量，以减少资源浪费和环境污染。此外，萧山区平均每年投入约 859.28 万元用于生态环境保护，积极推动"肥药两制"农资数字平台建设，以"浙农优品"为窗口，大力推行"首次刷卡"＋"后期人脸识别"的实名制销售模式，确保化肥等农业投入品的安全销售。萧山区通过建立"实名购买、门店记录、系统汇总、部门监督"机制，将农业主体生产信息纳入"肥药两制"数字监管平台，实施绿色发展评价管理并试点主体化肥减量跟踪监测调查制度。凭借良好的资源禀赋条件以及充足的财政资金供给，萧山区逐步整合了销售端、监管端、主体端数据，构建了"肥药两制"综合数字化平台，取得了在环境赋能下推动县域化肥减量的阶段性成果，充分体现了环境主导技术协同型路径的实际效用和逻辑。

2. 组织主导技术协同型

组态 2 表明，数字平台建设、注意力分配和数字技术培训 3 个条件在化肥减量中发挥核心作用，数字农资店建设起补充性作用。具体而言，数字平台建设、数字技术培训发展较好和拥有较高注意力分配的县（市、区）即使在规模化水平、环保资金投入不足时，也能通过不断加大组织投入力度和充分运用现有的技术优势实现化肥减量增效。该路径的一致性为 0.943，原始覆盖度为 0.341，唯一覆盖度为 0.115，说明该路径可以解释约 34％的农业化肥减量的案例。

从实践样本来看，组织主导技术协同型对应的高水平案例有黄岩区等。以黄岩区为例，2019 年，黄岩区在全省率先开展"肥药两制"改革，成功创建"浙江省农业绿色发展先行县"，并被列为"全国农业绿色发展先行先试支撑体系建设试点县""全国化肥减量增效示范县"等。黄岩区以此为契机，于 2019 年印发《黄岩区推进农药实名制和化肥定额制改革试点实施方案》《黄岩区农资"两制"管理平台使用星级评定办法》等文件，探索构建"政府主导、主体负责、部门监管、财政支持"的政策推进机制。同时，黄岩区在全省率先开发了人脸识别实名制销售系统，并建立了补贴农资数据库，每年动态更新数据，推动"肥药两制"管理的数字化应用。2021 年，黄岩区被列入浙江省五家"两制"应用上线试运行县市之一，其自主开发的"肥药两制"管理平台和溯源程序"诚信农夫"已与省级应用"浙农优品"无缝衔接，实现农业投入品闭环管理。至此，黄岩区在数字平台发展上占据明显的领先地位。此外，黄岩区已成功举办两期大规模的"肥药两制"改革试点培训会、两次绿色农业技术进百村活动，涵盖县域所有主体和农业相关人员。黄岩区在注意力分配高度集中和数字化基础先发优势的共同作用下，实现从"凭经验"到"靠数据"的数字化转型之路，其治理模式已成为浙江省"肥药两制"推广的典型经验。

3. 技术主导型

组态 3 表明，数字平台建设、数字农资店建设和注意力分配对于实现化肥减量发挥了核心作用，规模化水平起补充性作用。这意味着，当数字平台建设、数字农资店建设、注意力分配 3 个条件存在时，其他条件对于实现化肥减量无关紧要。这表明，与其他因素相比，技术条件如数字平台建设和数字农资店建设对于促进化肥减量尤为关键。这些技术条件能够有效地破除组织和环境等客观禀赋条件对于县域实现化肥减量增效的制约。该路径的一致性为

0.949，原始覆盖度为 0.350，唯一覆盖度为 0.050，这表明该路径可以解释约 35% 的农业化肥减量的案例。

从实践样本来看，技术主导型对应的高水平案例有苍南县等。以苍南县为例，该县将数字化改革列为全县"十大攻坚看落实"行动之一，拥有较好的数字化基础。在数字平台建设方面，2020 年，苍南县在温州市率先应用人脸识别技术推行"肥药两制"工作，这项新技术让农资信息化和农资购销实名制实现了创新。同年年底，苍南县就农资智慧监管模式向全省分享"苍南经验"。2021 年，苍南县召开农业农村系统数字化改革工作推进会，宣布完成搭建"肥药两制"改革数字化服务平台，数字治理水平进一步提升。在数字农资店建设方面，2022 年，苍南县先后发布《关于开展 2022 年"肥药两制"改革农资店创建工作的通知》《苍南县"肥药两制"改革农资店创建政策意见及资金管理办法》等文件，聚焦农资经营体系规范化建设，进一步实现数字农资店建设对化肥源头减量的推动作用。2022 年，苍南县已培育"肥药两制"试点主体 159 家、试点农资店 92 家。苍南县以其成熟的数字平台应用和政策倾斜在农业数字化改革中发挥了先导作用。其成功经验不仅在于技术的应用，还体现在充分利用数字化优势推动农业投入品污染治理，为化肥减量增效注入了新动能，对推进浙江省化肥减量增效起到了积极的示范和推动作用。

表 4-7　高化肥减量的组态分析

前因条件	组态 1	组态 2	组态 3
数字平台建设	●	●	●
数字农资店建设	⊗	•	●
注意力分配		●	●
数字技术培训		●	
规模化水平	●		•
环保资金投入	●		⊗
一致性	0.922	0.943	0.949
原始覆盖度	0.320	0.341	0.350
唯一覆盖度	0.079	0.115	0.050
解的一致性		0.937	
解的覆盖度		0.580	

注：①●和•表示条件存在，⊗和⊗表示条件缺失；●和⊗表示核心条件，•和⊗表示边缘条件。下同。

（二）非高化肥减量县域组态分析

由于 QCA 方法中的因果非对称性，为深入理解"肥药两制"改革政策对化肥减量的驱动机制，本章也检验了产生非高化肥减量的组态路径。由表 4-8 可知，产生非高化肥减量的组态路径有 3 条，总体解的一致性为 0.910，总体解的覆盖度为 0.598，说明三个条件组态解释了约 59.8% 的案例地区产生非高化肥减量的原因。一是技术-组织-环境缺失型，组态 1a 结果显示，没有数字平台建设、数字技术培训以及环保资金投入等条件的县域，没有实现县域化肥减量，该路径能解释 36.4% 的案例地区；组态 1b 结果表明，数字平台建设、注意力分配、规模化水平等核心条件缺失的县域难以实现化肥源头减量，该路径能解释 25.6% 的案例地区。这体现了技术、组织、环境的协同并发效应对化肥减量增效的重要性。二是技术-环境制约型，组态 2 结果显示，县域如果缺乏数字平台建设、数字农资店建设与环保资金投入 3 个核心条件，即使规模化水平和注意力分配较高，也很难促进县域化肥减量，侧面说明，同时缺失数字技术的拉动作用和财政的有力保障会制约县域化肥减量效果，该路径能解释 39.2% 的案例地区。

表 4-8　非高化肥减量的组态分析

前因条件	组态 1a	组态 1b	组态 2
数字平台建设	⊗	⊗	⊗
数字农资店建设	⊗	●	⊗
注意力分配		⊗	●
数字技术培训	⊗	⊗	
规模化水平		⊗	●
环保资金投入	⊗		⊗
一致性	0.966	0.905	0.925
原始覆盖度	0.364	0.256	0.392
唯一覆盖度	0.059	0.081	0.154
解的一致性		0.910	
解的覆盖度		0.598	

四、稳健性检验

为确保研究结论的可靠性，参考以往学者经验，对高化肥减量的前因组态进行了稳健性检验（张明和杜运周，2019；杜运周等，2020）。本章采用调高

PRI 一致性阈值和调整案例阈值两种方法进行实验：一是将 PRI 一致性阈值由 0.7 调整至 0.75，同时原始一致性阈值和案例阈值保持不变，产生的组态结果基本一致；二是将案例阈值从 1 提高至 2，其余保持不变，得到的组态结果为现有路径的子集。并且，两种方法进行实验后，一致性和覆盖度等拟合参数均不存在差异，对结论未产生影响。由此说明，本章的研究结果具有较好的稳健性。

第六节　结论与政策启示

本章基于 2015—2022 年县域面板数据和准自然实验设计，采用多期双重差分模型评估"肥药两制"改革政策对化肥源头减量的影响效应，以及运用 fsQCA 方法探究"肥药两制"改革政策促进化肥源头减量的组态路径。主要研究结论包括以下几个方面。第一，基准回归结果表明，"肥药两制"改革政策具有显著的化肥减量效应，这一结论在经过双重机器学习模型等多种稳健性检验之后仍然成立。并且"肥药两制"改革政策对化肥源头减量的影响受到电商嵌入的调节，表现为电商嵌入会弱化政策对化肥源头减量的作用。第二，异质性分析表明，在不同作物种植结构中，在粮食作物主导地区实施"肥药两制"改革政策具有显著的化肥减量效应，而在非粮食作物主导地区不显著；在不同经济发展水平中，相较于经济欠发达地区，经济发达地区政策实施带来的化肥减量效应更为明显。第三，组态路径分析表明，单一或少数因素难以对县域化肥源头减量推进产生影响，需要多个前因条件发挥协同作用。产生高化肥减量的组态有 3 条，即环境主导技术协同型、组织主导技术协同型、技术主导型，这说明不同前因条件组合能够产生高化肥减量的同一结果，具有"殊途同归"效应；产生非高化肥减量的组态有 3 条，但其与产生高化肥减量的组态并不是对立面，呈现明显的非对称关系。

上述研究结论表明实施数字技术赋能"肥药两制"改革政策有助于实现农业化肥源头减量。因此，需进一步完善并总结数字技术赋能"肥药两制"改革政策的经验，并将该政策推广至全国各省试点，促进农业绿色高质量发展。

第一，坚持贯彻数字技术赋能"肥药两制"改革政策。一方面，各地区应加大"肥药两制"改革政策的财政支持力度，基于资金支持和财政补助促进农资店数字治理系统配备实现县域全覆盖。另一方面，推动开设农业数字化专题农民培训班，提高新型农业经营主体使用数字化工具和平台的能力，以便在更大范围内推广数字技术赋能"肥药两制"改革政策。

第二，逐步完善数字技术赋能"肥药两制"改革政策。强化政府、市场、社会多主体协同的监督管理体系建设。不仅地方政府需要设立专门机构，负责对农资店和新型农业经营主体的后期管护以及资金使用情况进行有力监管；同时，项目所在地的新型农业经营主体也应主动组建监督小组，以进一步加强各主体之间的监管力度。此外，考虑到外地销售、线上销售、流动销售等现象依然存在，应探索实行采购备案制度，从源头上规范农业投入品流通。

第三，灵活调整数字技术赋能"肥药两制"改革政策。因地制宜推进"肥药两制"改革政策：由于技术基础、组织条件以及资源禀赋的不同，且县域污染治理水平存在显著差别，县域化肥减量的模式和路径不能千篇一律。单一或少数因素难以对县域化肥施用产生影响，"肥药两制"改革政策需要监管主体、社会主体、新型农业经营主体的共同推进。因此，各地区需根据自身数字资源和条件组态，采用整体性、系统性思路，因地制宜、有的放矢，选择符合自身实际的化肥减量路径。

参 考 文 献

曹清峰，2020. 国家级新区对区域经济增长的带动效应：基于 70 大中城市的经验证据［J］. 中国工业经济（7）：43 - 60.

陈曦，白长虹，陈晔，等，2023. 数字治理与高质量旅游目的地服务供给：基于 31 座中国城市的综合案例研究［J］. 管理世界，39（10）：126 - 150.

程莉，王伟婷，章燕玲，2023. 数字经济何以推动乡村生态振兴？：基于中国省级面板数据的经验证据［J］. 中国环境管理，15（6）：105 - 114.

杜凤君，赵晓颖，郑军，等，2023. 数字素养能否促进农户绿色生产？：基于 CLES 数据［J］. 世界农业（10）：97 - 109.

杜运周，刘秋辰，程建青，2020. 什么样的营商环境生态产生城市高创业活跃度？：基于制度组态的分析［J］. 管理世界，36（9）：141 - 155.

范东寿，杨福霞，郑欣，等，2023. 绿色农业补贴的化肥减量效应及影响机制：来自有机肥补贴试点政策的证据［J］. 资源科学，45（8）：1515 - 1530.

高榕蔚，董红，2023. 数字赋能农村人居环境治理的社会基础与实践逻辑［J］. 西北农林科技大学学报（社会科学版），23（1）：12 - 20.

何丽娟，王永强，2019. 补贴政策、有机肥使用效果认知与果农有机肥使用行为：基于陕西省部分有机肥补贴试点县和非试点县的调查［J］. 干旱区资源与环境，33（8）：85 - 91.

何小钢，钟湘菲，2023. 数字化赋能企业"绿色升级"的机制和路径研究：基于中国工业企业的经验证据［J］. 管理学刊，36（4）：127 - 145.

何雨可，牛耕，逯建，等，2024. 数字治理与城市创业活力：来自"信息惠民国家试点"政策的证据［J］. 数量经济技术经济研究，41（1）：47 - 66.

胡占光，吴业苗，2023. 数字乡村何以实现"整体智治"？：基于浙江五四村"数字乡村一张图"全景治理平台实证考察 [J]. 电子政务（12）：40-53.

黄少安，李业梅，2021. 耕地抛荒和政府监管的理性认识 [J]. 社会科学战线（1）：67-77.

黄少安，唐琦，2024. 农业大灾保险与粮食安全：基于农业大灾保险试点的准自然实验 [J]. 农业技术经济（4）：4-17.

黄炎忠，罗小锋，2020. 化肥减量替代：农户的策略选择及影响因素 [J]. 华南农业大学学报（社会科学版），19（1）：77-87.

黎孔清，马豆豆，2018. 生态脆弱区农户化肥减量投入行为及决策机制研究：以山西省4县421户农户为例 [J]. 南京农业大学学报（社会科学版），18（5）：138-145，159-160.

林珊，于法稳，代明慧，2024. 化肥"零增长"政策会影响粮食安全吗：基于准自然实验的RD检验 [J]. 中国软科学（1）：12-23.

刘灵辉，张迎新，毕洋铭，2022. 数字乡村助力乡村振兴：内在机制与实证检验 [J]. 世界农业（8）：51-65.

陆泉志，张益丰，2023. 农户从测土配方施肥中获益了吗？：兼论测土配方施肥技术缘何"叫好不叫座" [J]. 农业经济与管理（3）：48-58.

毛凤霞，沈凯月，2023. 农村地区数字生产基础设施对种植结构的影响研究 [J]. 华东经济管理，37（9）：77-85.

毛慧，刘树文，彭澎，等，2023. 数字推广与农户化肥减量：来自陕西省苹果主产区的实证分析 [J]. 中国农村经济（2）：66-84.

桑贤策，罗小锋，黄炎忠，等，2021. 政策激励、生态认知与农户有机肥施用行为：基于有调节的中介效应模型 [J]. 中国生态农业学报（中英文），29（7）：1274-1284.

舒利敏，廖菁华，2022. 末端治理还是绿色转型？：绿色信贷对重污染行业企业环保投资的影响研究 [J]. 国际金融研究（4）：12-22.

苏柯雨，罗必良，2024. 连片种植能促进农户的绿色生产行为吗？：以化肥、农药减量施用为例 [J]. 华中农业大学学报（社会科学版）（5）：44-56.

谭海波，范梓腾，杜运周，2019. 技术管理能力、注意力分配与地方政府网站建设：一项基于TOE框架的组态分析 [J]. 管理世界，35（9）：81-94.

佟大建，黄武，2018. 社会经济地位差异、推广服务获取与农业技术扩散 [J]. 中国农村经济（11）：128-143.

王军，王杰，2024. 城市数字化转型与"减污降碳"协同增效 [J]. 城市问题（2）：46-56.

王泗通，闫春华，2023. 数字技术赋能下的乡村环境治理现代化 [J]. 现代经济探讨（12）：126-132.

王学婷，张俊飚，童庆蒙，2021. 参与农业技术培训能否促进农户实施绿色生产行为？：基于家庭禀赋视角的ESR模型分析 [J]. 长江流域资源与环境，30（1）：202-211.

王印红，李萌竹，2017. 地方政府生态环境治理注意力研究：基于30个省市政府工作报告

(2006—2015) 文本分析 [J]. 中国人口·资源与环境, 27 (2): 28 - 35.

文宇, 姜春, 2023. 注意力再分配、外部资源依赖与数字乡村治理绩效: 基于 TOE 框架的组态分析 [J]. 中国行政管理 (7): 58 - 67.

熊春林, 旷乐, 刘芬, 2024. 县域农产品网络零售发展的影响因素与组态路径: 基于 34 个县域案例的清晰集定性比较分析 [J]. 中国流通经济, 38 (1): 34 - 43.

徐旭初, 徐之倡, 吴彬, 2023. 数字乡村建设能够促进农村居民增收吗?: 基于 801 个县域的 PSM—DID 检验 [J]. 学习与探索 (12): 77 - 89, 178.

于水, 范德志, 2024. 空间重构: 数字赋能乡村治理的实践逻辑与优化路径: 基于浙江省德清县 W 村的案例分析 [J]. 求实 (4): 86 - 96, 112.

袁航, 朱承亮, 2018. 国家高新区推动了中国产业结构转型升级吗 [J]. 中国工业经济 (8): 60 - 77.

张锋, 2020. 环境污染社会第三方治理研究 [J]. 华中农业大学学报 (社会科学版) (1): 118 - 123, 168.

张利国, 陈志杰, 2024. 农村互联网建设有利于实现化肥减量吗?: 基于 "宽带中国" 准自然实验分析 [J]. 世界农业 (1): 79 - 91.

张露, 罗必良, 2022. 农业的减量化逻辑: 一个分析框架 [J]. 农业经济问题 (4): 15 - 26.

张明, 杜运周, 2019. 组织与管理研究中 QCA 方法的应用: 定位、策略和方向 [J]. 管理学报, 16 (9): 1312 - 1323.

张冉, 唐书清, 2024. 数字赋能社会组织参与社区治理的生成逻辑与实践进路 [J]. 中州学刊 (3): 82 - 89.

张涛, 李均超, 2023. 网络基础设施、包容性绿色增长与地区差距: 基于双重机器学习的因果推断 [J]. 数量经济技术经济研究, 40 (4): 113 - 135.

张远记, 韩存, 2024. 数字经济驱动黄河流域高质量发展路径研究: 基于 TOE 框架的动态 QCA 分析 [J]. 经济体制改革 (2): 25 - 32.

张岳, 冯梦微, 易福金, 2023. 乡村数字治理对农户垃圾分类的影响效果与机制研究 [J]. 世界农业 (11): 78 - 90.

周曙东, 王颖, 2023. 农户环境友好型新型肥料采纳决策、成本收益及作用机制分析 [J]. 农业技术经济 (9): 4 - 22.

BENYAM A A, SOMA T, FRASER E, 2021. Digital agricultural technologies for food loss and waste prevention and reduction: Global trends, adoption opportunities and barriers [J]. Journal of Cleaner Production, 323: 129099.

CHERNOZHUKOV V, CHETVERIKOV D, DEMIRER M, et al., 2018. Double/Debiased Machine Learning for Treatment and Structural Parameters [J]. The Econometrics Journal, 21 (1): C1~C68.

EDELENBOS J, KLIJN E H, 2007. Trust in complex decision - making networks: A theoretical and empirical exploration [J]. Administration and Society, 39 (1): 25 - 50.

DURYEA S, CHONG A, LA FERRARA E L, 2012. Soap operas and fertility: Evidence from Brazil [J]. American Economic Journal: Applied Economics, 4 (4): 1 - 31.

FISS P C, 2007. A set - theoretic approach to organizational configurations [J]. The Academy of Management Review, 32 (4): 1180 - 1198.

JACOBSON L S, ROBERT J L, DANIEL G S 1993. Earnings losses of Displaced Workers [J]. The American Economic Review, 83 (4): 685 - 709.

JOUANJEAN M A, CASALINI F, WISEMAN L, et al., 2020. Issues around data governance in the digital transformation of agriculture: The farmers' perspective [J]. OECD Food, Agriculture and Fisheries Papers.

NOOTEBOOM B, 1999. Innovation and inter - firm linkages: new implications for policy [J]. Research policy, 28 (8): 793 - 805.

TAKESHIMA H, NKONYA E, 2014. Government fertilizer subsidy and commercial sector fertilizer demand: Evidence from the Federal Market Stabilization Program (FMSP) in Nigeria [J]. Food Policy, 47: 1 - 12.

ZOU L L, LIU Y S, WANG Y S, et al., 2020. Assessment and analysis of agricultural non - point source pollution loads in China: 1978—2017 [J]. Journal of Environmental Management, 263.

第五章

畜牧业政策的效果评估——以现代生态循环农业政策为例

本章提要：本章基于浙江省2010—2022年60个县（市、区）的面板数据，将现代生态循环农业政策作为一个准自然实验，采用多期双重差分方法检验政策对农业绿色发展和碳排放的影响。直接效应：考虑到政策目标，本章选取甲烷排放量作为衡量政策碳减排的代理变量，利用 SBM - GML 模型测算各县（市、区）的农业绿色全要素生产率作为衡量农业面源污染的代理变量，从而检验现代生态循环农业试点政策的实践效果。中介机制：通过理论分析，选取机械化水平、农业产业结构检验现代生态循环农业政策发挥绿色效能的作用机制路径。研究结果表明：第一，现代生态循环农业政策不仅能降低甲烷排放量，还能推进农业绿色发展，并且该结果在一系列稳健性、内生性、安慰剂检验后仍然成立；第二，现代生态循环农业政策主要通过提高机械化水平、优化农业产业结构两条路径实现政策效果。

第一节　引　　言

　　党的二十大报告指出，实施全面节约战略，推进各类资源节约集约利用，加快构建废弃物循环利用体系。推动经济社会发展绿色化，协同推进降碳、减污、扩绿、增长，建设美丽中国，加快发展现代生态循环农业，开辟农业绿色发展、农村生态文明建设的新路径。现代生态循环农业作为实现农业可持续发展的有效途径，不仅是实现农业现代化战略目标的重要保障，更是推动农业绿色发展的现实需求。2014年，农业部正式批复支持浙江开展现代生态循环农业试点省建设。同年，浙江省人民政府办公厅发文《浙江省人民政府办公厅关于加快发展现代生态循环农业的意见》，文件指出，按照生态文明和农业现代化建设的总体要求，从全省地形地貌多样、气候多宜、农业结构多元的实际出发，坚持政府引导、市场主体、依法管理、示范带动，结合农业"两区"建设、"五水共治"和美丽乡村建设，以"减量、清洁、循环"和提高农业资源利用率为主线，充分利用农业生物的功能特性，以推广新型种养模式和生态循环农业技术集成应用为重点，推进种养业布局优化、资源利用循环体系构建和农业面源污染防治，形成产业布局生态、资源利用高效、生产清洁安全、环境持续改善的现代生态循环农业体系（杜志雄和来晓东，2023）。2016 年，浙江省以"绿水青山就是金山银山"为指导，通过科学规划、合理布局形成了以湖州、衢州、丽水为主体的现代生态循环农业整建制推进市，在全省范围内认定桐庐县、淳安县等 41 个县（市、区）为现代生态循环农业整建制推进县（市、区），旨在发展以生态、循环、优质、高效、持续为主要特征的现代生态循环农业，促进农业绿色发展。现代生态循环农业属于循环经济，它具有"内生"与"外生"两个循环系统（姚永琴和祁元生，2024），通过将种植业、畜牧业、渔业等与加工业有机联系起来综合经营，在农、林、牧、副、渔等多模块间形成整体生态链的良性循环，为减少农业污染、优化农业产业结构、提高资源利用率等提供解决方案。生态循环农业不仅为农业污染减少与碳排放降低提供了协同治理方案，也是推动我国农业绿色可持续、现代化发展的重要模式之一（郭海红和李树超，2022；李谷成和李欠男，2022）。因此，系统探究现代生态循环农业对农业减污减碳的影响效应与作用机制，对推进我国农业绿色发展、农业现代化强国建设具有重要意义。

已有文献基于外部性理论剖析了农业绿色发展的困境（刘刚，2020），提出激励和约束机制是推动农业绿色发展的重要动力（王玉爽和钟茂初，2023）。大量学者基于浙江省实践评估了各类现代生态循环农业政策实施的效能，如有机肥补贴、农业支持保护补贴等激励政策以及秸秆还田、环境税规制、化肥零增长行动等约束政策（范东寿等，2023；杨兴杰和齐振宏，2022；周静，2020；余志刚等，2023；周志波，2023；张田野等，2020；卢泓钢等，2024），且均肯定了政策的绿色效能。关于农业减污降碳的研究，已有学者对其内在逻辑和实践机制展开理论分析（李玉新和于法稳，2024；赵曼仪和王科，2024）。随着研究的深入，部分学者测度了中国农业减污降碳水平（闫坤等，2024；刘畅等，2024；田云和卢奕亨，2023），但具体到农业减污降碳水平的因果效应分析上，更多的学者仅关注了农业碳排放的影响因素研究（杨秀玉和乔翠霞，2023；操小娟和靳婷，2024；唐菁和易露，2024）。而减污降碳驱动因素的相关研究更多聚焦于城市层面（马莹莹等，

2024；杨晓军和薛洪畅，2024；狄乾斌等，2022），缺乏对农业领域的关注。

现代生态循环农业具有生态优先、资源利用率高、生产过程清洁、环境影响无害化以及农业低碳化和可持续化的特点，在资源可持续利用和农业碳减排中发挥重要作用。已有的研究基本上侧重于循环农业生产的过程方面，特别是针对生产实践模式的总结（曹俊杰和高峰，2013；彭升和王云华，2019；全银华等，2023），鲜有研究从其促进农业绿色发展的视角对其效果进行评估，其作用机制也有待进一步分析。现代生态循环农业可以从绿色发展的源头控制绿色生产，进而提供优质安全的农产品，为人类自身的绿色发展提供安全保障（张莹和姜昊旻，2018）。以现代生态循环农业助推绿色发展，树立绿色发展理念、实行绿色生产方式、倡导绿色生活方式、优化绿色循环产业结构，形成资源节约、环境保护、生产良好、产业兴旺、生活富裕、生态宜居的"三农"空间格局（贾彦鹏，2022）。现代生态循环农业是实现我国农业农村绿色发展的正确路径，也是推动我国农业减污降碳协同发展的必然选择。因此，考察中国现代生态循环农业发展体系对推动农业减污降碳发展的内在机制影响及机制效应，具有极其重要而深刻的现实和实践意义。在这一现实背景下，现代生态循环农业作为实现农业生产绿色化清洁化、农业减污、农业降碳、农业循环可持续发展的关键举措，在推动农业绿色发展进程中尤为重要。桐庐县、淳安县等41个现代生态循环农业整建制推进县（市、区）现代生态循环农业的发展，在推动农业绿色发展方面是否具有有效性，亟待通过实证分析验证，并挖掘其中的作用机制与路径。

鉴于此，本章选取2010—2022年浙江省县域数据，在剔除农业生产投入指标及控制变量缺失较多的样本后，最终获得60个县（市、区）的面板数据，其中16个县（市、区）在2014年被设立为现代生态循环农业试点县（市、区），在2016年扩展到18个县（市、区）。农业总产值、化肥施用折纯量、有效灌溉面积等数据来源于《浙江统计年鉴》（2010—2022年），部分缺失数据通过查询地级市统计年鉴以及采用插值法予以补充。基于实证理论和分析农业绿色发展的影响机制问题的结论，利用浙江省县域面板数据，著者建立了一个计量模型，旨在探讨现代生态循环农业政策的实施与促进农业减污降碳的内在机制。相较于现有研究，本章潜在的边际贡献在于：考察了以"一提高三实现"为核心的现代生态循环农业的减污降碳效能，丰富了农业绿色转型发展的制度路径，从而为促进浙江省农业绿色发展、助推全国农业现代化发展、建设农业强国提供具体的政策建议与经验参考。

第二节　政策背景与理论分析

一、政策背景

2014 年，农业部正式批复支持浙江省开展现代生态循环农业试点省建设，共建合作备忘录正式签署，自此浙江省成为全国唯一的现代生态循环农业发展试点省。同年，浙江省农业厅公示了包括桐庐县、淳安县、宁海县等 26 个县在内的第一批省级生态循环农业示范县、示范区创建名单；2016 年，浙江省在《浙江省现代农业发展"十三五"规划》中将生态循环农业示范县从原来的 26 个县扩展为包括湖州市、衢州市、丽水市、庆元县、遂昌县在内的 41 个县（市、区），并颁布《浙江省人民政府办公厅关于加快发展现代生态循环农业的意见》，要求各地区按照高效生态农业建设的总体要求，积极推广农牧结合等新型种养模式，加快转变传统的依靠资源消耗、物质投入的粗放型生产经营方式，发展以生态、循环、优质、高效、可持续为主要特征的现代生态循环农业。

浙江省的生态循环农业建设以"减量、清洁、循环"和提高农业资源利用率为主线，充分利用农业生物的功能特性，以推广新型种养模式和生态循环农业技术集成应用为重点，推进种养业布局优化、资源利用循环体系构建和农业面源污染防治，形成产业布局生态、资源利用高效、生产清洁安全、环境持续改善的现代生态循环农业体系，旨在破解资源消耗、物质投入的粗放型生产经营方式。建设目标包括四个方面：提高农业资源利用率；农业生产实现绿色化、清洁化；农业减排，实现废弃物循环利用；实现农业循环、可持续发展。具体措施见表 5-1。

表 5-1　浙江省现代生态循环农业先行省政策的主要目标、措施和内容

主要目标	主要措施	主要内容
提高农业资源利用率	重新规划，使农业产业布局结构化、科学化、合理化	规划保护一批农业主体功能区，因地制宜调整种植业、养殖业结构比例，鼓励利用废弃地、荒山、荒丘等未利用地
	构建农业生态循环体系	鼓励种植大户、家庭农场、农民专业合作社等主体实现小循环，统筹布局农业的沼气工程、沼液配送和废弃物处理等配套服务来推动实现县域大循环

（续）

主要目标	主要措施	主要内容
农业生产实现绿色化、清洁化	大力推行清洁生产以及农业节能生产技术	规范农药等投入的市场机制，提高低毒、高效、低残留的农药普及率，增加有机肥、测土配方肥的使用
农业减排，实现废弃物循环利用	科学处置和利用农业废弃物，推进农业源污染减排工作	全面落实农牧结合消纳地建设，培育有机肥加工、秸秆发电等生态循环企业，落实污染治理的主体责任，强化属地管理、联防联控责任
实现农业循环、可持续发展	推广新型种养模式，促进种养业融合发展	大力发展林下经济、现代生态渔业，大力推广农牧结合、粮经轮作等新型种养模式，通过加强对农民的技术培训、实践指导来推广新型种养模式
	加强农业生态建设和保护	加快推进平原绿化和农田林网建设，加强沿海沿江等地的防护林建设，加强农业资源和生态环境保护，严防农业外来生物入侵和生物灾害，加大政策扶持力度

二、理论分析

（一）直接效应

基于外部性理论，生态循环农业因其非排他性与非竞争性的特质，展现出显著的公共产品属性，有助于降低农业碳排放，促进农业绿色效率提升。然而，由于农业绿色发展行为，特别是高投入、高不确定性收益的绿色生产模式，具有显著的外部性，农户作为理性经济人，在制度环境与制度安排不完善的情况下，往往因绿色生产收益难以覆盖成本及农产品市场的"逆向选择"问题，而倾向于维持传统的低成本、高化肥的农业生产方式（杨晓梅和尹昌斌，2022；朱俊峰和邓远远，2022）。为解决这一问题，浙江省作为现代生态循环农业先行区，通过一系列制度和措施，如合理规划种养区、构建农业生态循环体系、健全农业"三品一标"认证体系，以及建立正向激励与反向约束的制度体系，优化农业资源配置，推动农业生产向绿色化、清洁化发展，旨在提高农业全要素生产率和农业绿色发展水平（秦国伟等，2022；马胜利等，2024）。农业绿色全要素生产率是衡量农业绿色发展的重要指标（谢会强等，2023），通常可理解为加入环境要素后计算得到的农业全要素生产率，其中环境要素主要是面源污染和固体废弃物排放等非期望产出。浙江省现代生态循环农业先行区政策在推动农业绿色可持续发展方面发挥了至关重要的作用。首先，该政策通过为农业生产者提供明确的指导和规范，不仅强化了农业生产过程中的环境管理，还促进了农业经营主体对资源的高效利用和合理配置。具体而言，政策鼓励采用新型种养模式和生态循环农业技术集成应用，这些创新实践不仅减少了农业生产对化肥和农药的依赖，还有效降低了农业生产过程中的碳排放水平（卢泓钢等，2024）。通过合理规划种养区域，构建农业生态循环体系，政策引导农户实现资源的循环利用和废弃物的有效处理，从而在源头上减少了温室气体排放，推动农业碳减排目标的实现。其次，现代生态循环农业先行区政策还通过诱致性技术变迁机制，激励农业经营主体择优选取资源配置模式，进一步提升了农业绿色生产的技术效率。政策实施中，通过减税、补贴等优惠措施，以及对采用绿色农业生产技术的农户给予正向激励的措施，有效降低了农户采用新技术的经济成本，增强了其绿色生产的积极性（金绍荣和任赞杰，2022）。同时，政策还注重构建完善的农业技术推广和服务体系，通过技术培训、示范推广等方式，帮助农户掌握先进的生态循环农业技术，提高其在农业生产中的技术水平和创新能力。这些努力共同推动了农业绿色全要素生产率的提升，即在考虑环境要素的前提下，农业生产效率得到了显著提高，为实现农业绿色发展提供了有力支撑（彭升和王云华，2019）。基于以上理论分析，提出如下研究假说：

假说 1：现代生态循环农业政策的实施能降低农业碳排放。

假说 2：现代生态循环农业政策的实施能提升农业绿色全要素生产率。

（二）影响机制

规模效应指一个组织或系统达到一定规模而使其生产和管理成本下降从而实现资源、效率和利润的提升，农业领域亦是如此（张殿伟等，2024；郑军和邓明珠，2024）。浙江省在实施现代生态循环农业发展政策的过程中，通过科学规划、合理布局形成了一批现代生态循环农业整建制推进市、区、县，针对这些地区发布实施了一系列的政策制度来提高当地的农业生产效率和种植面积，例如培育新型农业主体、健全土地流转政策、出台农机购置和财政补贴与税收优惠等，这些政策制度有利于农业领域形成适度规模经营的良好局面。农业机械化水平一定程度上标志着农业现代化发展水平，自改革开放以来，我国农业机械总动力不断增加，农业机械化水平的提高显著缩短了劳动时间、降低了劳动成本、提高了农业绿色生产效率（焦长权和董磊明，2018；王翌秋等，2023）。现代生态循环农业政策的实施，能奠定较好的农业适度规模经营基础，从而为农业机械化水平提高提供必要的前提条件。农业机械化发展过程中无人机等先进绿色生产技术的应用，能降低因化肥农药施用导致的农业碳排放过高、农业污染严重等问题（田晓晖等，2021；王华书和马志懿，2024；徐清华和张广胜，2022）。

产业结构理论主要研究在社会再生产过程中，一个国家或地区的产业组成即资源在产业间的配置状态，产业发展水平即各产业所占比重，产业间的技术经济联系即产业间相互依存、相互作用的方式（倪斋晖，1999）。产业结构理论认为产业结构调整会带来结构红利，所谓"结构红利"指经济结构的调整会对经济增长产生巨大推动作用，而在产业结构中的结构红利则指产业结构的调整会优化各要素资源、经济主体之间的配合，优化资源配置提高资源利用率，从农业方面看会推动农业产业向绿色化方向发展（张壮和王潆萱，2022；金芳和金荣学，2020）。随着产业结构的持续优化，资源配置效应、技术扩散效应和技术诱导效应将带来农业"优质优价"的市场回报，从而引导农业产业体系的绿色变革（余艳锋等，2021；金芳和金荣学，2020）。《浙江省人民政府办公厅关于加快发展现代生态循环农业的意见》中强调要通过优化农业空间布局、加快培育农业新产业新业态、构建生态循环体系三大措施升级农业产业结构以推进农业绿色化转型。一是资源配置效应，政策通过优化农业产业布局、推动农业规模化生产和推广新型种养和资源循环利用发展模式，改善产业间的要素配置，充分发挥生产要素在各个生产环节中起到的作用，促进农业绿色化转型（杨强和祝宏辉，2024）。二是技术扩散效应，政策支持农业绿色新产业和新业态的发展壮大以及以绿色、清洁为导向的技术全面覆盖农业生产各环节，推动产品附加值高、投入产出比高的部门占据农业生产的主导地位，地区间形成的竞争促进农业技术进步从而实现农业绿色化转型（金芳和金荣学，2020）。三是技术诱导效应，政策以绿色、清洁生产为导向，推动建设农产品市场"优质优价"的运行机制，从而诱导绿色技术发展，推动农业绿色化转型（黄炜虹等，2022）。基于此，提出如下研究假说：

假说3：现代生态循环农业通过提高机械化水平来降低农业碳排放。

假说4：现代生态循环农业通过提高机械化水平来提升农业绿色全要素生产率。

假说5：现代生态循环农业通过优化农业产业结构来降低农业碳排放。

假说6：现代生态循环农业通过优化农业产业结构来提升农业绿色全要素生产率。

第三节　研究设计

一、样本选择和数据来源

本章选取2010—2022年浙江省县域数据，在剔除农业生产投入指标及控制变量缺失较多的样本后，最终获得 60 个县（市、区）的面板数据。其中，桐庐县、淳安县等 16 个县（市、区）在 2014 年被设立为现代生态循环农业试点县（市、区）；2016 年，现代生态循环农业试点县（市、区）扩展到泰顺县、苍南县等 41 个县（市、区）。农业总产值、化肥施用折纯量、有效灌溉面积等数据来源于《浙江统计年鉴》（2011—2023 年），部分缺失数据通过查询地级市统计年鉴以及采用插值法予以补充。

二、变量选取与描述性统计

（一）被解释变量

第一，温室气体主要由甲烷、二氧化碳、一氧化二氮组成，其中与农业碳减排息息相关的主要是二氧化碳和甲烷，但由于二氧化碳的来源较多，农业排放的部分较难计算，并且根据农业的定义，广义上的农业包括种植业、林业、牧业、渔业、农林牧渔服务业，其中畜牧业是甲烷排放的主要来源，加之《农业农村减排固碳实施方案》也指出，在畜禽低碳减排行动中要推广低蛋白日粮、全株青贮等技术，改进畜禽饲养管理，降低单位畜禽产品肠道甲烷排放强度，因此，为便于研究，本章选择甲烷的排放量作为主要被解释变量，变量名为 $lnCH_4$。

第二，农业绿色全要素生产率是衡量资源环境与经济增长之间相互作用的有效指标，已有较多学者采用该指标衡量农业绿色发展水平（韩海彬和杨冬燕，2023；李谷成和李欠男，2022；马国群和谭砚文，2021）。本章选择该指标作为被解释变量，具体衡量现代生态循环农业政策的实施效果。研究过程中，本章以狭义农业作为研究对象，并采用 SBM‑GML 方法来测算农业绿色全要素生产率。投入变量包括化肥施用折纯量、农作物播种面积、农业机械总动力、有效灌溉面积、农业一产就业人员。产出变量有两类：一是期望产出，主要为农林牧渔总产值；二是非期望产出，主要为化肥污染和农业废弃物污染（李谷成，2014）。

（二）核心解释变量

浙江省在 2014 年认定桐庐县、淳安县等 16 个县（市、区）为现代生态循环农业整建制推进县（市、区），在 2016 年普及到泰顺县、苍南县等 41 个县（市、区），以此构建核心解释变量 D，表示"现代生态循环农业"的设立，具体而言，如果样本县（市、区）被认定为现代生态循环农业整建制推进县（市、区），则作为处理组；未设立的县（市、区）作为对照组。其中，处理组县（市、区）在现代生态循环农业设立当年及之后年份，D 取值为 1，反之取值为 0；对照组县（市、区）D 全部取值为 0。

(三) 中介变量

本章选取机械化水平和产业结构作为中介变量。①本章采用农业机械总动力与该地区农作物播种面积的比值来衡量机械化水平，并将其作为机械化水平的代理变量。②借鉴蒋辉等（2022）的研究，采取地区第二、三产业的生产总值（亿元）与该地区产业生产总值的比值来表示产业结构优化程度，并作为产业结构优化的代理变量。地区第二、三产业的生产总值（亿元）与该地区产业生产总值的比值能较好地表示农业产业结构。

(四) 控制变量

根据已有的研究，控制变量包括农业生产情况和宏观经济指标（杜建军等，2023）。农业生产情况分为如下3个方面：①有效灌溉面积，使用有效灌溉面积取对数衡量。②农作物播种面积，使用该地区农作物播种面积取对数来衡量。③农业发展水平，使用农林牧渔业总产值与地区生产总值的比值来衡量。宏观经济指标分为如下2个方面：①财政依赖程度，采用一般公共预算收入与地区生产总值的比值来衡量。②经济发展水平，利用各县（市、区）地区生产总值（亿元）取对数来表示（表5-2）。

表5-2　变量描述性统计

变量类型	变量名称	样本量	样本均值	标准差	最小值	最大值
被解释变量	甲烷排放量	780	9.584	1.220	2.893	10.915
	农业绿色全要素生产率	780	1.080	0.158	0.171	2.143
中介变量	机械化水平	780	3.214	13.388	0.176	196.815
	产业结构	780	0.925	0.046	0.686	0.989
控制变量	有效灌溉面积	780	2.703	1.024	−4.605	3.820
	农作物播种面积	780	3.209	0.920	−1.470	4.551
	财政依赖程度	780	0.580	0.520	0.161	2.927
	经济发展水平	780	5.781	0.969	3.285	8.023
	农业发展水平	780	1 217.903	809.475 3	75.728	6 556.337

三、模型设定

本章以现代生态循环农业试点政策为准实验，使用双重差分法探究浙江省现代生态循环农业试点政策对农业碳排放和农业绿色全要素生产率的影响。基准回归模型设置如下：

$$Y_{it} = \beta_0 + \beta_1 D_{it} + \gamma Controls_{it} + \mu_i + \upsilon_t + \varepsilon_{it} \qquad (5-1)$$

式（5-1）中，i 为县（市、区）；t 为年份；Y_{it} 表示碳排放和农业绿色全要素生产率；D_{it} 表示"现代生态循环农业试点"的政策变量；$Controls_{it}$ 表示县（市、区）层面的控制变量；μ_i 表示地区固定效应；υ_t 表示时间固定效应；ε_{it} 为误差项；β_1 是本章关心的核心参数，即"现代生态循环农业试点"政策变量对碳排放和农业绿色全要素生产率的影响程度。

第四节　实证结果与分析

一、基础回归结果

第一，表5-3列（1）结果表示，现代生态循环农业政策对甲烷排放的影响系数为-0.038，在1%的显著水平下呈负向显著，这表明浙江省现代生态循环农业的建设和政策的颁布能够有效地降低甲烷的排放，而甲烷又是农业碳排放的重要组成部分，因此，浙江省现代生态循环农业的建设和政策的颁布能够显著降低农业碳排放。表5-3列（2）结果显示，在加入有效灌溉面积、农作物播种面积、农业发展水平、财政依赖程度、经济发展水平5个控制变量后，其对甲烷排放的影响系数为-0.033，在1%的显著水平下对甲烷排放的影响呈负向显著，假说1得到验证。

第二，本章基于全样本评估现代生态循环农业对农业绿色发展的影响。表5-3报告了基于全样本数据的回归结果。列（3）为不加控制变量的回归结果，结果显示现代生态循环农业政策对农业绿色全要素生产率的影响系数为0.092，且在1%的水平下呈现正向显著。列（4）为加入控制变量后的回归结果，表明加入控制变量后，现代生态循环农业政策对农业绿色全要素生产率的影响系数为0.097，同样在1%的水平下呈现正向显著。以上估计结果表明，无论是否加入控制变量，现代生态循环农业对农业绿色全要素生产率都呈现出明显提升效应。假说2得到验证。

表5-3　基础回归

变量	(1)	(2)	(3)	(4)
	甲烷排放量	甲烷排放量	农业绿色全要素生产率	农业绿色全要素生产率
现代生态循环农业政策	-0.038 ***	-0.033 ***	0.092 ***	0.097 ***
	(0.007)	(0.007)	(0.018)	(0.018)

（续）

变量	(1) 甲烷排放量	(2) 甲烷排放量	(3) 农业绿色 全要素生产率	(4) 农业绿色 全要素生产率
有效灌溉面积		−0.025 **		−0.160 **
		(0.010)		(0.064)
农作物播种面积		−0.010		−0.238 **
		(0.020)		(0.097)
农业发展水平		0.000 ***		0.028
		(0.000)		(0.020)
财政依赖程度		0.001		−0.299
		(0.004)		(0.713)
经济发展水平		0.072 ***		0.058 4
		(0.024)		(0.079)
地区	Yes	Yes	Yes	Yes
时间	Yes	Yes	Yes	Yes
样本量	780	780	780	780
R^2	0.167	0.372	0.205	0.250

注：括号内的内容为标准误，*、**、*** 分别表示变量在10%、5%、1%的水平上显著，后表同。

二、稳健性检验

（一）平行趋势检验

为验证双重差分模型的有效性，进一步探究 DID 模型的回归系数依赖于平行趋势是否成立，本章将现代生态循环农业政策对甲烷排放量和农业绿色全要素生产率的影响分别进行平行趋势检验。若平行趋势不成立，则 DID 模型的回归系数有偏误；反之，则估计结果是稳健的。图 5-1 为甲烷排放量的平行趋势检验结果：在现代生态循环农业政策实施之前，处理组与对照组不存在明显差异；而政策实施后，处理组甲烷排放量呈现明显下降趋势，且在统计学上显著。图 5-2 为农业绿色全要素生产率的平行趋势检验结果：在政策实施之前，处理组与对照组在统计学上不存在明显差异；而政策实施当期及之后年份，政策实施对农业绿色全要素生产率具有明显的提升效果。这也进一步证明了现代生态循环农业政策能够较好地促进农业减污降碳的协同。

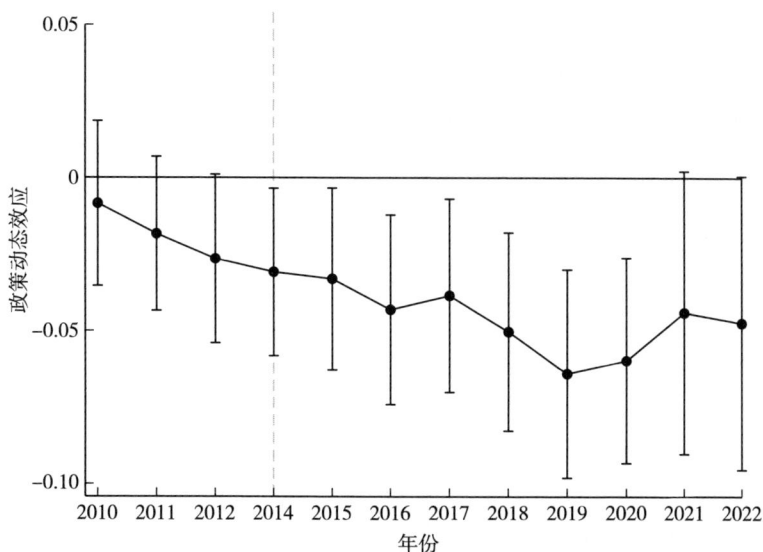

图 5-1　甲烷排放量的平行趋势检验

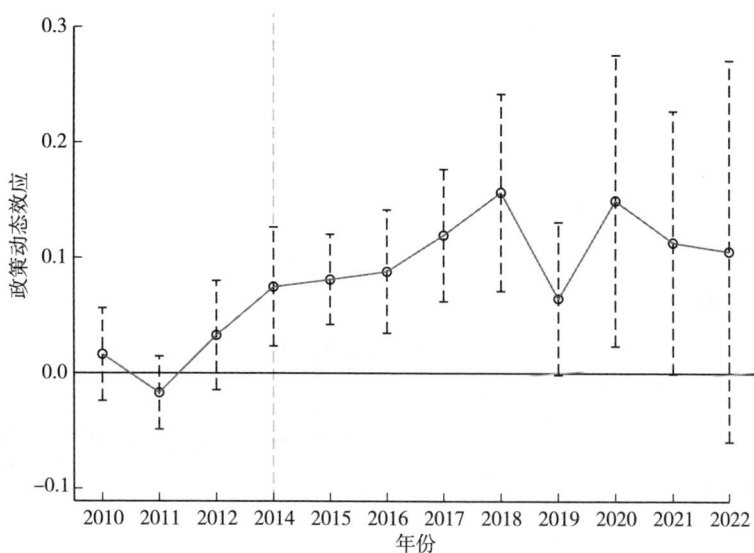

图 5-2　农业绿色全要素生产率的平行趋势检验

（二）甲烷排放量估计结果的稳健性检验

1. 调整研究样本

为了避免时间跨度过大造成估计结果存在误差，本章将分析时间窗口限定在政策实施前后4年，确保样本时区的对称性。结果如表5-4列（1）所示，将研究区间调整为 2010—2018 年，现代生态循环农业政策对甲烷排放量仍呈现负向显著影响，说明前文结论是可靠的。

2. 排除极端值

考虑到样本异常值会影响估计结果，本章将除了核心解释变量以外的其他变量在 1% 和 99% 分位点处进行缩尾处理，即将超过 99% 的值替换为 99% 分位点的值，将低于 1% 的值与 1% 分位点的值进行替换，然后重新进行回归估计。在剔除极端值后，现代生态循环农业在降低甲烷排放量上依旧具有显著效果，这一结论与基准回归的结论一致。

3. 考虑地级市-年份交互固定效应

由于浙江省各地级市间的政策实施考核可能存在差异，而同地级市内各县（市、区）在资源禀赋、政策背景、经济文化等方面存在相似性，所以本章采取控制地级市-年份交互固定效应的方法进行稳健性检验。表 5-4 列（3）的结果显示，控制地级市-年份交互固定效应后，系数依旧显著为负。

4. 内生性检验

为了避免生态循环农业政策试点和未试点地区的变动趋势存在系统性差异，降低实验组和控制组的样本选择偏误，本章进一步采用 PSM-DID 的方法进行分析，通过倾向得分匹配，尽可能选择各方面经济发展特征和实验组发展趋势一致的地区，匹配的协变量和控制变量一致，采用最近邻匹配 1∶1 的标准进行匹配。表 5-4 列（4）报告了倾向得分匹配后的回归结果，政策效应用 PSM-DID 后，结果表明，现代生态循环农业显著降低了甲烷排放量，从而进一步验证了本章的实证结论，即现代生态循环农业对地区的农业绿色发展的促进作用是显著的。

表 5-4 稳健性检验

变量	(1) 调整样本区间	(2) 1% 和 99% 缩尾处理	(3) 地级市- 年份交互固定效应	(4) PSM-DID
现代生态循环 农业政策	−0.02*** (0.007)	−0.024*** (0.006)	−0.021** (0.006)	−0.030*** (0.007)
控制变量	Yes	Yes	Yes	Yes
地区	Yes	Yes	Yes	Yes
年份	Yes	Yes	Yes	Yes
交互固定效应	No	No	Yes	No
样本量	540	780	780	775
R^2	0.477	0.454	0.461	0.380

5. 安慰剂检验

考虑到现代生态循环农业政策对甲烷排放量的影响可能会受到其他未观测因素的影响，因此需要检验其他不可观测的因素是否对研究结论造成了影响。具体做法是在本章的县（市、区）中随机选择现代生态循环农业试点地区，保持政策开始时间不变，重复随机选择过程500次，保存回归系数，具体结果见图5-3。估计系数集中在0值附近，且服从正态分布，而真实的估计结果处在左侧尾部，属于一个极端值。这表明，本章估计结果是稳健的。

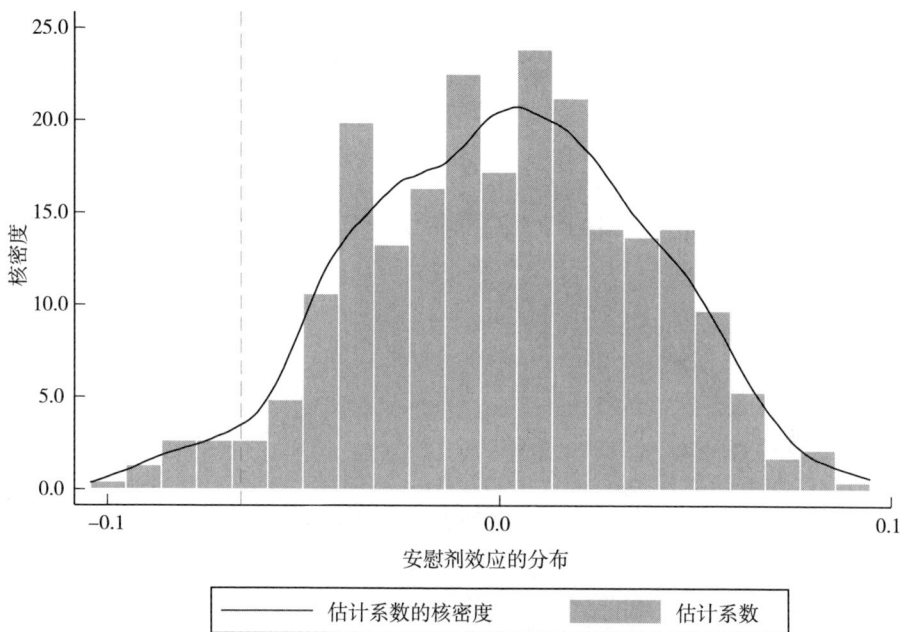

图5-3　甲烷排放量的空间安慰剂检验

（三）农业绿色全要素生产率估计结果的稳健性检验

1. 调整研究样本

为了避免时间跨度过大的样本对研究结果产生影响，本章将分析时间窗口限定在政策实施前后4年，确保样本时区的对称性。结果如表5-5列（1）所示，将研究区间调整为2010—2018年，现代生态循环农业政策对农业绿色全要素生产率仍呈现正向显著影响，证明前文结论的稳健性。

2. 排除极端值

为了排除调查数据中可能存在的极端数据对回归结果的稳定性产生影响，我们对780个县域面板数据的有效样本进行了排序，先后剔除了农业绿色全要素生产率排名前后的1%、3%、5%的样本。经过剔除极端数据并进行回归分析，我们得出了现代生态循环农业与农业绿色发展水平之间的回归关系，具体数据可参见表5－5列（2）。经过回归分析，得出结论：在剔除极端值后，现代生态循环农业在提高农业全要素生产率上依旧具有显著效果，这一结论与基准回归的结论一致。排除极端值的实证回归结果表现出了与基准回归结果高度一致的显著性和方向。

3. 考虑地级市-年份交互固定效应

由于浙江省各地级市间的政策实施考核可能存在差异，而同地级市内各县（市、区）在资源禀赋、政策背景、经济文化等方面存在相似性，所以本章采取控制地级市-年份交互固定效应的方法进行稳健性检验。表5－5列（3）的结果显示，控制地级市-年份交互固定效应后，系数依旧显著为正。

4. 内生性检验

为了避免现代生态循环农业政策试点和未试点地区的变动趋势存在系统性差异，降低实验组和控制组的样本选择偏误，本章进一步采用PSM－DID的方法进行分析，通过倾向得分匹配，尽可能选择各方面经济发展特征和实验组发展趋势一致的地区，匹配的协变量和控制变量一致，采用最近邻匹配1：4的标准进行匹配。表5－5列（4）报告了倾向得分匹配后的回归结果，政策效应用PSM－DID表示，结果表明现代生态循环农业政策显著提升了农业绿色全要素生产率。估计结果显示，现代生态循环农业政策对农业绿色全要素生产率在1%的显著性水平上都具有正向影响，从而进一步验证了本章的实证结论，即现代生态循环农业政策对地区的农业绿色发展的促进作用是显著的，该实证结果支持了假说1。根据上述对全样本进行的DID估计和PSM－DID估计的整体结果来看，匹配前的政策效应高于匹配后的政策效应，表明利用全样本进行估计，高估了现代生态循环农业政策对农业绿色发展的影响。农业绿色全要素生产率在进行倾向得分匹配前后，现代生态循环农业政策都有效提高了地区的农业绿色发展水平。

表5－5　稳健性检验

变量	(1)调整样本区间	(2) 缩尾处理			(3) 地级市-年份交互固定效应	(4)内生性检验
		1%缩尾	3%缩尾	5%缩尾		
现代生态循环农业政策	0.068***	0.084***	0.075***	0.068***	0.100***	0.083***
	(0.011)	(0.015)	(0.012)	(0.011)	(0.019)	(0.017)
控制变量	Yes	Yes	Yes	Yes	Yes	Yes
地区	Yes	Yes	Yes	Yes	Yes	Yes

（续）

变量	(1) 调整样本区间	(2) 缩尾处理			(3) 地级市- 年份交互 固定效应	(4) 内生性检验
		1%缩尾	3%缩尾	5%缩尾		
年份	Yes	Yes	Yes	Yes	Yes	Yes
交互固定效应	No	No	No	No	Yes	No
样本量	540	780	780	780	780	737
R^2	0.172	0.290	0.286	0.261	0.251	0.211

5. 安慰剂检验

考虑到现代生态循环农业政策对农业绿色全要素生产率的影响可能会受到其他未观测因素的影响，因此需要检验其他不可观测的因素是否对研究结论造成了影响。具体做法是在本章的县（市、区）中随机选择现代生态循环农业试点地区，保持政策开始时间不变，重复随机选择过程 500 次，保存回归系数，具体结果见图 5-4。估计系数集中在 0 值附近，且服从正态分布，而真实的估计结果处在左侧尾部，属于一个极端值。这表明，本章估计结果是稳健的。

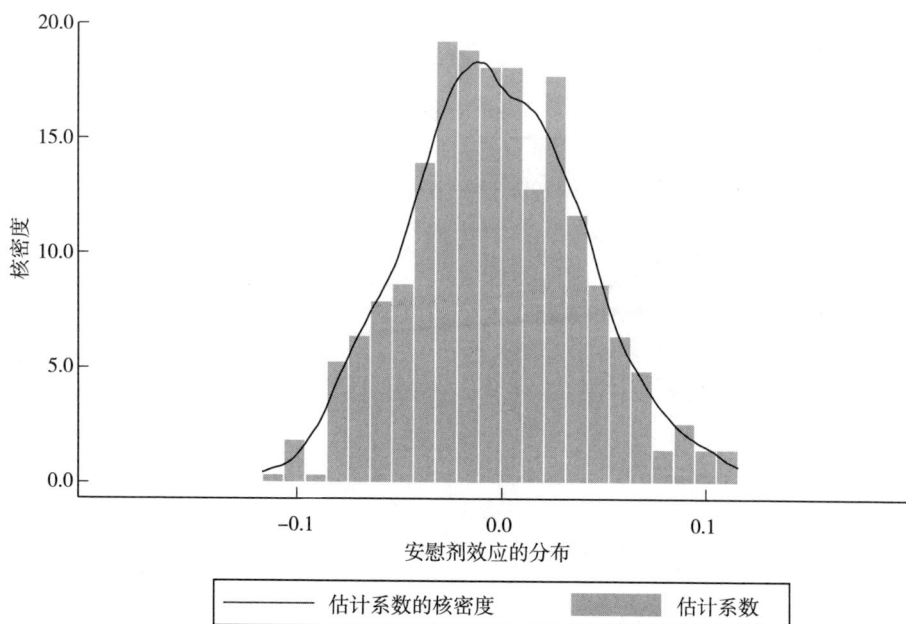

图 5-4　农业绿色全要素生产率的空间安慰剂检验

三、异质性分析

(一)甲烷排放量异质性分析

县域层面的地区发展情况、所在地区的类型各不相同,对农业碳排放的影响效应可能会存在一定程度的差异,因此本章根据2014年发布的《浙江省财政厅 浙江省扶贫办公室关于印发浙江省特别扶持资金和项目管理办法的通知》,将泰顺县、文成县、开化县、松阳县、庆元县、景宁畲族自治县、磐安县、衢江区、常山县、龙泉市、遂昌县、云和县列为重点欠发达县,本章将所研究的县(市、区)划分为浙东北平原区、浙中丘陵区、浙西南山地区和沿海区四大类,回归结果如表5-6所示。

表5-6地区发展情况结果显示,在重点欠发达县施行现代生态循环农业政策对甲烷排放量的影响系数为-0.018 3,在5%的显著水平条件下呈负向显著;而表5-6地区类型的回归结果显示,属于浙西南山地区的县实施政策对农业碳排放的影响系数为-0.021 7,在1%的显著水平下呈负向显著。对比重点欠发达县和属于浙西南山地区的县的名单发现,二者高度重合,浙江省的重点欠发达县基本在浙西南山地区,而浙西南山地区主要的农业类型是养殖业,种植业主要以茶叶、香菇等的种植为主,由于山地和森林众多,加之大多发展林下经济,本身农业碳减排难度相较于平原、丘陵地区较小。因此,地区类型和地区的经济发展情况会对政策的农业碳减排效果产生不同影响。

表5-6 异质性分析

变量	地区发展情况	地区类型		
	是否为重点欠发达县	(1)浙东北平原区	(2)浙中丘陵区	(3)浙西南山地区
现代生态循环农业政策	-0.018**	0.002	0.000 1	-0.022***
	(0.009)	(0.009)	(0.008)	(0.005)
地区	Yes	Yes	Yes	Yes
时间	Yes	Yes	Yes	Yes
控制变量	Yes	Yes	Yes	Yes
样本量	637	312	156	260
R^2	0.413	0.653	0.570	0.673

(二)农业绿色全要素生产率异质性分析

上文分析中仅基于平均效应考察了现代生态循环农业政策对农业绿色发展

的影响，并没有区分样本类型，因而可能掩盖样本之间的异质性。事实上，现代生态循环农业政策对农业绿色发展的作用效果可能受地理区位和经济发展水平等因素的影响。基于此，本章从是否为重点欠发达县、地理位置两个方面对城市进行分类分析，以深入剖析现代生态循环农业对农业绿色发展的异质性影响。根据《中共浙江省委 浙江省人民政府关于推进淳安等26县加快发展的若干意见》，浙江省山区26个县特指衢州、丽水两市的所辖县（市、区），以及淳安、永嘉、平阳、苍南、文成、泰顺、武义、磐安、三门、天台、仙居等26个山区县。受区位条件、历史布局、功能定位等因素影响，上述地区优质企业较少、工业基础较薄、经济相对落后，被定义为重点欠发达县，其他县则被定义为经济强县。针对地理区位的异质性分析，本章将60个样本分为浙南、浙北两个区域，其中温州、台州、衢州、丽水、金华下属县（市、区）为浙南地区；杭州、湖州、嘉兴、绍兴、舟山、宁波下属县（市、区）为浙北地区。表5-7报告了这一结果。

研究结果显示，不同经济发展水平下，现代生态循环农业政策对农业绿色全要素生产率的影响存在较大差异。从经济发展水平的异质性来看，重点欠发达县与经济强县的回归系数都在1%的统计水平上显著，但经济强县的回归系数大于重点欠发达县的回归系数，原因在于，当前浙江省处于经济结构转型、绿色经济发展的新阶段，经济强县经济发展水平和技术水平较高，能够加速机械化水平提升和产业转型升级，实现农业生产绿色化、清洁化、可持续发展。而重点欠发达县经济发展水平较低，基础设施及技术水平较低，产业结构转型与农业机械化进程较为缓慢，故而对农业绿色全要素生产率的影响小于经济强县。从地理区位的异质性来看，浙北和浙南都呈现正向显著，而浙北的系数大于浙南，这说明现代生态循环农业政策对农业绿色全要素生产率的影响在浙北地区更明显。原因可能在于，浙北平原面积更大，农业发展更好，现代生态循环农业政策的实施能更好地促进农业绿色发展转型。

表5-7 异质性分析

| 变量 | 经济发展水平异质性 | | 地理区位异质性 | |
	(1) 重点欠发达县	(2) 经济强县	(3) 浙南	(4) 浙北
现代生态循环 农业政策	0.053*** (0.017)	0.102*** (0.026)	0.080*** (0.017)	0.103** (0.037)
控制变量	Yes	Yes	Yes	Yes
地区	Yes	Yes	Yes	Yes

(续)

变量	经济发展水平异质性		地理区位异质性	
	(1)	(2)	(3)	(4)
	重点欠发达县	经济强县	浙南	浙北
时间	Yes	Yes	Yes	Yes
样本量	637	143	429	351
R^2	0.316	0.184	0.292	0.257

第五节　机制检验

一、甲烷排放量的影响机制

根据前文研究分析可得，浙江省现代生态循环农业的建设对农业甲烷排放量具有显著的降低作用，根据前文理论分析，本章引入产业结构和机械化水平两个变量检验现代生态循环农业对甲烷排放量的影响机制，机制检验回归结果如表5-8所示。表5-8中第（1）列和第（2）列中核心解释变量DID的估计系数分别为1.443和0.009，分别在5%和1%的水平下显著为正，表明现代生态循环农业的建设和政策的颁布能够有效促进农业机械化水平的提高和产业结构的优化升级。从理论上可以解释为：一方面，现代生态循环农业对于农业的生产效率和废弃物的循环利用要求较高，需要更加高效的生产方式，而农业机械化水平的提高恰巧能够满足这一要求，例如，机械化的播种、施肥和收割设备能够有效提高农业生产效率、减少农药化肥的过度使用、降低农业污染，堆肥设备、沼气发酵装置等可以快速处理大量废弃物；另一方面，现代生态循环农业的发展促使农业从传统的高投入、高污染向资源节约、环境友好的方向转变，此外，实现可持续发展也是现代生态循环农业发展的最终目标之一，而可持续发展就要求农业产业能够与其他产业实现协同发展，进一步优化农业的产业结构。因此，假说3和假说5得到验证。

表5-8　甲烷排放量的影响机制检验

变量	(1)	(2)
	机械化水平	产业结构
现代生态循环农业政策	1.443**	0.009***
	(0.579)	(0.001)

（续）

变量	(1)	(2)
	机械化水平	产业结构
控制变量	Yes	Yes
地区	Yes	Yes
时间	Yes	Yes
样本量	780	780
R^2	0.028	0.541

二、农业绿色全要素生产率的影响机制

本章检验了现代生态循环农业政策通过提高机械化水平影响农业绿色全要素生产率的影响机制。表5-9列（1）为检验结果，现代生态循环农业政策对机械化水平的影响系数为0.137，且在1%的水平下呈现正向显著，这说明现代生态循环农业政策的实施能显著提高当地的农业机械化水平，从而影响到当地农业绿色全要素生产率的提升。因此，假说4得到验证。

本章还构造了农业产业结构调整的中介变量，从而检验现代生态循环农业政策通过优化农业产业结构影响农业绿色全要素生产率的影响机制。表5-9列（2）为检验结果，现代生态循环农业政策对农业产业结构的影响系数为0.010，且在1%的水平下呈现正向显著，这说明现代生态循环农业政策的实施能通过一定政策措施实现当地农业产业结构的优化，从而有利于当地农业绿色全要素生产率的提升，实现农业的绿色低碳发展。因此，假说6得到验证。

表5-9 农业绿色全要素生产率的影响机制检验

变量	(1)	(2)
	机械化水平	农业产业结构
现代生态循环	0.137***	0.010***
农业政策	(0.035)	(0.003)
控制变量	Yes	Yes
地区	Yes	Yes
时间	Yes	Yes
样本量	780	780
R^2	0.387	0.730

第六节 结论与政策启示

一、研究结论

在建设农业现代化强国背景下，我国亟须改变传统的农业发展方式，促进农业的绿色化、低碳化、可持续发展，实现农业的循环化、生态化转型。本章基于浙江省 2010—2022 年 60 个县（市、区）的面板数据，将现代生态循环农业政策作为一个准自然实验，采用多期双重差分方法检验政策对农业减污降碳的影响效果。一方面，本章选取甲烷排放量作为衡量政策碳减排的代理变量，同时本章利用 SBM - GML 模型测算各县（市、区）的农业绿色全要素生产率，将之作为衡量农业减污降碳协同、农业绿色转型发展的代理变量，从而检验现代生态循环农业试点政策的实践效果。另一方面，本章通过理论分析选取机械化水平、农业产业结构检验了现代生态循环农业政策发挥绿色效能的作用机制路径。得出了以下主要研究结论：

第一，浙江省现代生态循环农业整建推进市建设之后，甲烷的排放量显著下降，该结论经过稳健性检验、安慰剂检验和内生性检验后仍然可靠，这说明发展现代生态循环农业对于实现碳减排具有重要的促进作用；同时，浙江省现代生态循环农业政策能显著提升地区的农业绿色全要素生产率，这说明政策实施能够实现减污降碳的协同，从而促进农业绿色发展转型。

第二，浙江省的现代生态循环农业建设通过提高农业机械化水平和优化产业结构，不仅有效降低了甲烷的排放，还提高了农业全要素生产率，对于浙江省实现农业绿色化转型具有重要的促进作用。

二、政策建议

第一，推广设立现代生态循环农业政策。在科技创新方面，多方合作积极完善清洁生产技术以及农业节能生产技术，构建农业生态循环体系，推动绿色技术的集成应用和落地推广。在制度创新方面，实现农业生产绿色化和清洁化、农业减排、农业循环可持续发展，构建以提高农业资源利用率为核心的现代生态循环农业政策体系，发挥其对农业绿色发展的促进作用。通过调整制度安排与体制机制创新，强化正向激励与反向约束，引导农业经营主体开展绿色生产。在环保政策方面，纵深推进知识培训和宣传教育工作，全面强化主体绿色循环发展意识和行动，同时注意完善各项环境法律、法规，严格制定各地区和行业环境量化的排放标准，促进传统农业产业的绿色生态化转型。

第二，根据不同区域实际特征采取动态化、差异化的绿色发展战略，避免只注重绿色发展而忽视就业或为稳就业而牺牲绿水青山的现象，促进区域协调发展。由于浙江省各县（市、区）的经济发展水平、产业结构不同，现代生态循环农业对促进农业绿色发展的效果存在明显差异。经济强县现代生态循环农业对农业绿色发展的促进效应强，应当继续建设高水平生态循环体系，促进绿色清洁生产技术的创新和绿色产业的兴起，进一步降低传统产业环境污染，发挥政策促进农业绿色发展水平提升效应；重点欠发达县现代生态循环农业政策对农业绿色发展的促进效应弱，应当进一步加强对重点欠发达县现代生态循环农业的财政政策激励，鼓励企业引进先进绿色技术，提高绿色发展水平，从而增强区域发展的联动性和整体性，逐步缩小发展差距，促进区域协调发展。

第三，重点把握产业结构升级在现代生态循环农业发展过程中对农业绿色发展的促进效能。随着产业结构的持续优化，资源配置效应、技术扩散效应和技术诱导效应都将带来农业"优质优价"的市场回报。各县（市、区）应该逐步提高第三产业的比重，致力于产业结构高级化，充分利用技术创新来加快传统产业改造，打破传统产业的路径依赖，促进产业结构转型升级，即向以第三产业为主，第一产业、第二产业共同发展的产业结构转型，使产业结构升级跨越门槛，以优化农业生产力布局、推进规模化农产品基地和优势产业带建设，改善产业间的要素配置，实现生产要素的"量质齐增"，以弥补因绿色发展使高污染高能耗行业萎缩而造成的损失，从而加快实现农业绿色化高质量发展。

第四，围绕农业绿色发展目标任务，提升农业机械化水平、优化产业结构。在提高农业机械化水平方面，引导土地资源流转整合以形成规模经营，以高水平机械化形成规模效益，通过农民专业合作社等主体联合、产业融合的方式提升资源利用效率并激发创新活力；在农业产业结构优化方面，要立足资源环境承载力，优化农业生产空间布局，积极培育农业绿色新产业、新业态，引领农业绿色转型。

参 考 文 献

操小娟，靳婷，2024. 土地流转、农业规模经营与农业碳排放：基于土地流转政策的准自然实验［J］. 华中农业大学学报（社会科学版）（4）：153 - 163.

曹俊杰，高峰，2013. 黄河三角洲多种生态和循环农业模式的形成及其经验总结［J］. 地域研究与开发，32（6）：149 - 153.

戴静怡，曹媛，陈操操，2023. 城市减污降碳协同增效内涵、潜力与路径［J］. 中国环境管理，15（2）：30 - 37.

狄乾斌，陈小龙，侯智文，2022. "双碳"目标下中国三大城市群减污降碳协同治理区域差异及关键路径识别［J］. 资源科学，44（6）：1155 - 1167.

杜建军，章友德，刘博敏，等，2023. 数字乡村对农业绿色全要素生产率的影响及其作用

机制 [J]. 中国人口·资源与环境, 33 (2): 165 - 175.

杜志雄, 来晓东, 2023. 农业强国目标下的农业现代化: 重点任务、现实挑战与路径选择 [J]. 东岳论丛, 44 (12): 16 - 23.

范东寿, 杨福霞, 郑欣, 等, 2023. 绿色农业补贴的化肥减量效应及影响机制: 来自有机肥补贴试点政策的证据 [J]. 资源科学, 45 (8): 1515 - 1530.

郭海红, 李树超, 2022. 环境规制、空间效应与农业绿色发展 [J]. 研究与发展管理, 34 (2): 54 - 67.

韩海彬, 杨冬燕, 2023. 农业产业集聚对农业绿色全要素生产率增长的空间溢出效应研究 [J]. 干旱区资源与环境, 37 (6): 29 - 37.

黄炜虹, 闵锐, 齐振宏, 2022. 农产品品牌化与稻虾户水稻绿色投入品使用行为 [J]. 农林经济管理学报, 21 (6): 689 - 698.

贾彦鹏, 2022. 我国农业循环经济的发展现状与未来举措 [J]. 宏观经济管理 (8): 50 - 56, 81.

蒋辉, 张驰, 蒋和平, 2022. 中国农业经济韧性对农业高质量发展的影响效应与机制研究 [J]. 农业经济与管理 (1): 20 - 32.

焦长权, 董磊明, 2018. 从"过密化"到"机械化": 中国农业机械化革命的历程、动力和影响 (1980—2015 年) [J]. 管理世界, 34 (10): 173 - 190.

金芳, 金荣学, 2020. 农业产业结构变迁对绿色全要素生产率增长的空间效应分析 [J]. 华中农业大学学报 (社会科学版) (1): 124 - 134, 168 - 169.

金绍荣, 任赞杰, 2022. 乡村数字化对农业绿色全要素生产率的影响 [J]. 改革 (12): 102 - 118.

李谷成, 李欠男, 2022. "两型社会"试验区的设立促进了农业绿色发展吗?: 基于 PSM - DID 模型的实证 [J]. 农林经济管理学报, 21 (2): 127 - 135.

李谷成, 2014. 中国农业的绿色生产率革命: 1978—2008 年 [J]. 经济学 (季刊), 13 (2): 537 - 558.

李玉新, 于法稳, 2024. "双碳"目标下乡村生态振兴的内在逻辑、重点任务及实践路径 [J]. 甘肃社会科学 (5): 1 - 8.

刘畅, 柳圩, 马国巍, 2024. "双碳"背景下主产区粮食生产减污降碳综合效益评价 [J]. 农林经济管理学报, 23 (3): 357 - 367.

刘刚, 2020. 农业绿色发展的制度逻辑与实践路径 [J]. 当代经济管理, 42 (5): 35 - 40.

卢泓钢, 丁永鹏, 吴伟光, 2024. 农业绿色发展先行区政策的效果评估: 基于浙江省县域样本的实证研究 [J]. 研究与发展管理, 36 (4): 24 - 34.

马国群, 谭砚文, 2021. 环境规制对农业绿色全要素生产率的影响研究: 基于面板门槛模型的分析 [J]. 农业技术经济 (5): 77 - 92.

马胜利, 邓祥艳, 赵礼强, 2024. 生态环境保护督察与农业绿色技术创新: 县域政府竞争的调节效应 [J]. 湖南农业大学学报 (社会科学版), 25 (5): 55 - 66, 105.

马莹莹, 姚文艳, 姜玲, 等, 2024. 绿色金融改革创新试验区政策对城市减污降碳的影响

及作用机制 [J]. 中国人口·资源与环境, 34 (6): 45 - 55.

倪斋晖, 1999. 论农业产业化的理论基础 [J]. 中国农村经济 (6): 55 - 60.

彭升, 王云华, 2019. 以生态循环农业助推绿色发展: 以湖南为例 [J]. 湖南大学学报 (社会科学版), 33 (3): 1 - 7.

秦国伟, 董玮, 宋马林, 2022. 生态产品价值实现的理论意蕴、机制构成与路径选择 [J]. 中国环境管理, 14 (2): 70 - 75, 69.

全银华, LEE S, LIM C, 等, 2023. 韩国绿色种养循环农业发展概况与经验启示 [J]. 中国环境管理, 15 (3): 93 - 100.

唐菁, 易露, 2024. 中国绿色农业技术创新的碳减排效应研究 [J]. 农林经济管理学报: 1 - 13.

田晓晖, 李薇, 李戎, 2021. 农业机械化的环境效应: 来自农机购置补贴政策的证据 [J]. 中国农村经济 (9): 95 - 109.

田云, 卢奕亨, 2023. 中国省域新型城镇化与农业碳排放效率的耦合协调关系 [J]. 华中农业大学学报 (社会科学版) (4): 33 - 46.

王华书, 马志懿, 2024. 机械化及其模式如何影响农户农药投入?: 基于中国乡村振兴综合调查数据的实证检验 [J]. 世界农业 (10): 66 - 77.

王敏, 李丽平, 2024. 城市减污降碳协同增效: 内涵特征、实践困囿与创新建议 [J]. 环境保护, 52 (7): 13 - 16.

王翌秋, 徐丽, 曹蕾, 2023. "双碳"目标下农业机械化与农业绿色发展: 基于绿色全要素生产率的视角 [J]. 华中农业大学学报 (社会科学版) (6): 56 - 69.

王玉爽, 钟茂初, 2023. 生态文明示范区建设对绿色全要素生产率的影响与机制研究 [J]. 现代财经 (天津财经大学学报), 43 (9): 89 - 107.

谢会强, 吴晓迪, 杨丽莎, 2023. 农村普惠金融对农业绿色全要素生产率的影响研究: 基于空间溢出效应的视角 [J]. 中国农机化学报, 44 (4): 239 - 247.

徐清华, 张广胜, 2022. 农业机械化对农业碳排放强度影响的空间溢出效应: 基于 282 个城市面板数据的实证 [J]. 中国人口·资源与环境, 32 (4): 23 - 33.

闫坤, 唐丹彤, 甘天琦, 2024. 中国农业减污降碳协同效应的量化评估与动态演化: 基于边际减排成本的分析 [J]. 中国农村经济 (9): 22 - 41.

杨强, 祝宏辉, 2024. 我国农业资源配置效率的空间差异与驱动因素分析 [J]. 统计与决策, 40 (5): 62 - 66.

杨晓军, 薛洪畅, 2024. 创新驱动政策是否促进城市减污降碳协同增效?: 来自国家创新型城市试点政策的经验证据 [J]. 产业经济研究 (3): 1 - 14.

杨晓梅, 尹昌斌, 2022. 农业生态产品的概念内涵和价值实现路径 [J]. 中国农业资源与区划, 43 (12): 39 - 45.

杨兴杰, 齐振宏, 2022. 预期收益与技术补贴对农户采纳生态农业技术的影响: 以稻虾共作技术为例 [J]. 华中农业大学学报 (社会科学版) (5): 89 - 100.

杨秀玉, 乔翠霞, 2023. 农业产业集聚对农业碳生产率的空间溢出效应: 基于财政分权的

调节作用 [J]. 中国人口·资源与环境，33（2）：92 - 101.

姚永琴，祁元生，2024. 产业兴旺赋能农业强国建设：逻辑机理、现实之困与战略之举 [J]. 农业经济（9）：15 - 18.

余艳锋，王长松，彭柳林，等，2021. 江西农业产业结构与农业自然资源生态系统协同性分析 [J]. 科技管理研究，41（12）：83 - 93.

余志刚，孙子烨，金鑫，2023. 秸秆还田与农业绿色全要素生产率：促进还是抑制？[J]. 干旱区资源与环境，37（9）：36 - 45.

张殿伟，陆迁，李煜阳，等，2024. 农地流转、规模效应与农户节水灌溉技术采纳：银保互动的调节效应 [J]. 中国农业资源与区划，45（8）：132 - 149.

张田野，孙炜琳，王瑞波，2020. 化肥零增长行动对农业污染的减量贡献分析：基于 GM（1，1）模型及脱钩理论 [J]. 长江流域资源与环境，29（1）：265 - 274.

张莹，姜昊旻，2018. 利用农业后备资源发展生态循环农业的效益和路径研究 [J]. 现代经济探讨（8）：127 - 132.

张壮，王漾萱，2022. 中国农业产业结构黏性与优化路径 [J]. 社会科学辑刊（1）：158 - 166.

赵曼仪，王科，2024. 减污降碳协同效应综合评估的研究综述与展望 [J]. 中国人口·资源与环境，34（2）：58 - 69.

郑军，邓明珠，2024. 农业保险、农业规模经营与农业绿色发展 [J]. 华东经济管理，38（1）：59 - 70.

周静，2020. 农业支持保护补贴对稻作大户投入行为的激励作用实证分析 [J]. 经济地理，40（7）：150 - 157.

周志波，2023. 环境税规制农业面源污染的实验经济学研究：基于重庆市北碚区、合川区 8 个乡镇的样本 [J]. 贵州财经大学学报（1）：70 - 80.

朱俊峰，邓远远，2022. 农业生产绿色转型：生成逻辑、困境与可行路径 [J]. 经济体制改革（3）：84 - 89.

第六章
农田政策的效果评估——以高标准农田建设政策为例

本章提要： 高标准农田建设通过补齐农业基础设施短板，提高了土地要素质量，成为推动农业绿色发展的新路径。本章基于第二章测度的农业面源污染和农业碳排放，采用 2005—2017 年中国 30 个省份面板数据①，运用连续型双重差分法分析高标准农田建设政策对农业减污降碳的影响及其作用机制。研究结果表明，高标准基本农田建设政策对农业面源污染和碳排放具有持续的抑制效应，该结论在替换核心解释变量、添加关键控制变量、扩展实验数据等稳健性检验后依然成立；影响机制分析表明，高标准基本农田建设政策可以通过提高横向分工和纵向分工水平影响农业减污降碳。据此，采用持续释放高标准基本农田建设的政策红利、引导土地规模化经营、发展农业生产性服务市场等举措，统筹推进"减污"与"降碳"两大战略目标，进而实现我国农业的可持续发展。

第一节　引　　言

耕地质量提升对于农业减污和减排增汇至关重要。长期以来，我国化肥、农药、薄膜等要素投入量远远超过发达国家认定的上限，同时农业碳排放也一直居高不下。党的十九大报告明确指出要做好农业农村生态环境保护工作，全面打赢农业面源污染防治攻坚战。2024 年中央 1 号文件指出要加强耕地土壤重金属污染源排查整治。同时，我国在 2016 年签署了应对气候变化、减少碳排放的《巴黎协定》，并在 2020 年正式向国际社会承诺在 2030 年实现"碳达

---

① 高标准农田建设政策为全国性政策，所以需要用中国省级面板数据进行研究。同时，浙江省作为该政策的重要试点之一，因此，用全国数据开展分析对探讨"浙江省农业减污降碳协同增效的政策演进和效果评估"具有重要意义。

峰"、2060 年实现"碳中和",充分体现了我国政府的大国责任与担当。在粮食安全战略背景下,我国耕地投入与生态环境保护之间的矛盾集中体现在"增产能是否导致增污增碳"的问题上。因此,如何在可持续发展框架下有效解决农业面源污染问题,对于推动我国农业高质量发展、维护粮食安全具有重要的理论与现实意义。高标准农田建设作为一种重要的农业现代化手段,旨在通过优化农田布局、改善农田基础设施、提高农田质量和产出效率,保障国家粮食安全,促进农业绿色发展。高标准农田建设涵盖了土地平整、灌溉排水、耕地保肥、防风固沙、防虫防病以及信息化建设等多个方面,通过科学的农田管理和先进的技术手段,实施农田的高效利用和科学管理。那么,高标准农田建设是否有利于减污降碳? 两者之间的作用机制是什么? 回答上述两个问题,对于实施农田政策方针、实现减污降碳具有重要意义。

高标准农田建设是我国农业现代化进程中的重要内容,目的是通过改善农田基础设施、提升农田管理水平,实现粮食生产能力的提高和资源利用效率的提升。目前,高标准农田建设已进入成熟阶段,众多学者对此展开研究。关于高标准农田建设,国外学者主要围绕农业生产成本节约和农田经营模式等维度开展研究,普遍认为高标准农田建设对提高机械化水平、降低农业劳动强度、优化农业空间布局以及促进农村可持续发展等方面均具有积极意义。与国外研究相比,我国学者聚焦于研究高标准农田的建设选址、建设效果、主要现状以及现实困境等方面的内容。在建设选址、时序和区域规划方面,学者多以耕地质量和其他经济要素为选址基础(钱凤魁等,2015;朱传民等,2015),使用四象限法确定高标准基本农田建设时序(薛剑等,2014),综合考虑农业自然风险、区域人口演化特征等因素,揭示了高标准农田建设分区划定的基本规律。关于政策效果,许多研究表明高标准农田建设对增加农户收入、优化种植结构、实现农业现代化和保障国家粮食安全起到正向激励作用(张应良和龚燕玲,2024;王术坤等,2024;龚燕玲和张应良,2023)。此外,通过带动农业绿色发展和赋能乡村振兴,高标准农田建设能够对农业面源污染(王斌等,2023)和农业碳排放(陈宇斌和王森,2023)等产生持续抑制效应。尽管学者们普遍认同高标准农田建设的现实意义,高标准农田建设仍存在各区域高标准农田建设情况差异较大,灌溉与排水工程、田间道路工程老化以及土壤有机质含量低等困境(陈正等,2023),推进高标准农田建设赋能农业强国建设的伟大征程依然任重道远。

土地整治作为高标准农田建设的重要组成部分,通过优化土地利用布局、改良土壤质量等手段,为农业减污降碳提供了有力支持。张静(2020)指出,土地整治通过土地平整、土壤改良和完善灌溉系统等措施,显著减少了农业面源污染,并提高了农田的抗灾能力,从而间接减少了农业生产中的温室气体排放。刘洋（2021）通过对土地整治项目的实证研究，发现通过合理规划和科学管理，可以大幅提升农田的水资源利用效率，减少农业灌溉用水的浪费，从而降低因水资源过度使用引起的温室气体排放。王磊（2022）研究了土地整治中的碳排放控制策略，提出通过种植绿肥作物和增加农田防护林等措施，可以有效提升土壤有机质含量，增强土壤碳汇能力，从而减少农业生产中的碳排放。李强（2023）进一步探讨了土地整治中农田水利工程对氮氧化物排放的控制作用，发现合理的水利工程设计可以显著降低农田氮流失，减少对大气的污染。张华（2022）则在研究中指出，农田水利工程在土地整治中的应用不仅有助于提高灌溉效率，还能通过减少氮素流失，降低农业生产中的氮氧化物排放，从而实现减污降碳的双重效果。

近年来，国内外学者对农业减污降碳和高标准农田建设做了大量研究，有关成果对我国推进减污降碳协同增效与优化减污降碳政策具有重要的理论指导意义，也为本章研究提供一定的理论基础。梳理以上文献发现，虽然有学者关注高标准农田建设在化肥减量、碳减排两个方面的作用，但减污和降碳长期被作为两个分离的问题进行研究，现有文献缺少将农业碳排放和农业面源污染纳入统一分析框架，分析农业减污降碳协同效应的研究。因此，结合已有文献，本章选择官方数据反映全国高标准农田建设和农业减污降碳的整体情况，将两者纳入统一分析框架，探讨高标准农田建设对农业减污降碳协同增效的影响，以期从农地要素配置方面进一步探究实现农业减污降碳的措施，为高标准农田建设项目改进和制定更有效的农业减污降碳政策提供有益参考。

第二节　政策背景与理论分析框架

一、政策背景

高标准农田指土地平整、集中连片、设施完善、农田配套、土壤肥沃、生态良好、抗灾能力强，与现代农业生产和经营方式相适应的旱涝保收、高产稳产，划定为永久基本农田的耕地。我国自 1997 年开始初步探索，相关部门提出了关于高标准农田政策的一些初步发展模式和未来建设方向，但未能在全国范围内形成规范性文件。直到 2011 年《全国土地整治规划（2011—2015 年）》颁布，高标准农田建设政策才正式进入实施阶段。随后 2019 年 11 月，国务院办公厅印发的《国务院办公厅关于切实加强高标准农田建设提升国家粮食安全保障能力的意见》明确提出，到 2022 年，全国要建成 10 亿亩高标准农田。2021 年 9月 20 日，《全国高标准农田建设规划（2021—2030 年）》公布，提出到 2030 年，中国要建成 12 亿亩高标准农田，以此稳定保障 1.2 万亿斤以上粮食产能。由此可见，高标准农田建设是进一步提升耕地的质量、推动我国农业现代化进程的重要手段。表6-1为高标准农田建设政策的主要措施、内容及目的。

表6-1　高标准农田建设政策的主要措施、内容及目的

主要措施	主要内容	目的
水利措施	灌溉工程	提高农业灌溉用水利用效率，增强农田抗旱能力
	排水工程	改造盐碱地和增强农田抗涝能力
农业措施	农田工程	实现土地平整与集中连片经营，降低耕地细碎化程度
	土壤改良	提高耕地质量和基础地力
	良种繁育与推广	提高优良品种的覆盖率
	农业机械化	提高农业机械化水平
田间道路建设	田间道路铺设与硬化	满足农业机械田间作业和农产品运输对道路交通的要求
林间措施	农田防护林网建设	调节农田小气候，维护农田生态平衡
科技措施	推广优良品种和先进适用技术	提高农业科技进步贡献率
	建立健全农业社会化服务体系	为农户提供专业化的技术培训等服务

二、理论分析与研究假说

高标准农田建设以"田成方、树成行、路相通、渠相连、旱能灌、涝能排"为标准，其政策实施涵盖中低产田改造、土地"化零为整"、田间道路整治等内容，通过增加地块规模、改善耕地质量、提高农业横向分工与纵向分工水平等作用机制促进农业绿色发展。

一是高标准农田建设政策横向分工拓展影响农业减污降碳。农业专业化生产所表征的横向分工是高标准农田建设政策绩效评价的重要指标之一。区域空间尺度上的横向专业化生产实质上是产业集聚在农业种植领域的具体表现，有助于农业生产通过共享技术和基础设施等获得外部规模经济。更为重要的是，专业化集聚具有人力资本积累与外溢效应，是规模报酬递增与经济增长的重要来源。高标准农田建设包括平整田块、适当归并零碎田块和优化沟渠道路布局等，有助于集中地块，缓解耕地细碎化问题，促进农业生产的适度规模化，优化生产要素配置，减少农业化学品投入。优化后的农田利用布局，使粮食生产呈现空间积聚态势，农业横向分工水平的提高有助于形成多区域、多中心作物连片化种植的土地规模经营格局，促进农户人力资本积累以及化肥减量技术扩

散，最终提高化肥要素利用效率，减少化肥用量。

二是高标准农田建设政策纵向分工深化影响农业减污降碳。高标准农田建设通过土地平整、田块归并等方式实现了农地连片经营，田间机械化作业和管理优化了农机作业环境，促进了农业生产环节服务市场的发展与纵向分工的深化。且规模化经营下，农户为缓解劳动力的约束选择生产环节外包（即参与农业纵向分工），农业技术进步具有内生性，农业减污降碳也具有了内在动力。具体而言，一方面，农户将农业生产环节外包给农业生产性服务组织，可以提高农业生产中对测土配方施肥、农田深松、病虫害防控等绿色技术的采纳程度，这些绿色技术的应用有助于实现传统化学品的高效节约利用；另一方面，农业社会化有效连接农产品的生产与销售市场，延伸农业产业链，对农产品质量提出更高的要求，倒逼农户生产绿色无公害的农产品（刘新卫等，2012）。农业绿色低碳生产技术的使用有效地抑制了农业面源污染以及碳排放。基于上述理论分析，提出如下研究假说：

假说 1：高标准农田建设政策的实施会影响农业减污降碳。

假说 2：高标准农田建设政策通过提高农业横向分工与纵向分工水平实现减污降碳。

第三节　研究设计

一、模型设定

高标准农田建设政策于 2011 年在全国范围内规范实施，具有"以粮食主产区为重点，适当兼顾非粮食主产区"逐步分区域推进的特点。因此，在政策实施的不同时点上，同一省份的高标准农田建设面积变化是连续的。一方面，同一省份在政策实施前后土地整治面积差异明显；另一方面，不同省份在同一时点上的土地整治面积也不尽相同。若采用常见的二值型 DID 来区分处理组与控制组，易使因果效应识别出现偏误。为了避免人为设定处理组与控制组出现的选择性偏误，本章采用连续 DID 模型评估高标准农田建设对农业减污降碳的政策影响。连续 DID 模型中以"土地整治面积占比"这一连续型变量区分实验组（土地整治面积占比高的样本）和控制组（土地整治面积占比低的样本），可以更好呈现样本的异质性问题，捕捉更多因政策实施程度变化所带来的影响差异。

（一）基准回归模型

本章将 2011 年设立的高标准农田建设政策视为一项相对外生的准自然实验，利用连续 DID 模型构建如下基准回归模型：

$$\ln Sur_{it} = \alpha + \beta_1 Hrate_i \times I_t^{post} + \delta X_{it} + \mu_i + \gamma_t + \varepsilon_{it} \quad (6-1)$$

$$\ln Car_{it} = \alpha + \beta_2 Hrate_i \times I_t^{post} + \delta X_{it} + \mu_i + \gamma_t + \varepsilon_{it} \quad （6-2）$$

式（6-1）、式（6-2）中，$\ln Sur_{it}$ 和 $\ln Car_{it}$ 分别表示第 i 个省份 t 时期的面源污染和碳排放，并取自然对数；$Hrate_i$ 表示土地整治面积占比；I_t^{post} 表示政策实施时点的虚拟变量；X_{it} 表示随时间变化的控制变量；μ_i 表示省份固定效应；γ_t 表示年份固定效应；ε_{it} 表示随机误差项；α 为常数项，β_1、β_2 和 δ 为待估计参数。式（6-1）、式（6-2）控制了双向固定效应，估计参数 β_1、β_2 即为实施高标准农田建设政策对面源污染和碳排放的净影响效应。根据前文的理论分析，本章预计 β_1、β_2 的符号为负。

（二）平行趋势检验模型

DID 模型估计的有效性依赖于平行趋势假设的成立，即在政策干预时点之前，实验组和对照组的化肥用量在时间上的变动趋势是一致的。本章构建如下模型进行平行趋势检验：

$$\ln Sur_{it} = \alpha + \sum_{t=2005}^{2017} \beta_{1t} Hrate_i \times D_t + \delta X_{it} + \mu_i + \gamma_t + \varepsilon_{it} \quad （6-3）$$

$$\ln Car_{it} = \alpha + \sum_{t=2005}^{2017} \beta_{2t} Hrate_i \times D_t + \delta X_{it} + \mu_i + \gamma_t + \varepsilon_{it} \quad （6-4）$$

式（6-3）、式（6-4）中，D_t 表示年份虚拟变量，其他变量与系数设定与式（6-1）、式（6-2）保持一致。若实施高标准农田建设政策能够显著抑制面源污染和碳排放，那么在高标准农田建设政策实施前，土地整治面积占比与年份虚拟变量的交互项对化肥用量的影响系数 β_{1t}、β_{2t} 的变动应趋于平稳；在高标准农田建设政策实施时点之后，β_{1t}、β_{2t} 将显著下降。

（三）机制验证模型设置

本章利用两阶段法来验证高标准农田建设政策影响农业减污降碳的内在机制。第一阶段验证高标准农田建设政策对农业横向分工和纵向分工的影响。具体做法是将高标准农田建设政策变量与农业横向分工、纵向分工变量分别进行回归。若高标准农田建设政策变量显著且系数为正，说明高标准农田建设政策显著促进了农业横向分工和纵向分工水平的提高。第二阶段验证农业横向分工和纵向分工对农业减污降碳的影响。具体做法是将高标准农田建设政策变量、横向分工变量、纵向分工变量分别与面源污染和碳排放变量进行回归。按照上述步骤，本章机制验证模型设定如下。

第一阶段，验证高标准农田建设政策实施对地块规模、农业横向分工和纵向分工的影响：

$$M_{it} = \alpha + \beta_1 Hrate_i \times I_t^{post} + \delta X_{it} + \mu_i + \gamma_t + \varepsilon_{it} \quad （6-5）$$

$$M_{it} = \alpha + \beta_2 Hrate_i \times I_t^{post} + \delta X_{it} + \mu_i + \gamma_t + \varepsilon_{it} \quad （6-6）$$

式（6-5）、式（6-6）中，M_{it} 为本章关注的机制变量，包括农业横向分工和纵向分工变量。其余变量与系数设定与式（6-1）、式（6-2）保持一致。

第二阶段，验证农业横向分工和纵向分工对农业减污降碳的影响：

$$\ln Sur_{it} = \alpha + \beta_1 Hrate_i \times I_t^{post} + \eta M_{it} + \delta X_{it} + \mu_i + \gamma_t + \varepsilon_{it}$$
$$(6-7)$$

$$\ln Car_{it} = \alpha + \beta_2 Hrate_i \times I_t^{post} + \eta M_{it} + \delta X_{it} + \mu_i + \gamma_t + \varepsilon_{it}$$
$$(6-8)$$

式（6-7）、式（6-8）中，η 为机制变量的代估计参数，其余变量与系数设定与式（6-5）、式（6-6）保持一致。

二、变量说明

（一）被解释变量

包括面源污染（Sur）和碳排放（Car），计算方法与第二章第二节相同。本章采用面源污染和碳排放量衡量农业减污降碳协同增效水平，取对数形式。

（二）核心解释变量

选取高标准农田建设政策作为核心解释变量。采用土地整治面积占比与政策实施时点的交互（$Hrate_i \times I_t^{post}$）作为核心解释变量。土地整治面积占比（$Hrate_i$）为高标准农田面积占耕地总面积的百分比。$I_t^{post}$ 表示高标准农田建设政策实施时点的虚拟变量，当 $t \geqslant 2011$ 时，I_t^{post} 取值为 1，反之为 0。考虑到农业综合开发投资主要是改造中低产田和整治土地，也能反映高标准农田建设政策的实施情况，据此采用单位农作物播种面积的农业综合开发投资额（$Ainve$）和政策实施时点变量的交互项作为核心解释变量的替代变量进行稳健性检验。

（三）控制变量

包括机械化水平（Mec），使用农业机械总动力取对数表示。该指标直接影响农业生产效率，是现代农业建设的关键一环；城镇化率（$Urban$），即城镇人口占总人口的百分比，用于反映一个地区所处的发展阶段；产业结构（Ind），使用第二、第三产业增加值占地区生产总值的比重表示；财政依赖程度（$Finc$），使用地方财政一般预算支出与地方财政一般预算收入的比值表示；人均地区生产总值（GDP），用于表征区域的经济发展水平，考虑到化肥面源污染与经济增长的关系可能遵循环境库兹涅茨理论，本章将人均地区生产总值纳入模型；农业劳动力数量（$Labor$），即农林牧渔业从业人口表征，用于反映农业劳动力资源禀赋状况；气候因素，包括年平均气温（Tem）、平均年降水量（$Rain$）、年日照时长（Sun）变量，用以考察气候因素的冲击。

(四) 中介变量

根据前文的理论分析，本章选取农业横向分工水平与纵向分工水平作为中介变量。考虑到机械化水平是衡量农业纵向分工深化的重要指标（张露和罗必良，2018），本章利用土地综合开发新增机耕面积表征农业纵向分工（Vd）的变化。对于农业横向分工（Hd），本章利用赫芬达尔指数（$Herfindahl$ - $Hirschman\ Index$，HHI）进行测度，计算公式如下（Hirschman，1964）：

$$Hd_{it} = \sum_{n=1}^{N} a_{itn}^{2} \qquad (6-9)$$

式（6-9）中，Hd_{it} 表示农业横向分工，N 表示农作物种类总数。a_{itn} 表示 i 省第 t 期第 n 种农作物（本章主要包括粮食、棉花、油料、糖料、烟叶、蔬菜与瓜果类）播种面积占农作物总播种面积的比重。HHI 指数介于 0～1，数值越大，表示农业横向分工水平越高。

三、数据来源与描述性证据

(一) 数据来源

本章采用 2005—2017 年，除港、澳、台和西藏地区以外的中国 30 个省（自治区、直辖市）的面板数据。其中，第一产业就业人数、横向分工、农业机械总动力、土壤质量和农田灌溉条件数据来源于历年《中国农村统计年鉴》；土地整治面积占比、农业综合开发投入、地方财政一般预算支出、地方财政一般预算收入和纵向分工数据来源于历年《中国财政年鉴》；人均地区生产总值、城镇人口、总人口、农林牧渔业从业人口、第二产业增加值、第三产业增加值数据来源于历年《中国统计年鉴》；年平均气温、平均年降水量和年日照时长数据来源于中国气象科学数据共享网。表 6-2 给出了变量的描述性统计特征。

表 6-2 变量描述性统计

变量名称	变量代码	单位	均值	标准差
面源污染	Sur	—	7.171	5.360
碳排放	Car	—	2 503.316	1 562.962
土地整治面积占比	$Hrate_i$	%	37.2	23.9
农业综合开发投入	$Ainve$	元/公顷	527.150	1 018.933
机械化水平	Mec	—	0.601	0.270
城镇化率	$Urban$	%	53.233	14.069
财政依赖程度	$Finc$	—	0.517	0.195
产业结构	Ind	—	0.889	0.058

（续）

变量名称	变量代码	单位	均值	标准差
人均地区生产总值	GDP	元/人	36 285.923	22 875.117
农业劳动力数量	Labor	万人	923.510	656.931
年平均气温	Tem	摄氏度	14.174	5.910
平均年降水量	Rain	毫米	1 024.451	598.809
年日照时长	Sun	小时	2 324.769	350.270
横向分工	Hd	—	0.485	0.140
纵向分工	Vd	万亩	22.534	187.442

（二）描述性证据

根据前文的理论探讨，本书首先对核心变量之间的关系进行初步的统计分析。根据图 6-1 可知，2005—2017 年，土地整治面积逐年稳步上升，其中 2011 年前增速较慢，随后快速增长；面源污染增长率总体呈现平缓下降趋势，2005—2007 年小幅增长，在 2008 年出现负增长，随后受高标准农田建设政策影响，面源污染增长率波动下降，趋向平稳。图 6-2 中碳排放增长率趋势与面源污染增长率趋势大致相同，2006 年大幅下降至 −9%，2007—2009 年小幅增长，后续年份大多保持在 1% 左右浮动，直至高标准农田建设政策实施后呈现波动下降趋势。那么，高标准农田建设政策的实施对农业减污降碳是否会造成影响？本章将就此展开实证分析。

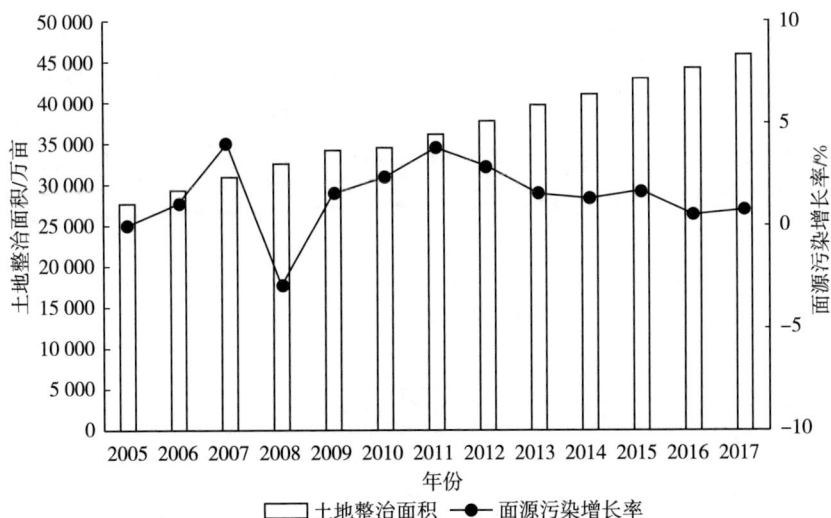

图 6-1　土地整治面积与面源污染增长率

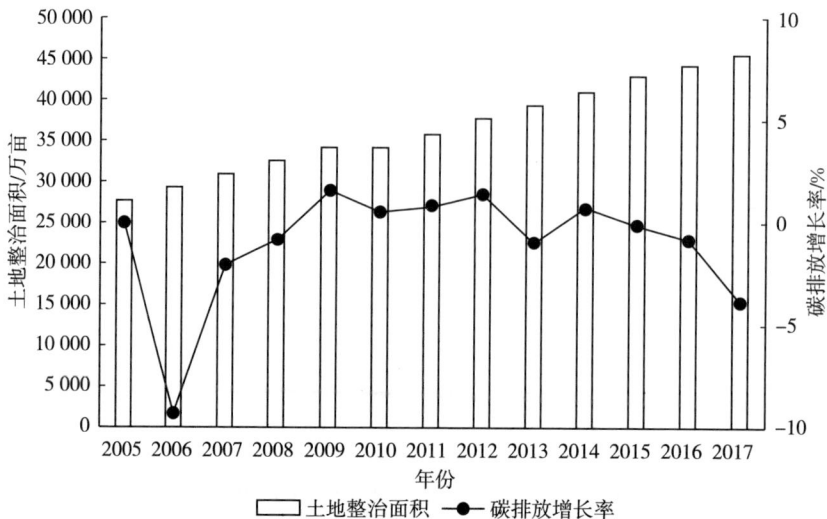

图 6-2 土地整治面积与碳排放增长率

第四节 实证结果与分析

一、基础回归分析

基础回归模型的回归结果如表 6-3 所示，列（1）和列（3）是未在模型中加入控制变量的回归结果，列（2）和列（4）是加入了全部控制变量的回归结果，四组回归结果均对个体和时间虚拟变量进行了控制，可以看到解释变量高标准农田建设政策对被解释变量面源污染的影响在 1% 的水平上显著，对碳排放这一变量的影响在 5% 的水平上显著，且均为负向。这一回归结果证明了本章的相关假说，即高标准农田建设政策对减污降碳协同增效存在一定的负向抑制效果。因此，假说 1 得到检验。

表 6-3 基准回归模型估计结果

	面源污染		碳排放	
	(1)	(2)	(3)	(4)
Hrate_I	−0.430***	−0.371***	−0.099**	−0.089**
	(−13.90)	(−11.47)	(−2.47)	(−2.11)
机械化水平		−0.066		−0.107
		(−1.25)		(−1.56)

（续）

	面源污染		碳排放	
	(1)	(2)	(3)	(4)
城镇化率		0.013***		0.009**
		(4.36)		(2.35)
产业结构		−0.175		−0.045
		(−0.60)		(−0.12)
财政依赖程度		0.170		0.719***
		(1.29)		(4.18)
人均地区生产总值		−0.006		−0.063
		(−0.09)		(−0.78)
农业劳动力数量		0.000***		0.000***
		(6.22)		(5.17)
年平均气温		−0.015***		−0.018***
		(−4.13)		(−3.80)
平均年降水量		−0.000**		−0.000**
		(−2.48)		(−2.13)
年日照时长		0.000		−0.000
		(0.71)		(−0.53)
常数项	1.542***	1.181**	7.626***	7.736***
	(113.12)	(2.56)	(433.71)	(12.88)
样本量	390	390	390	390
R^2	0.475	0.589	0.012	0.211

注：括号内的内容为 t 值，＊、＊＊、＊＊＊分别表示变量在10％、5％、1％的水平上显著，后表同。

二、平行趋势检验

进一步运用式（6-3）、式（6-4）对模型进行平行趋势检验，为避免模型估计中出现多重共线性问题，在做平行趋势检验时需要删掉一期作为基准组，出于分析年份连续性的考虑，将2010年作为基准组。图6-3、图6-4为根据回归结果描绘的时间趋势图，直观展示了估计系数 β_{1t}、β_{2t} 的变动趋势及95％置信区间。由图6-3可知，在政策实施前（2011年之前），影响系数 β_{1t} 都为正值，且影响系数的置信区间均包含了0值，这表明政策实施前影响系数 β_{1t} 在各年份之间不存在显著差异的原假设成立；政策实施后的系数都显著为负，这表明政策实施能显著抑制农业面源污染。

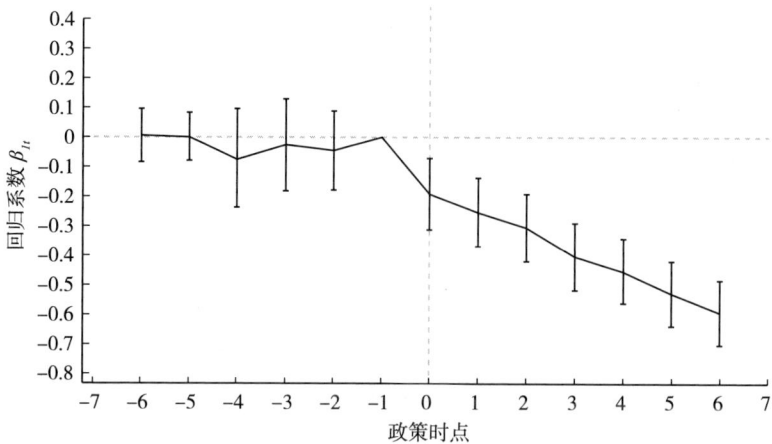

图 6-3　高标准农田建设政策对农业面源污染的动态影响

图 6-4 结果与图 6-3 结果大致相同，在政策实施前（2011 年之前），影响系数 β_{2t} 大部分为正值，且影响系数的置信区间均包含了 0 值，这表明政策实施前影响系数 β_{2t} 在各年份之间不存在显著差异的原假设成立；政策实施后的系数自 2014 年开始为负，自 2016 年置信区间不包含 0 值，这表明政策实施对农业碳排放的影响具有时间滞后性。但由于政策实施后的整体图像呈现出下降的趋势，逐渐远离 0 值，可预见政策实施对农业碳排放具有抑制作用，充分证明了高标准农田建设政策的有效性。因此，可以判定平行趋势检验通过。

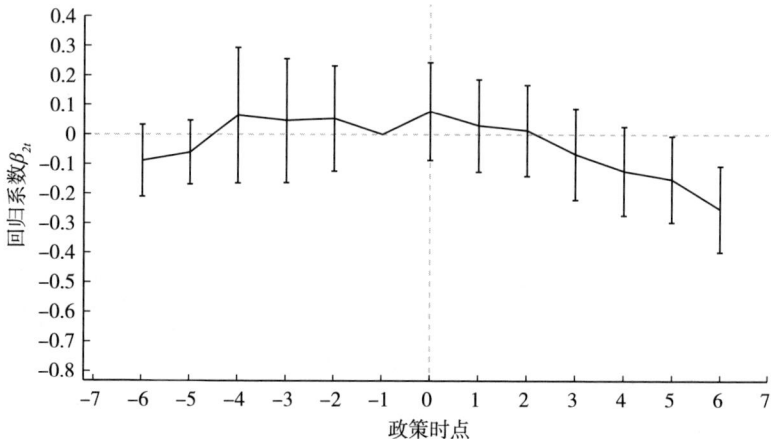

图 6-4　高标准农田建设政策对农业碳排放的动态影响

注：①图中过原点竖线为相应估计参数的 95% 置信区间；②横坐标轴上的负数表示政策实施前的年份，如数值 -6 表示政策实施前的第 6 个年份，0 值为政策实施的起始年份，即 2011 年；③横坐标轴上的正数表示政策实施后的年份，如数值 6 表示政策实施后的第 6 个年份。

三、稳健性检验

（一）替换核心解释变量

高标准农田建设程度既可以利用包括高标准农田面积在内的土地整治面积比重表征，也可以利用农业综合开发投入反映。本章利用单位农作物播种面积的农业综合开发投入（$Ainve$）作为土地整治面积占比的替代变量，并将其与政策实施时点的虚拟变量的交互项作为高标准农田建设政策变量。农业综合开发投入的一个主要用途是开展农村土地治理项目，包括中低产田改造、高标准农田建设等内容，涵盖土壤改良、农田水利和生态林建设等主要措施。据此，本章利用农业综合开发投入作为土地整治面积占比的替代变量具备合理性。得到的结果如表 6-4 列（1）、列（2）所示，替代核心解释变量高标准农田建设政策（$Ainve\_I$）的回归结果显示为负且在 1% 的水平上显著，表明本章回归结果依然稳健。

（二）添加关键控制变量

为了控制农村平均受教育年限（Edu）、农药化肥价格指数（$Price$）等关键控制变量对减污降碳协同增效的影响，本章在表 6-3 列（2）、列（4）的基础上纳入 Edu、$Price$ 关键控制变量，得到的结果如表 6-4 列（3）、列（4）所示，核心解释变量高标准农田建设政策的回归结果显示为负，对农业面源污染变量在 1% 的水平上显著，对碳排放变量在 5% 的水平上显著，表明本章回归结果依然稳健。

（三）采用插值法补充数据

采用线性插值法补充了 2018—2022 年的高标准农田建设数据，并对其进行了稳健性检验。表 6-4 列（5）、列（6）展示了补充 2018—2020 年数据后的估计结果，报告了插值法补充数据后政策实施对农业面源污染和碳排放的影响，结果均显示高标准农田建设政策对农业面源污染和碳排放具有显著的负向抑制作用，表明本章回归结果依然稳健。

表 6-4　稳健性检验

变量	替换核心解释变量		添加关键控制变量		采用插值法补充数据	
	面源污染	碳排放	面源污染	碳排放	面源污染	碳排放
	（1）	（2）	（3）	（4）	（5）	（6）
高标准农田建设政策× 农业综合开发投入	−0.000*** （−5.62）	−0.000*** （−3.63）				
高标准农田建设政策× 土地整治面积占比			−0.361*** （−11.05）	−0.095** （−2.22）	−0.448*** （−11.64）	−0.160*** （−2.95）

(续)

变量	替换核心解释变量		添加关键控制变量		采用插值法补充数据	
	面源污染	碳排放	面源污染	碳排放	面源污染	碳排放
	(1)	(2)	(3)	(4)	(5)	(6)
农村平均受教育年限			−0.055**	0.011		
			(−2.36)	(0.38)		
农药化肥价格指数			−0.036	−0.071		
			(−0.80)	(−1.22)		
机械化水平	−0.087	−0.125*	−0.062	−0.106	−0.094**	−0.156**
	(−1.46)	(−1.84)	(−1.18)	(−1.55)	(−1.98)	(−2.33)
城镇化率	0.019***	0.009**	0.012***	0.009**	0.016***	0.022***
	(6.07)	(2.47)	(4.29)	(2.26)	(5.90)	(5.71)
产业结构	−0.871***	−0.235	−0.181	−0.063	0.624**	−0.605
	(−2.72)	(−0.64)	(−0.63)	(−0.17)	(2.01)	(−1.38)
财政依赖程度	0.111	0.731***	0.154	0.734***	0.068	0.627***
	(0.74)	(4.31)	(1.17)	(4.25)	(0.50)	(3.25)
人均地区生产总值	0.070	−0.054	0.024	−0.072	−0.162**	−0.067
	(1.00)	(−0.67)	(0.39)	(−0.87)	(−2.49)	(−0.73)
农业劳动力数量	0.000***	0.000***	0.000***	0.000***	0.000***	0.000***
	(5.71)	(5.50)	(6.51)	(5.05)	(6.81)	(6.22)
年平均气温	−0.017***	−0.018***	−0.015***	−0.018***	−0.019***	−0.014**
	(−4.05)	(−3.75)	(−4.10)	(−3.79)	(−4.05)	(−2.11)
平均年降水量	−0.000*	−0.000**	−0.000**	−0.000**	0.000	−0.000
	(−1.77)	(−2.07)	(−2.29)	(−2.14)	(0.39)	(−0.94)
年日照时长	0.000	−0.000	0.000	−0.000	0.000	0.000
	(1.65)	(−0.70)	(0.61)	(−0.47)	(0.65)	(0.38)
常数项	0.715	7.801***	1.283***	7.768***	1.819***	7.482***
	(1.38)	(13.22)	(2.78)	(12.87)	(3.54)	(10.31)
样本量	390	390	390	390	540	540
R^2	0.477	0.230	0.594	0.210	0.523	0.244

第五节　机制检验

前文的实证结果表明，高标准农田建设政策具有显著的减污降碳效应。理论分析认为，高标准农田建设政策具有通过提高农业横向分工水平和纵向分工水平来促进农业减污降碳的传导机制。据此，下文进一步验证高标准农田建设政策促进农业减污降碳的内在机制。

表 6-5 中列（1）结果表明，高标准农田建设政策对农业横向分工具有显著的正向影响，这表明高标准农田建设政策对农业横向分工水平的提高具有显著的促进作用。列（2）结果表明高标准农田建设政策对农业纵向分工影响不显著，甚至起到负向抑制作用。列（3）结果表明农业横向分工对农业面源污染具有显著的负向影响。列（4）结果表明农业纵向分工对农业面源污染的影响并不显著。列（5）同时纳入两个机制变量，估计结果表明农业横向分工变量显著，农业纵向分工变量不显著，但两者系数均为负。列（6）中估计结果表明农业横向分工对农业碳排放具有显著的负向影响。列（7）结果表明农业纵向分工对农业碳排放的影响并不显著。列（8）同时纳入两个机制变量，估计结果表明农业横向分工变量负向显著，农业纵向分工变量不显著。综上结果证实了高标准农田建设政策具有通过提高农业横向分工水平促进农业减污降碳的作用机制，而农业纵向分工的机制路径并不成立。据此，假说 2 得到验证。

表 6-5　面源污染的影响机制回归分析结果

变量	农业横向分工	农业纵向分工	面源污染	面源污染
	(1)	(2)	(3)	(4)
高标准农田建设政策×	0.042***	−0.323	−0.345***	−0.367***
土地整治面积占比	(2.73)	(−0.53)	(−10.59)	(−10.11)
农业横向分工			−0.386***	
			(−3.40)	
农业纵向分工				0.000
				(0.03)
控制变量	Yes	Yes	Yes	Yes
常数项	0.916***	−5.187	1.636***	1.482***
	(4.21)	(−0.62)	(3.52)	(2.99)
样本量	390	349	390	349
R^2	0.089	0.168	0.606	0.586

(续)

变量	面源污染	碳排放	碳排放	碳排放
	(5)	(6)	(7)	(8)
高标准农田建设政策×	−0.347***	−0.076*	−0.105**	−0.087*
土地整治面积占比	(−9.74)	(−1.77)	(−2.19)	(−1.81)
农业横向分工	−0.529***	−0.460***		−0.482***
	(−4.20)	(−3.08)		(−2.84)
农业纵向分工	−0.002		0.003	0.001
	(−0.44)		(0.60)	(0.28)
控制变量	Yes	Yes	Yes	Yes
常数项	2.021***	8.189***	7.739***	8.231***
	(4.05)	(13.39)	(11.77)	(12.24)
样本量	349	390	349	349
R^2	0.608	0.229	0.175	0.195

第六节 结论与政策启示

一、结论

本章基于2005—2017年我国省级面板数据和准自然实验思路，利用DID模型估计高标准农田建设政策对农业减污降碳协同增效的影响。本章的主要研究结论包括以下两个方面。

第一，基准回归结果表明，高标准农田建设政策具有显著的农业减污降碳效应，平均而言可以降低37.1%的农业面源污染以及8.9%的碳排放。在进行替换核心解释变量、添加关键控制变量、采用插值法补充数据后，高标准农田建设政策具有农业减污降碳效应的基本结论仍然成立。

第二，影响机制分析表明，高标准农田建设通过规整土地、提高农业横向分工水平与纵向分工水平促进农业减污降碳。

二、政策启示

上述研究结论揭示了实施高标准农田建设政策有助于实现农业化肥减量，因此，建议政府部门加快推进高标准农田建设，改善耕地基础条件，降低农业生产对化肥要素的依赖性。

第一，坚持贯彻高标准农田建设政策。加强农业综合项目中的中央、地方财政资金投入、银行贷款投入以及自主筹集资金投入，完善农业综合开发项目的资金投入体系；还要推动中低产田改造和农业生态综合治理，建设优质的粮食基地，打造农业产业化经营项目，努力打造以农民合作社、龙头企业为代表的现代农业生态园区和生态科技示范区，改善农业生产条件，从而推进农业减污降碳进程。

第二，各区域结合各自经济和地理区位特征，因地制宜探索高标准农田建设模式。高标准基本农田建设既体现了中央授权地方先行先试"自上而下"的顶层设计，又展示了中央充分尊重地方生态环境异质性的"自下而上"模式的有益探索。在实施过程中，将中东部地区和粮食主产区作为政策实施的重点，兼顾非粮食主产区的功能定位和模式创新，拓宽高标准农田建设的政策适用空间。

第三，扩张地块规模，同时提升农业横向分工水平与纵向分工水平，应是未来高标准农田建设政策的重点内容。相关政府部门应继续采取田块平垸、合并与集中连片经营等措施，促进农业横向分工拓展与纵向分工深化。这样，既可以发挥农业横向分工的人力资本积累效应，也可以利用农业纵向分工提高劳动力、土地、技术、信息服务等投入要素的配置效率，促进农业减污降碳。

参 考 文 献

陈晓明，2023. 农业减污降碳政策工具分析 [J]. 环境政策与管理，12（1）：67 - 72.

陈宇斌，王森，2023. 农业综合开发投资的农业碳减排效果评估：基于高标准基本农田建设政策的事件分析 [J]. 农业技术经济（6）：67 - 80.

陈正，刘瀚骁，贺德俊，等，2023. 中国高标准农田建设现状与发展趋势 [J]. 农业工程学报，39（18）：234 - 241.

龚燕玲，张应良，2023. "趋粮化"抑或"非粮化"：高标准农田建设的政策效应 [J]. 江西财经大学学报（6）：68 - 83.

黄晓慧，杨飞，2024. 化肥农药零增长行动的农业减污降碳协同效应及脱钩效应分析 [J]. 生态经济，40（2）：117 - 123.

刘新卫，李景瑜，赵崔莉，2012. 建设 4 亿亩高标准基本农田的思考与建议 [J]. 中国人口·资源与环境，22（3）：1 - 5.

钱凤魁，王秋兵，李娜，2015. 基于耕地质量与立地条件综合评价的高标准基本农田划定 [J]. 农业工程学报，31（18）：225 - 232.

王斌，王力，李兴锋，2023. 高标准基本农田建设政策能否抑制农业面源污染？[J]. 长江流域资源与环境，32（8）：1736 - 1747.

王术坤，林文声，杨国蕾，2024. 高标准农田建设的种植结构调整效应 [J]. 南京农业大学学报（社会科学版），24（3）：125 - 136.

解春艳，黄传峰，徐浩，2021. 环境规制下中国农业技术效率的区域差异与影响因素：基于农业碳排放与农业面源污染双重约束的视角［J］. 科技管理研究，41（15）：184－190.

薛剑，韩娟，张凤荣，等，2014. 高标准基本农田建设评价模型的构建及建设时序的确定［J］. 农业工程学报，30（5）：193－203.

张露，罗必良，2020. 农业减量化：农户经营的规模逻辑及其证据［J］. 中国农村经济（2）：81－99.

张应良，龚燕玲，2024. 高标准农田建设参与对农民种粮收益的影响：基于农业新质生产力的中介作用［J］. 南京农业大学学报（社会科学版），24（3）：110－124.

朱传民，郝晋珉，陈丽，等，2015. 基于耕地综合质量的高标准基本农田建设［J］. 农业工程学报，31（8）：233－242.

HIRSCHMAN A O，1964. The paternity of an Index［J］. American economic review，54（5）.

第七章

农机政策的效果评估——以全程机械化为例

本章提要： 全程机械化对化肥减量具有重要意义，揭示全程机械化示范县政策对化肥减量的影响，并深入探究其作用机制，为从全程机械化视角促进农业绿色发展提供科学依据。本章以化肥施用量作为面源污染的替代变量，基于2011—2022年浙江省60个县（市、区）的面板数据，运用双重机器学习模型考察了全程机械化示范县政策对化肥减量的影响。结果表明：以全程机械化示范县为代表的创新驱动政策能够显著促进当地的化肥减量，相较于非示范县，全程机械化示范县的化肥施用强度平均降低了11.8%。绿色技术进步是全程机械化示范县政策推动化肥减量的重要机制。全程机械化示范县政策在化肥施用量较高的地区，能带来的化肥减量效应呈趋弱态势。相较于非平原地区，全程机械化在平原地区对化肥减量的影响效果更为显著。因此，应重视全程机械化示范县政策的经验总结和推广制度，加大对绿色技术创新的支持力度，促进农业绿色发展转型。

第一节 引 言

发展中国家化肥过度施用问题已被公众关注，化肥过度施用造成土壤退化、温室气体排放、危害人类健康等问题，严重威胁发展中国家的农业发展和生态平衡。中国仅拥有世界8.57%的耕地，化肥投入量却占全球化肥施用总量的近30%[①]，投入折纯量高达5 079.20万吨。同时，单位耕地面积化肥投入量为298.79kg/hm²，高出国际公认化肥施用安全上限（225kg/hm²）0.33倍（魏后凯，2017），也超出我国生态文明先进县创建上限（250kg/hm²）0.20倍。为此，农业农村部先后颁布了《到2025年化肥减量化行动方案》和

---

① 数据来源：国家统计局官网，https：//data.stats.gov.cn/index.htm。

《"十四五"全国农业绿色发展规划》，明确提出加强农业面源污染防治，推进化肥农药减量增效，要求到 2025 年化肥利用率预期达到 43%[①]。虽然化肥减量行动已受到高度重视，但减量成效距离国际标准尚有较大距离，我国化肥减量工作依旧任重而道远。

作为农业现代化的重要标志，农业机械化已成为农业绿色转型的关键一环。已有学者基于诱致性技术创新理论认为，以替代传统劳动力要素为主的农机绿色技术进步有利于农业绿色转型（张琪等，2021）。但也有学者认为，受限于技术、制造和推广等难题，农业机械化无法有效推进农业绿色转型（HE et al.，2021）。同样，具体到农业机械化与化肥施用的相关研究结论也尚未一致。已有研究关注到农业机械化与化肥减量的关系，得到的结论是农业机械化能有效降低化肥施用强度（张露 和罗必良，2020；谢琳等，2020）。另有学者从农业社会化服务角度分析，发现农业机械化社会服务的嵌入能通过横向和纵向分工推进化肥减量（梁志会等，2020；张梦玲等，2023）。但有研究表明，农业机械化对化肥减量的影响不一定有效（田晓晖等，2021）。更有研究发现，农业机械化反倒会加剧化肥的过量施用（王翌秋等，2023）。基于上述结论的不一致，有学者将视角关注到农业生产的具体环节上。在农业生产的施肥环节中，徐志刚等（2022）、朱建军等（2023）的研究表明，使用机械施肥能有效提高化肥利用率；在农业生产的播种环节中，ZHU et al.（2021）、万凌霄和杨果（2023）的研究发现，采用机械播种能够提升施肥均匀度，从而减少化肥过量使用。可见，农业机械化对化肥减量的影响结论不一致，其主要原因在于：在宏观层面，大部分研究仅从机械总动力的角度展开探讨；在微观层面，现有研究多是仅考虑了农业生产中的单个环节。因此，有必要聚焦全程机械化，深入剖析农业机械化与化肥减量之间的关系。

鉴于此，本章尝试从以下方面对既有研究进行拓展。首先，以全程机械化示范县政策为基础，探讨全程机械化与化肥减量的内在机制。其次，使用 2011—2022 年的浙江省县（市、区）面板数据，运用双重机器双重学习模型进行计量分析，以深入评估全程机械化与化肥减量之间的关系。再次，以绿色技术进步为作用机制，深入探讨全程机械化、绿色技术进步与化肥减量的关系，以实际数据为基础验证理论逻辑的可行性，为未来在全程机械化的背景下推进化肥减量提供科学可行的政策建议。

---

① 参见《农业农村部 国家发展改革委 科技部 自然资源部 生态环境部 国家林草局关于印发〈"十四五"全国农业绿色发展规划〉的通知》，http://www.gov.cn/zhengce/hengceku/2021 - 09/07/content5635867.htm。

第二节　政策背景与理论分析

一、政策背景

2015年8月，农业部颁布了《农业部关于开展主要农作物生产全程机械化推进行动的意见》，首次明确提到了全程机械化概念，并一直沿用至今。截至目前，我国已经先后确定了七批全程机械化示范县（以下称为"示范县"）。浙江省是全国首批入选示范县的省份之一，先后出台了《浙江省人民政府关于推进农业机械化和农机装备产业高质量发展的实施意见》《浙江省农业农村厅关于印发水稻机械化种植方案的通知》《浙江省人民政府关于印发〈浙江省实施科技强农机械强农行动大力提升农业生产效率行动计划（2021—2025年）〉的通知》《浙江省人民政府办公厅关于印发〈先进适用农机具研制推广行动计划〉的通知》《关于深化"机械强农"行动推进农业"机器换人"高质量发展的实施方案》等政策文件，支持全程机械化的推广。目前已有18个县（市、区）先后入选全程机械化示范县：首批是台州市路桥区；第二批是永康市、义乌市、德清县；第三批是东阳市、安吉县、绍兴市上虞区；第四批是瑞安市、平湖市；第五批是杭州市余杭区、临海市、乐清市；第六批是杭州市萧山区、长兴县、武义县、缙云县；第七批是湖州市南浔区、天台县。此外，浙江省结合本省"七山一水二分田"的资源禀赋，按照分区域、分产业、分品种、分环节推进全程机械化政策部署，已被树为典型[1]。省内政策覆盖范围较广以及典型示范这两个特征，使浙江省作为全程机械化对化肥减量的政策效应的样本具有一定的代表性。具体到政策落实环节，浙江省重点聚焦农机制造建设、农机科技化建设、农机社会化服务建设、农机人才队伍建设四个方面推进全程机械化（表7-1）[2]。

表7-1　关于推进农业机械化和农机装备产业高质量发展意见的主要措施、内容及目的

主要措施	主要内容	目的
农机制造建设	完善农机装备技术创新体系 加强农机装备研发 提升农机制造业供给能力	推动农机装备制造能力提升

---

[1]　典型参见《江苏、浙江、重庆等省（市）开展"四分"研究典型做法》，http://www.njhs.moa.gov.cn/nyjxhqk/202112/t20211209_6384401.htm。

[2]　《浙江省人民政府关于推进农业机械化和农机装备产业高质量发展的实施意见》https://nynct.zj.gov.cn/art/2021/9/3/art_1229559012_2352102.html。

（续）

主要措施	主要内容	目的
农机科技化建设	数字化农机装备 绿色高效农机装备与机械化技术	加快农机装备数字化转型
农机社会化服务建设	壮大新型服务主体 创新发展农机服务机制	构建农业产前、产中、产后的农机社会化服务体系
农机人才队伍建设	引进培育新型农业工程人才 加大实用型农机人才培养力度	为机械化高质量发展提供人才保障

二、研究假设

基于 Hayami 和 Ruttan（1971）提出的诱致性技术变迁理论，农户通常根据生产要素的稀缺程度利用丰裕且相对价格低廉的生产要素进行替代。具体而言，农户在这一决策中倾向于采用土地节约型技术，即使用生物化学技术，如化肥和农药，以提高土地的生产率。同时，为了达到劳动的更有效利用，农户还倾向于采用劳动节约型技术，即引入机械设备以替代人工劳动。这样的选择模式使农户能够在资源有限的情况下，实现生产效益的最大化。目前农村劳动力资源的相对稀缺，导致机械替代劳动是必然趋势（曹铁毅等，2022）；农业资产的专用性，决定着全程机械化及其延伸的社会化服务体系是降低边际成本的有效路径（夏显力和崔民，2023）。因此，全程机械化作用于化肥减量的直接效应集中在劳动力替代的要素配置效应上。具体而言，随着全程机械化政策的推进，农业机械化生产过程逐步覆盖播种、耕地、施肥、灌溉、收割、烘干等全过程，有效弥补农业劳动力供给缺口。过去依托人力生产的传统农业，为追求高产出大多采纳少次多量的施肥方式，加大了化肥投入。同时，人工的施肥不均匀问题将进一步造成肥料的效能损失。而全程机械化施肥在时间维度和空间维度的用量都更为固定，通常表现出更高的规范性（苏效坡等，2015），有利于提高化肥的利用率。另外，全程机械化延伸的产前、产中、产后的农机社会化服务体系，有利于小农户将各个农业生产环节外包给专业化的新型农业经营主体，进一步提升了要素配置效率，推进了化肥减量。换言之，全程机械化具备替换劳动力的属性，可以通过促进土地、劳动力、技术等要素的合理配置，提高技术效率、土地利用率、劳动生产率等，实现规模效率，从而促进化肥减量施用。

技术进步理论认为，实现生产要素的最优配置取决于在技术进步的基础上实现要素的有效替代（董莹和穆月英，2019）。全程机械化采用技术和知识双重嵌入的方式。一是采用绿色技术替代传统施肥方式。传统农业多为撒施，采用多水、多肥等粗放的经验主义施肥方式（周曙东和李幸子，2021）。为转变粗放的施肥方式，现代化绿色技术的引入成为必然选择。全程机械化及其延伸的服务组织在这一转变中发挥了关键作用，通过推动深施肥技术和精准化作业，实现了绿色技术对粗放的传统农业生产方式的改变（罗必良等，2021）。二是采用绿色生产资料替代传统肥料。农户在依靠经验进行耕作时，往往会为了提高产量，而倾向于使用大量的化肥。面对此问题，实现从高用量施肥向高质量施肥的结构调整，需要依赖专业施肥服务。农业机械化服务组织充分利用了化学品用量信息和含量信息甄别的双重优势（张露和罗必良，2020）。

农业绿色技术的推广，有效地推动了农业化肥向有机化、绿色化、科学化的转型（黄莉和王定祥，2021）。一方面，农机社会化服务通过提供绿色化肥替代传统肥料，进而实现化肥的绿色高效利用（梁志会等，2020）。另一方面，政府通过向托管服务主体推广环境友好型农业技术，如绿色病虫害防治、水肥一体化、测土配方施肥等，也降低了化肥的施用强度（梁志会等，2020）。从缓解传统肥料刚性依赖的施肥结构调整视角来看，这一替代逻辑为实现化肥减量提供了有效的途径。关于绿色技术进步和化肥减量方面，从宏观上来看，有学者研究表明绿色技术进步能在一定程度上提高农业整体发展水平，促进农业高质量发展（李静和张传慧，2020；刘伟江等，2022）。从微观上来看，有学者发现绿色技术进步对降低农业碳排放、减少农业面源污染以及促进化肥减量的影响作用显著（闫桂权等，2019；谢荣辉，2021；魏梦升等，2023）。总的来说，绿色技术进步有利于化肥减量。

全程机械化影响化肥减量的理论框架如图7-1所示。基于上述分析，提出以下研究假说：

假说1：全程机械化有助于化肥减量，对化肥施用强度有负向影响。

假说2：全程机械化会通过绿色技术来推动化肥减量，对化肥施用强度有负向影响。

在化肥施用量强度高的地区，生产方式可能依旧是过度依赖化肥投入带来的高增产。全程机械化推进的机械总动力增长可能更多的是集中在耕、种、防、收等基础环节，对化肥减量的影响可能并不显著。与此相对应，在化肥施用量强度低的地区，可能已经实现生产方式的初步转型，全程机械化的嵌入能更好地推进机械化向产前和产后延伸，同时完善的全程机械化带动的社会化服务体系能更好地实现技术推广及要素配置效应，推进化肥减量。此外，全程机械化的推进还受地形特征的限制。地形更为平坦、土地更为集中的平原更适合采用农业机械大规模的生产，有利于全程机械化的推广，并且农业更容易向专业化、规模化的方向发展，有利于促进化肥减量；而在地形崎岖的丘陵和山地，地块较为分散，不利于大型农机进行生产，农业规模难以扩大，对此，全程机械化对化肥减量的影响有限。基于此，提出如下研究假说：

假说3：全程机械化会因为当地农业发展情况及地形特征，进而对其化肥减量的影响存在差异。

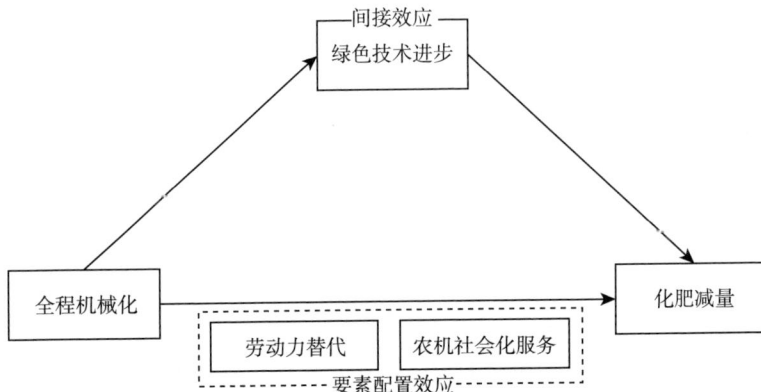

图7-1 全程机械化影响化肥减量的理论框架

第三节 研究方法和数据

一、基准回归模型

为了识别全程机械化示范县政策对化肥减量的影响，本章选用双重/去偏机器学习方法（Double/Debiased Machine Learning，DML）分析全程机械化示范县政策的化肥减量效应。

首先，构建双重机器学习的部分线性模型：

$$Y_{it} = \theta_0 D_{it} + g(X_{it}) + U_{it}, E(U_{it} \mid X_{it}, D_{it}) = 0 \qquad (7-1)$$

式（7-1）中，i 为县（市、区）；t 为年份；Y_{it} 表示化肥施用强度；D_{it} 表示"全程机械化"的政策变量；θ_0 为处置系数。X_{it} 为高维控制变量集合，需采用机器学习算法估计具体形式 $\hat{g}(X_{it})$；U_{it} 为误差项。直接对式（7-1）进行估计，可得处置系数估计量为：

$$\hat{\theta} = (\frac{1}{n}\sum_{i\in I, t\in T} D_{it}^2)^{-1} \frac{1}{n}\sum_{i\in I, t\in T} D_{it}[Y_{it} - \hat{g}(X_{it})] \qquad (7-2)$$

式（7-2）中，n 为样本容量。

根据上述估计量，可进一步考察其估计偏误：

$$\sqrt{n}(\hat{\theta}_0 - \theta_0) = (\frac{1}{n}\sum_{i\in I, t\in T} D_{it}^2)^{-1} \frac{1}{\sqrt{n}}\sum_{i\in I, t\in T} D_{it}U_{it} +$$

$$(\frac{1}{n}\sum_{i\in I,t\in T}D_{it}^2)^{-1}\frac{1}{\sqrt{n}}\sum_{i\in I,t\in T}D_{it}[g(X_{it})-\hat{g}(X_{it})]$$

$$(7-3)$$

式（7-3）中，令 $a=(\frac{1}{n}\sum_{i\in I,t\in T}D_{it}^2)^{-1}\frac{1}{\sqrt{n}}\sum_{i\in I,t\in T}D_{it}U_{it}$，服从均值为 0 的正态

分布，$b=(\frac{1}{n}\sum_{i\in I,t\in T}D_{it}^2)^{-1}\frac{1}{\sqrt{n}}\sum_{i\in I,t\in T}D_{it}[g(X_{it})-\hat{g}(X_{it})]$，机器学习算法为了避

免"过度拟合"问题而加入惩罚项，即正则化。这虽能防止估计量方差过大，

但也导致其不再无偏，具体表现为 $\hat{g}(X_{it})$ 向 $g(X_{it})$ 的收敛速度较慢，$n^{-\varphi_g}>$

$n^{-1/2}$，导致 $n\to\infty$，$b\to\infty$，$\hat{\theta}_0$ 难以收敛于 θ_0。

为解决这一问题，保持估计量的无偏性，构建辅助回归如下：

$$D_{it}=m(X_{it})+V_{it},E(V_{it}\mid X_{it})=0 \qquad (7-4)$$

式（7-4）中，$m(X_{it})$ 为处置变量对高维控制变量的回归函数，采用机器

学习算法估计 $\hat{m}(X_{it})$，V_{it} 为误差项。

具体操作过程为：首先，采用机器学习算法估计辅助回归 $\hat{m}(X_{it})$，取其残

差 $\hat{V}_{it}=D_{it}-\hat{m}(X_{it})$；其次，同样估计 $\hat{g}(X_{it})$，将主回归变为 $Y_{it}-\hat{g}(X_{it})=$

$\theta_0 D_{it}+U_{it}$；最后，$\hat{V}_{it}$ 作为 D_{it} 的工具变量进行回归，获得无偏的系数估计量

如下：

$$\hat{\theta}_0=(\frac{1}{n}\sum_{i\in I,t\in T}\hat{V}_{it}D_{it})^{-1}\frac{1}{n}\sum_{i\in I,t\in T}\hat{V}_{it}(Y_{it}-\hat{g}(X_{it})) \qquad (7-5)$$

同理，式（7-5）又可近似表示为：

$$\sqrt{n}(\check{\theta}_0-\theta_0)=[E(V_{it}^2)]^{-1}\frac{1}{\sqrt{n}}\sum_{i\in I,t\in T}\hat{V}_{it}U_{it}+[E(V_{it}^2)]^{-1}\frac{1}{\sqrt{n}}$$

$$\sum_{i\in I,t\in T}[m(X_{it})-\hat{m}(X_{it})][g(X_{it})-\hat{g}(X_{it})]$$

$$(7-6)$$

其中，$[E(V_{it}^2)]^{-1}\frac{1}{\sqrt{n}}\sum_{i\in I,t\in T}\hat{V}_{it}U_{it}$ 服从均值为 0 的正态分布，由于使用了两次机

器学习估计，因此，$[E(V_{it}^2)]^{-1}\frac{1}{\sqrt{n}}\sum_{i\in I,t\in T}[m(X_{it})-\hat{m}(X_{it})][g(X_{it})-\hat{g}(X_{it})]$ 的整

体收敛速度取决于 $\hat{m}(X_{it})$ 向 $m(X_{it})$，以及 $\hat{g}(X_{it})$ 向 $g(X_{it})$ 的收敛速度，即

$n^{-(\varphi_g+\varphi_m)}$，相较于式（7-3），$\sqrt{n}(\check{\theta}_0-\theta_0)$ 向 0 的收敛速度更快，进而能够获得

无偏的处置系数估计量。

设立全程机械化政策对化肥施用强度的影响在不同地区以及在不同的经济环境中的表现具有异质性。为了在模型估计中考虑到这种异质性，我们参考Chernozhukov等（2018），进一步建立更具一般性的交互模型：

$$Y_{it} = g(D_{it} + X_{it}) + U_{it}, E(U_{it} \mid X_{it}, D_{it}) = 0 \qquad (7-7)$$

$$D_{it} = m(X_{it}) + V_{it}, E(V_{it} \mid X_{it}) = 0 \qquad (7-8)$$

该模型得到的处理效应：$\theta_0 = E[g(D_{it} = 1 \mid X_{it}) - g(D_{it} = 0 \mid X_{it})]$。相关参数的具体估计方法与部分线性模型一致。

二、平行趋势检验

DID模型估计的有效性依赖于平行趋势假设的成立，即在政策干预时点之前，实验组和对照组的化肥用量在时间上的变动趋势是一致的。参考 Nathan et al.（2011），本章构建如下模型以检验平行趋势假设：

$$\ln F_{it} = \alpha + \beta_1 pre_{-6} + \beta_2 pre_{-5} + \cdots + \beta_{12} post_5 + \delta X_{it} + \mu_t + \gamma_i + \varepsilon_{it}$$
$$(7-9)$$

式（7-9）中，pre 表示全程机械化示范县公布前期，下标"-6"表示县（市、区）被确立为示范县前的第6个年份及以上，$post$ 表示县（市、区）被确立为全程机械化示范县后，下标"5"表示试点设立后的第5个年份及以上。

三、机制检验模型

本章以绿色技术进步为机制变量，对全程机械化示范县政策影响化肥减量的作用机制进行检验，采用两步法进行验证（江艇，2022）。检验步骤如下。

（1）验证全程机械化示范县政策实施对绿色技术进步的影响，按式（7-4）计算：

$$M_{it} = \alpha + \beta D_{it} + \delta X_{it} + \mu_t + \gamma_i + \varepsilon_{it} \qquad (7-10)$$

（2）验证绿色技术进步对化肥减量的影响，按式（7-5）计算：

$$\ln F_{it} = \alpha + \beta D_{it} + \sigma M_{it} + \delta X_{it} + \mu_t + \gamma_i + \varepsilon_{it} \qquad (7-11)$$

式中：M_{it} 为机制变量，指绿色技术进步；σ 为常数项；其余变量与式（7-1）保持一致。

第四节　变量和数据

一、数据来源

基于浙江省已有数据可得性和统计口径一致性的实际情况，本章使用浙江省 2011—2022 年 60 个县（市、区）的面板数据进行分析，所涉及的有关数据主要来自研究期内的《浙江统计年鉴》等，部分缺失数据可以从各县（市、区）统计局的数据库获取，最后采用线性插值法来处理余下个别残缺数据。

二、变量的选择

（一）被解释变量

选取化肥施用强度为被解释变量，用单位面积化肥用量（折纯量）表征，根据化肥用量（折纯量）总量除以农作物总播种面积，并取对数计算得出。

（二）核心解释变量

根据全程机械化示范县名单，本构建核心解释变量 D_{it}，表示县（市、区）i 在第 t 年是否被确立为全程机械化示范县。试点县（市、区）作为处理组，其他县（市、区）作为控制组。

（三）控制变量

参考已有研究（梁志会等，2021），本章将控制变量分为经济变量和气候变量。经济变量有资源禀赋、农业生产性服务业、农业发展水平、财政依赖程度；气候变量有平均年降水量与年平均气温。资源禀赋采用农作物播种面积衡量，并取对数计算得出。农业生产性服务业用农业服务业总产值表征，用于反映该地农业服务业发展水平，并取对数计算得出。农业发展水平，即第一产业生产总值占该地区生产总值的百分比，用以反映当地农业发展状况。财政依赖程度用一般公共预算支出（亿元）与一般公共预算收入（亿元）的比值表征。年平均降水量与年平均气温，用以考察气候因素的冲击，均取对数计算得出。

（四）机制变量

根据前文的理论分析，本章采用累乘的绿色技术进步（GTC）作为机制变量。借鉴李谷成和李欠男（2022）、魏梦升等（2023）的做法，以狭义农业为研究对象，选取农业从业人员、农作物播种面积、农业机械总动力、化肥施用折纯量和有效灌溉面积作为投入变量。产出变量包括期望产出和非期望产出，将种植业总产值作为期望产出，农业面源污染作为非期望产出。把 60 个县级单位作为决策单元，运用超效率 SBM 模型的 GML 指数来计算浙江省各县域的绿色全要素生产率（GTFP），再分解出绿色技术效率（GEC）和绿色技术进步（GTC）指数。需要说明的是，GML 指数反映的是 GTFP 的增长率而非绝对大小，故遵循邱斌等（2008）的做法，以 2010 年为基年，将各地区基年的 GTFP 统一设置为 1，通过累乘得到各地区历年累积 GTFP，GTC 的计算方法同 GTFP。

本章主要变量及描述性统计结果如表 7-2 所示。

表 7-2 描述性统计

	变量名称	变量单位	均值	最小值	最大值	标准差
被解释变量	化肥施用强度	千克/公顷	347.050	16.316	976.686	140.149
机制变量	绿色技术进步	—	1.918	0.637	17.200	1.457
控制变量	资源禀赋	千公顷	31.935	0.230	94.710	17.486
	农业生产性服务业	万元	10 472.330	150.000	74 415.000	12 478.280
	农业发展水平	%	7.299	1.124	31.375	4.654
	财政依赖程度	%	59.866	13.216	279.576	28.700
	平均年降水量	毫米	1 658.920	694.640	2 604.605	396.474
	年平均气温	摄氏度	16.884	14.328	19.067	0.828

第五节 实证分析

一、基准回归

本章采用双重机械学习模型来考察全程机械化示范县政策是否有效降低当地化肥施用强度。其中,样本分割比例为1:5,采用随机森林算法对主回归和辅助回归进行预测求解,回归结果见表 7-3。结果表明,相对于非全程机械化示范县,全程机械化促使示范县的化肥施用强度降低了 6.5%,回归系数在 5% 的水平上显著。这一结果初步表明全程机械化降低了示范县的化肥施用强度。因此,假说1得到验证。

表 7-3 全程机械化示范县政策对化肥施用强度的影响:基本回归结果

变量名称	化肥施用强度 (1)
全程机械化示范县政策	−0.065**
	(0.028)
控制变量	已控制
地区固定效应	Yes
时间固定效应	Yes
样本量	720

二、稳健性检验

(一) 平行趋势检验

使用 DID 模型进行因果识别必须满足事前平行趋势假设，即在政策实施前，处理组和对照组的相关变量具有相同的时间趋势。化肥施用强度变量平行趋势检验结构如图 7-2 所示。可以发现，在全程机械化示范县政策公布前，处理组与对照组在化肥施用强度上总体具有相同趋势，在实施政策后一年，化肥施用强度在缓慢地减少，但政策效应还不稳定，直到 3 年后，政策效应对降低化肥施用强度的作用持续增强。因此，政策对降低化肥施用强度的影响存在动态影响，且具有一定的滞后性。

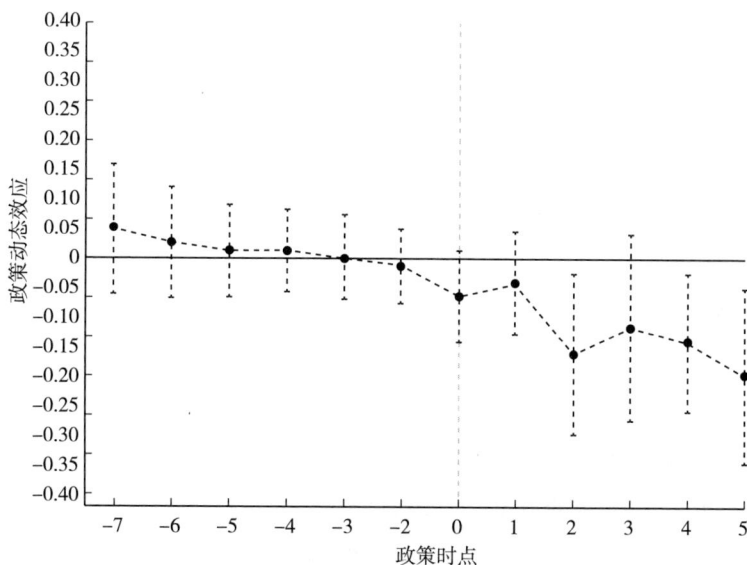

图 7-2　化肥施用强度的平行趋势检验[①]

(二) 剔除异常值影响

由于回归样本中的异常值可能导致估计结果有偏差。因此，本章将基准回归中除核心解释变量外的所有变量均进行了 1%、99% 分位点以及 5%、95% 分位点的缩尾处理，将高于最高分位点和低于最低分位点的数值进行替换，并以此进行回归分析。具体回归结果详见表 7-4。可以发现，剔除异常值后仍没有显著改变本章结论。

---

① 横轴数值为距离 2017 年的年数。

（三）考虑地级市—时间交互固定效应

由于地级市是中国政府治理结构中非常重要的行政节点，同一地级市下的区县往往在政策环境、区位特征、历史文化等方面具有相似性，因此，本章在基准回归的基础上加入地级市-时间交互固定效应，用以控制不同地级市随时间变动的影响。具体回归结果详见表7-4。根据回归结果，考虑同一地级市下不同区县特征间的关联影响后，全程机械化对化肥减量的影响仍在5%的水平上显著为正，原结论依然成立。

表7-4　稳健性检验

变量名称	（1）缩尾处理		（2）考虑地级市-时间交互固定效应
	1%缩尾	5%缩尾	
全程机械化示范县政策	−0.115**	−0.111**	−0.143**
	(0.049)	(0.049)	(0.065)
控制变量	Yes	Yes	Yes
地区固定效应	Yes	Yes	Yes
时间固定效应	Yes	Yes	Yes
地级市-时间交互固定效应	No	No	Yes
样本量	720	720	720

（四）双重机器学习

本章从以下几个方面入手验证结论的稳健性：首先，使用1∶3样本分割比例进行双重机器学习模型的运算，探究样本分割比例对本章结论的可能影响；其次，更换机器学习算法，将先前用作预测的随机森林算法更换为套索回归、弹性网络以及支持向量机，探究预测算法对本章结论的可能影响。

上述重设双重机器学习模型后获得的回归结果详见表7-5。显然，无论是双重机器学习模型的样本分割比例、用于预测的机器学习算法、模型估计形式以及内生性问题，均不影响全程机械化能促进化肥减量的结论，足以说明原结论是稳健的。

表7-5　双重机器学习稳健性检验

变量名称	（1）改变样本分割比例		（2）更换机器学习模型	
	Kfolds＝4	Lassocv	elasticcv	svm
全程机械化水平	−0.064**	−0.120***	−0.120***	−0.066 2**
	(0.026)	(0.025)	(0.025)	(0.034)

（续）

变量名称	(1) 改变样本分割比例		(2) 更换机器学习模型	
	Kfolds＝4	Lassocv	elasticcv	svm
控制变量	Yes	Yes	Yes	Yes
地区固定效应	Yes	Yes	Yes	Yes
时间固定效应	Yes	Yes	Yes	Yes
样本量	720	720	720	720

三、机制检验

为了考察全程机械化示范县政策对化肥减量的影响机制，采用江艇（2022）提出的两步法，对农业绿色技术进步这条路径进行检验。已有研究已证明了农业绿色技术进步对化肥减量存在显著影响（闫桂权，2019；谢荣辉，2021；魏梦升 2023），因此只需通过回归检验全程机械化示范县政策对农业绿色技术进步的影响是否显著。表 7-6 汇报了机制检验结果。如表 7-6 列（2）所示，全程机械化示范县政策对农业绿色技术的估计结果显著为正，这说明示范县政策能够促进当地农业绿色技术的提升。毋庸置疑，推动农业全程机械化发展的首要目标是提升农业机械化生产的绿色技术水平。根据《国务院关于加快推进农业机械化和农机装备产业转型升级的指导意见》的要求，要依靠绿色技术创新突破农业机械化发展难题，加快建设绿色高效新农机，构建协同高效的机械化生产体系。因此，示范县将更加重视全程机械化中绿色技术水平的提升。基于前文分析，绿色技术进步有利于化肥减量。因此，假说 2 成立。

表 7-6 全程机械化示范县政策对农业绿色技术进步的影响

变量名称	农业绿色技术进步	
	(1)	(2)
全程机械化示范县政策	0.048*	0.050*
	(0.028)	(0.029)
控制变量	No	Yes
常数项	1.448*	1.365***
	(0.725)	(0.338)
地区固定效应	Yes	Yes

(续)

变量名称	绿色技术进步	
	(1)	(2)
时间固定效应	Yes	Yes
样本量	720	720
R^2	0.002	0.009

四、异质性分析

(一)分位数回归

在不同的地区，全程机械化示范县政策对化肥施用强度的降低效果存在一定的差异性，采用分位数回归验证这一结论，见表7-7。总体上，全程机械化示范县政策对化肥施用强度的负向影响随着分位点的增加呈"L"形，逐步递减，在0.9分位点以上，全程机械化示范县政策的影响系数显著降低。这说明，在化肥施用量较高的地区，全程机械化带来的化肥减量效应呈趋弱态势，因此，假说3成立。

表7-7　分位数回归结果

变量名称	(1) 化肥施用强度	(2) 化肥施用强度	(3) 化肥施用强度	(4) 化肥施用强度	(5) 化肥施用强度	(6) 化肥施用强度	(7) 化肥施用强度	(8) 化肥施用强度	(9) 化肥施用强度
	Q10	Q20	Q30	Q40	Q50	Q60	Q70	Q80	Q90
全程机械化	−0.224***	−0.202***	−0.179***	−0.162***	−0.146***	−0.127***	−0.112***	−0.095***	−0.073*
示范县政策	(0.047)	(0.038)	(0.301)	(0.026)	(0.025)	(0.026)	(0.030)	(0.035)	(0.044)
控制变量	Yes	Yes	Yes	Yes	Yes	Yes	Yes	Yes	Yes
地区固定效应	Yes	Yes	Yes	Yes	Yes	Yes	Yes	Yes	Yes
时间固定效应	Yes	Yes	Yes	Yes	Yes	Yes	Yes	Yes	Yes
样本量	720	720	720	720	720	720	720	720	720

(二)地形

按照《中国县（市）社会经济统计年鉴（2012）》[①] 对浙江省县域地形的

---

① 《中国县（市）社会经济统计年鉴（2012）》编辑委员会.《中国县（市）社会经济统计年鉴（2012）》.2021：4.

分类，将样本划分为平原地区和非平原地区两个组进行回归。回归结果如表 7-8 列（1）、列（2）所示。结果显示，平原地区的回归系数在 10％ 的水平上显著为负，而非平原地区的回归系数并不显著，这表明在平原地区全程机械化对化肥减量的效果更明显，即县域地形如果是平原，是有利于全程机械化的化肥减量效应。事实上，高低起伏的地形特征不仅会降低农机作业可行性，还会制约区域交通发展，增加农机供应难度，不利于农业机械化水平的提高。因此，非平原地区全程机械化的要素配置效应尚未凸显。

表 7-8　按地形分组的回归结果

变量名称	平原地区	非平原地区
	（1）	（2）
全程机械化示范县政策	−0.177*	−0.063
	(0.090)	(0.044)
常数项	6.413***	7.689***
	(1.387)	(0.479)
控制变量	Yes	Yes
地区固定效应	Yes	Yes
时间固定效应	Yes	Yes
样本量	240	480
R^2	0.187	0.179

第六节　结论与启示

一、结论

本章运用 2011—2022 年浙江省 60 个县级面板数据，首先分析全程机械化示范县政策对化肥减量的影响机制，并基于双重机器学习模型实证研究全程机械化示范县政策的实施对化肥减量的影响，然后通过机制检验探究绿色技术进步的作用机制，最后利用分位数回归以及地形分组进一步探究了全程机械化示范县对化肥减量的异质性效果。得出以下主要结论：

第一，全程机械化示范县政策实施后，示范县化肥施用强度显著下降，该结论经过一系列稳健性检验后仍然成立。全程机械化可通过要素配置降低化肥施用强度。

第二，机制分析结果表明，全程机械化示范县政策可以通过促进示范县的农业绿色技术进步，进而降低当地的化肥施用强度。

第三，异质性分析结果表明，全程机械化示范县政策对化肥施用强度的负向影响随着分位点的增加呈"L"形，逐步递减。并且，相较于非平原地区地形，全程机械化在平原地区对化肥减量的影响较为显著。

二、政策建议

基于以上结论，本章提出如下政策建议：

第一，重视全程机械化示范县政策的经验总结和推广。在拓展示范县范围的战略制定中，考量需更加注重有序和严谨，充分顾及各地实际情况，因地制宜地推进全程机械化，以更有效的方式推动各地的化肥减量。对于机械化进程较为缓慢的地区，应有针对性地制定支持政策，促使农业生产在不同环节实现机械化，通过提升技术效率来弥补资源禀赋约束等短板效应，真正实现全程机械化目标。

第二，在推广全程机械化时，应将促进绿色技术进步作为重要目标。一方面，需加强对绿色清洁农机的科研投入和创新，推动农用柴油、汽油机的节能减排，并致力于研发更加环保、智能的农机技术。通过技术攻关，加速绿色农机和智能农机的研发，发挥绿色技术进步对劳动力的替代效应，推动当地农业朝着规模化、标准化、智能化、绿色化的方向发展。另一方面，应加速有机化肥和绿色化肥的推广，倡导绿色生产资料替代传统化肥的理念。通过推广水肥一体化、秸秆还田等节约化肥的绿色生产技术，逐步改变依赖高化肥投入、高产量粗放式农业生产方式，实现农业生产的绿色可持续发展，减轻对环境的负担，同时提高农产品的质量，推进农业向更为生态友好的方向迈进。

第三，加快研发适用于非平原地区农作的小型农机设备。针对非平原地区的地形特点，研发和推广定制化的农业机械，以适应地势的变化和不规则的土地形状，包括具有较大爬坡能力和适应性的拖拉机、耕整地机等。也可以引入先进的智能化农机技术，包括全球导航卫星系统（GNSS）、无人机和传感器技术，以提高机械化作业的准确性和效率。除此之外，也要加强丘陵、山区基础设施建设，为当地机械化发展提供基础保障。

参 考 文 献

曹铁毅，周佳宁，邹伟，2022. 土地托管与化肥减量化：作用机制与实证检验［J］. 干旱区资源与环境，36（6）：34-40.

董莹，穆月英，2019. 合作社对小农户生产要素配置与管理能力的作用：基于 PSM - SFA 模型的实证 [J]. 农业技术经济 (10)：64 - 73.

高晶晶，彭超，史清华，2019. 中国化肥高用量与小农户的施肥行为研究：基于 1995—2016 年全国农村固定观察点数据的发现 [J]. 管理世界，35 (10)：120 - 132.

黄莉，王定祥，2021. 农业绿色增长视角的要素贡献率再检验 [J]. 湖南农业大学学报（社会科学版），22 (2)：9 - 17，25.

江艇，2022. 因果推断经验研究中的中介效应与调节效应 [J]. 中国工业经济（5）：100 - 120.

李谷成，李欠男，2022. "两型社会"试验区的设立促进了农业绿色发展吗？：基于 PSM - DID 模型的实证 [J]. 农林经济管理学报，21 (2)：127 - 135.

李静，张传慧，2020. 中国农业技术进步的绿色产出偏向及影响因素研究：基于 1999—2018 年农业绿色 TFP 增长的技术进步产出偏向分解 [J]. 西部论坛，30 (3)：36 - 50，105.

梁志会，张露，刘勇，等，2020. 农业分工有利于化肥减量施用吗？：基于江汉平原水稻种植户的实证 [J]. 中国人口•资源与环境，30 (1)：150 - 159.

梁志会，张露，张俊飚，2021. 土地整治与化肥减量：来自中国高标准基本农田建设政策的准自然实验证据 [J]. 中国农村经济（4）：123 - 144.

梁志会，张露，张俊飚，2020. 土地转入、地块规模与化肥减量：基于湖北省水稻主产区的实证分析 [J]. 中国农村观察（5）：73 - 92.

刘伟江，杜明泽，白玥，2022. 环境规制对绿色全要素生产率的影响：基于技术进步偏向视角的研究 [J]. 中国人口•资源与环境，32 (3)：95 - 107.

罗必良，胡新艳，张露，2021. 为小农户服务：中国现代农业发展的"第三条道路" [J]. 农村经济（1）：1 - 10.

邱斌，杨帅，辛培江，2008.FDI 技术溢出渠道与中国制造业生产率增长研究：基于面板数据的分析 [J]. 世界经济（8）：20 - 31.

苏效坡，曾爱军，米国华，2015. 中国和美国雨养玉米区机械化施肥技术比较分析 [J]. 玉米科学，23 (6)：142 - 148.

田晓晖，李薇，李戎，2021. 农业机械化的环境效应：来自农机购置补贴政策的证据 [J]. 中国农村经济（9）：95 - 109.

万凌霄，杨果，2023. 农业机械对化肥施用影响的路径及效果研究 [J]. 中国生态农业学报，31 (4)：643 - 653.

王翌秋，徐丽，曹蕾，2023. "双碳"目标下农业机械化与农业绿色发展：基于绿色全要素生产率的视角 [J]. 华中农业大学学报（社会科学版）(6)：56 - 69.

魏后凯，2017. 中国农业发展的结构性矛盾及其政策转型 [J]. 中国农村经济（5）：2 - 17.

魏梦升，颜廷武，罗斯炫，2023. 规模经营与技术进步对农业绿色低碳发展的影响：基于设立粮食主产区的准自然实验 [J]. 中国农村经济（2）：41 - 65.

夏显力，崔民，2023. 农业托管服务对化肥减量施用的影响 [J]. 华南农业大学学报（社会科学版），22（6）：88 - 101.

谢琳，廖佳华，李尚蒲，2020. 服务外包有助于化肥减量吗？：来自荟萃分析的证据 [J].
  南方经济（9）：26 - 38.

谢荣辉，2021. 绿色技术进步、正外部性与中国环境污染治理 [J]. 管理评论，33（6）：
  111 - 121.

徐志刚，郑姗，刘馨月，2022. 农业机械化对粮食高质量生产影响与环节异质性：基于黑、
  豫、浙、川四省调查数据 [J]. 宏观质量研究，10（3）：22 - 34.

许文立，孙磊，2023. 市场激励型环境规制与能源消费结构转型：来自中国碳排放权交易
  试点的经验证据 [J]. 数量经济技术经济研究，40（7）：133 - 155.

闫桂权，何玉成，张晓恒，2019. 绿色技术进步、农业经济增长与污染空间溢出：来自中
  国农业水资源利用的证据 [J]. 长江流域资源与环境，28（12）：2921 - 2935.

闫昊生，王剑飞，孙久文，2023. 集体建设用地入市如何影响国有建设用地市场？：基于机
  器学习的新证据 [J]. 数量经济技术经济研究，40（6）：195 - 216.

张露，罗必良，2020. 农业减量化：农户经营的规模逻辑及其证据 [J]. 中国农村经济
  （2）：81 - 99.

张露，罗必良，2020. 农业减量化的困境及其治理：从要素合约到合约匹配 [J]. 江海学
  刊（3）：77 - 83.

张梦玲，陈昭玖，翁贞林，等，2023. 农业社会化服务对化肥减量施用的影响研究：基于
  要素配置的调节效应分析 [J]. 农业技术经济（3）：104 - 123.

张琪，朱满德，刘超，2021. 偏向性技术变迁与中国粮食增长路径转型：基于 1978—2018
  年玉米主产省的实证 [J]. 农业现代化研究，42（1）：67 - 77.

周曙东，李幸子，2021. 农户特征、外部环境与科学施肥 [J]. 华南农业大学学报（社会
  科学版），20（1）：50 - 58.

朱建军，徐宣国，郑军，2023. 农机社会化服务的化肥减量效应及作用路径研究：基于
  CRHPS 数据 [J]. 农业技术经济（4）：64 - 76.

ARKHANGELSKY D，ATHEY S，HIRSHBERG D A，et al.，2021. Synthetic Difference -
  in - Differences [J]. American Economic Review，111（12）：4088 - 4118.

CHERNOZHUKOV V，CHETVERIKOV D，DEMIRER M，et al.，2018. Double/debi-
  ased machine learning for treatment and structural parameters [J]. The Econometrics
  Journal，21（1）：C1 - C68.

DURYEA S，CHONG A，LA FERRARA E，2012. Soap operas and fertility：Evidence
  from Brazil [J]. American Economic Journal：Applied Economics，4（4）：1 - 31.

HAYAMI Y，RUTTAN V W，1971. Agricultural development：An international perspec-
  tive [M]. Baltimore：Johns Hopkins Press.

HE P，ZHANG J B，LI W J，2021. The role of agricultural green production technologies in
  improving low - carboneficiency in China：Necessary but not effective [J]. Journal of envi-
  ronmental management，293：112837.

NUNN N，QIAN N，2011. The Potato's Contribution to Population and Urbanization：Evidence From a Historical Experiment ［J］. Quarterly Journal of Economics，126（2）：593-650.

ZHU C H，OUYANG Y Y DIAO Y，et al.，2021. Effects of mechanized deep placement of nitrogen fertilizer rate and type on rice yield and nitrogen use efficiency in Chuanxi Plain，China ［J］. Journal of Integrative Agriculture，20（2）：581-592.

第八章
清洁能源政策的效果评估——以清洁能源示范省政策为例

本章提要： 探究清洁能源示范省政策对农业减污降碳的影响情况，可为推动农业绿色低碳可持续发展提供政策参考。基于 2000—2020 年全国农业面源污染与碳排放的数据，采用双重差分模型探究清洁能源示范省政策对浙江省农业减污降碳效应的影响。结果显示，清洁能源示范省政策可显著推动农业减污降碳，且经过调整样本研究区间、考虑疫情的影响、交互固定效应等稳健性检验后，该结论依旧成立。相关部门应推动多元化能源系统建设，发展"新能源＋"模式；各地区要因地制宜并加强区域合作，推动农业减污降碳高效发展。

第一节　引　　言

近年来，工业生产、石油矿产开采等造成有害气体的大量排放，加剧了大气污染，导致环境恶化。一些区域的污染治理能力不足以减缓环境破坏速度，面临较大生态赤字压力。同时，我国正处于深入打好污染防治攻坚战、持续改善环境质量、建设美丽中国的关键时期。随着"双碳"目标的提出，减污降碳已成为全球范围内关注的焦点。2022 年，中国近 90％的温室气体排放源自能源体系，能源利用已经成为"双碳"目标下的重点改革对象。自 2016 年国家发展改革委、国家能源局印发《能源发展"十三五"规划》起，清洁能源示范省区建设工程就被列入能源消费革命重点工程，并规划了重点试点省份。各试点地区结合规划理念相继制定出台具体工作方案。2018 年，浙江省出台《浙江省建设国家清洁能源示范省行动计划（2018—2020 年）》，明确提出要"稳步推进能源体制革命"。党的二十届三中全会提出必须完善生态文明制度体系，协同推进降碳、减污、扩绿、增长，积极应对气候变化，加快完善落实绿水青山就是金山银山理念的体制机制。生态环境部等七部委于 2022 年 6 月印发了

《减污降碳协同增效实施方案》，进一步强调了减污降碳协同控制的重要性。但现实中，降碳难度与日俱增，能源供给不足、环境污染严重、企业产能受限等社会经济问题矛盾凸显。此外，环境污染与经济增长之间难以协调的矛盾也加剧了降碳的难度。且碳排放与环境污染物具有同源性，燃烧化石燃料既产生 CO_2 等温室气体，也产生颗粒物等空气污染物。因此，我国政府应当把握气候治理与污染防治的内在联系，通过"降碳、减污、扩绿、增长"协同推进的生态文明建设要求，加快构建清洁低碳、安全高效的能源体系，推动新旧动能转换，促进经济高质量发展，实现"碳达峰"和"碳中和"的政策目标，缓解气候变化带来的负面影响。那么，实施清洁能源示范省政策是否能够有效促进试点地区减污降碳？这是目前应重点研究解决的问题。全面评估清洁能源示范省政策的影响效应对进一步精准推广和完善清洁能源示范省政策具有重要的现实意义，也为加快建设美丽中国、促进经济社会发展全面绿色转型提供了理论遵循。

第二节　文献综述

现阶段而言，对于农业面源污染和碳排放的研究较为丰富，并取得诸多研究成果，为本书研究工作的开展奠定了坚实基础。大量文献得出多数环境政策具有显著的减污降碳效果的结论。如：行政规制政策中，罗知等（2018）、杨斯悦等（2020）和陈林等（2021）证实了《大气污染防治行动计划》显著改善了空气质量，但 O_3 浓度不降反升；市场经济政策中，碳交易试点政策（任亚运等，2019；赵立祥等，2020；张国兴等，2022）以及用能权交易政策（薛飞等，2022）均能够实现污染物和 CO_2 排放的减少，开征环境保护税也可以降低 CO_2 和污染物的排放（Mardones et al.，2019）；社会参与型政策中，公众对环境的信访、人大代表建议及政协委员提案被证明能够促进污染物减排（陆安颉，2021；张国兴等，2021）。不同环境政策的影响机制和效果存在一定差异。例如，"生态文明先行示范区"、低碳城市试点、排污权交易等环境政策主要是通过优化产业结构、驱动技术创新（梁琦等，2022）以及调整经济结构（王莉等，2022）等路径来实现减排效果，也有研究表示产业结构没有促进资源型可持续发展政策降低碳排放（张艳等，2022）。另外，环境政策在不同情境下的减排效应可能是不同的。Du 等（2020）表示，环境法规具有污染物和温室气体的减排效应，但减排效应会受到企业能源结构和消费结构的影响。薛飞等（2022）发现，用能权交易制度的政策效果强弱是由实施地的节能潜力高低决定的。徐维祥等（2023）得出资源型城市转型具有显著碳减排效应，但此效应在不同资源类型、不同发展阶段和不同空间区位上具有异质性。

随着研究的深入，有一部分文献从污染物与温室气体的协同控制视角入手，建立了减污降碳协同控制评价方法或指标体系，但多适用于案例分析。毛显强等（2012）提出了用污染物减排量交叉弹性方法来反映钢铁行业的减污降碳协同控制程度，而后交通行业和固废管理领域都有该方法的相关应用（Alimujiang et al.，2020；Sinha et al.，2022）。杨儒浦等（2023）运用层次分析法开发了工业园区减污降碳协同发展指数，并评价了包头市稀土高新区的减污降碳进展。与此同时，一些发达国家在减污降碳协同治理方面的实践，形成了一些有效经验。例如，英国、美国、法国、德国和意大利于21世纪初期已经完成了"碳硫双增→碳增硫减→协同防控"3个治理阶段（易兰等，2022）。而我国由于环境政策的实施时间相对较晚，在减污降碳上几乎处于"分而治之"的阶段（易兰等，2022）。2018年之前，我国环境政策的目标以减污为主。2018年开始，应对气候变化职能被调整至生态环境部，建立了减污降碳协同治理的组织基础，推动行政规制型、市场经济型和社会参与型3类环境政策朝着减污降碳协同控制方向改进。

也有部分学者认为，能源结构转型是实现减污降碳目标的关键因素之一。张丽峰（2011）认为以工业为主的产业结构、煤炭消费为主的能源结构是决定碳排放逐年增加的重要因素。李乔楚等（2024）以四川为例，基于集成系统动力学方法分析了能源结构变化对碳排放的影响，发现"以煤为主、油气相辅"的能源结构使煤炭消费碳排放成为主导。黄光球等（2019）利用实证分析法分析了能源消费结构对碳排放强度的影响，表示煤炭、石油消费比例每增加1%，分别会引起碳排放强度增加0.301%、0.127%。雷贵祥（2023）针对能源结构的调整对贵州省进行了碳排放预测，发现化石能源比例的下降是贵州省实现碳达峰目标的主要贡献因素。这些学者的研究成果充分表明能源结构的变化或调整会显著影响碳排放的总量，且随着我国能源消费总量的提升，能源结构低碳转型对于碳排放减少、绿色发展、能源供应安全至关重要。如刘晓龙等（2021）认为，优化能源结构、有效利用清洁能源是推动我国能源高质量发展的有效途径。

现有研究在量化环境政策的减污降碳效应等方面取得丰富成果，但仍有需要深入挖掘的地方。第一，已有文献大多将减污效应和降碳效应独立研究，而且没有直观体现污染物和温室气体的减排同向性。第二，研究清洁能源示范省政策的已有文献要么仅评估其减污效果，要么仅以案例研究形式分析个别城市的减污降碳协同控制情况，对于其是否在浙江省内提高了减污降碳协同度，尚未有足够关注。有关宏观政策调控工具与碳排放及经济发展关系的研究鲜被提及。第三，清洁能源示范省政策是国家全力推进低碳转型、实现绿色发展而实施的重要政策工具，但当前鲜有围绕该政策对试点地区减污降碳协同效应及机制的专门研究。综上所述，本章基于清洁能源示范省政策，围绕农业降碳、减污、扩绿、增长四个维度，采用双重差分法和合成控制法系统评估清洁能源利用对农业减污降碳的影响研究，进一步推动减污降碳协同增效，助力碳达峰、碳中和目标的实现，持续提高我国的生态环境质量；同时促进清洁能源在农业方面的广泛使用，推动绿色农业发展，守好我国粮食安全这一道重要防线。

第三节 政策背景与理论分析

一、政策背景

2014 年，国务院办公厅颁布《能源发展战略行动计划（2014—2020 年）》，指出能源作为现代化的基础和动力，是国家经济社会发展的重要保障。数据显示，我国能源工业增加值约占 GDP 的 5.8%（杨斯悦等，2020）。从产品总量来看，能源占工业产品的 50% 以上、交通货物运输的 35% 以上（叶楹平，2023）。我国生态环境问题在本质上可归结于高碳能源结构和产业结构。因此，能源行业既是我国经济发展的核心支撑产业，也是降碳、减污、扩绿的关键与主力军。能源结构调整的关键在于推动能源供给体系清洁化、低碳化和终端能源消费电气化，包括实施煤炭取缔、积极发展新能源车辆等举措。长期以煤为主的能源消费结构及以重化工为主的产业结构给我国带来了环境污染，造成了大量的温室气体和污染物排放（李莉等，2021；Wu et al.，2016）。根据《中国统计年鉴》，尽管自 2011 年后，我国煤炭在能源消费总量中的比重开始逐步下降，但现阶段，我国一次能源消费结构仍以煤炭为主，2021 年煤炭占能源消费总量的比重仍高于 50%，大约是日韩的 2 倍、德国的 3 倍、美国的 5 倍、英国和法国的 20 倍；石油、天然气等优质化石能源相对不足，油、气和清洁能源比重远低于发达国家水平。一般而言，能源转型主要是推动新能源从"补充能源"走向"主体能源"、传统能源从"主体能源"走向"保障性能源"。

浙江省于 2016 年颁布《浙江省人民政府办公厅关于印发浙江省创建国家清洁能源示范省行动计划（2016—2017 年）的通知》，制定浙江省创建国家清洁能源示范省行动计划。文件围绕全面实现国家清洁能源示范省第一阶段创建目标，旨在实现能源消费和供应清洁化。目标是到 2017 年基本形成国家清洁能源示范省建设框架和清洁能源发展机制，能源领域二氧化硫、氮氧化物、粉尘等主要污染物排放力争削减 20%；全省能源消费总量控制在 2.2 亿吨标准煤以内，完成省政府确定的年度节能降耗目标任务；能源消费清洁化水平达到国内先进水平。文件还明确了相关的任务和保障措施，以确保浙江省在清洁能源领域取得显著成效，并实现可持续发展。其具体措施如表 8-1 所示。

表 8-1　清洁能源示范省政策具体措施

重点任务	主要措施	主要内容
能源消费革命	加强能源消费总量控制	推行用能预算化管理，落实"一挂双控"措施，严控新上高耗能项目
	推进节能技术改造	实施五大节能工程，推广应用节能新技术和新产品
	实施能效提升、绿色交通、绿色建筑计划	启动工业行业结构调整；启动绿色交通省示范创建，推广节能清洁能源运输装备和电动汽车；实施绿色建筑行动计划，发展地源水源热泵等技术
	加强电力需求侧管理	建立并推广供需互动用电系统，实施电力需求侧管理
	实施煤炭消费替代	通过扩大电力、天然气、生物质成型燃料消费和发展集中供热进行煤炭消费替代
能源供给革命	实施清洁煤电改造、加快散煤治理	对大型燃煤机组进行清洁排放改造，推进地方燃煤热电行业综合改造，进行煤电节能改造；淘汰改造非禁燃区燃煤锅（窑）炉
	发展可再生能源、扩大天然气供应、发展核电、推进抽水蓄能电站建设	大力发展水能、风能、太阳能等可再生能源，推进分布式光伏发电和海上风电示范工程建设；推进管网等设施建设；加快核电项目建设；推进抽水蓄能电站建设
	增强电网保障能力	加快城市和农村配电网建设与改造，构建安全高效的远距离输电网，提高交直流混联电网智能调控、经济运行和安全防御能力
	优化煤品、油品品质	推进清洁油品研发应用，在相关地区建立应用试点
能源技术革命	推进清洁能源科技创新	设立能源智库，加强分布式、储能等领域的技术攻关
	发展清洁能源装备制造业	发展光伏、风电、核电、新能源汽车、海工装备、清洁煤电等清洁能源装备制造业
	利用国际国内市场	参与"一带一路"能源合作，建设大宗能源交易服务平台，引进先进技术，鼓励企业"走出去"
能源体制革命	推动传统能源体制改革	推进输配电价改革，建设电力市场，建立优先购（发）电权机制，完善跨省跨区电力交易机制和售电侧改革；改革抽水蓄能电站建设管理体制和运行机制
	推动能源领域投融资体制改革、推进能源要素市场化配置	鼓励社会资本参与清洁能源开发利用，支持能源企业融资；完善能源交易机制，推进项目入场招标，探索综合性能源要素交易平台
	完善政府能源调控	深化能源审批制度改革，加强事中、事后监管，完善能源市场交易规则和监管机制

二、理论分析

根据上文政策措施可知，浙江省颁布了《浙江省人民政府办公厅关于印发浙江省创建国家清洁能源示范省行动计划（2016—2017 年）的通知》，意在采用新能源全面替代高污染、高能耗传统能源，提出因地制宜推广各类可再生能源，实现产业向低碳、绿色、可持续的方向发展。具体到农业领域的作用机制如下：

第一，在农业减污方面，用新能源替代化石能源，减少传统农业对化石燃料的依赖，降低了农业生产中二氧化碳、氮氧化物等温室气体和污染物的排放，从源头上减少了碳排放污染。引进包括农作物秸秆、农业废弃物、林业废弃物、畜禽粪便、生活垃圾和能源作物等在内的生物质能；妥善地对各种废弃物进行焚烧处理，这样不仅可以促进生活垃圾的能源化利用，还可以降低环境污染；同时，推动农业机械的电气化转型，通过引入太阳能光伏发电、风能以及地热能等清洁能源来替代柴油等传统能源，减少了因燃料燃烧带来的空气污染，并提升了能源使用效率。

第二，在农业降碳方面，在农业上使用清洁能源可以减少温室气体排放（冯楚寒和武曙红，2022），太阳能灌溉系统、风能驱动的农业机械和生物质能发电等新兴农业技术可以减少农业生产过程中二氧化碳的排放量，从而减少温室气体的总排放量。除此之外，还能增强碳汇，例如在生物质中，粪便的收集、贮存、运输、管理和利用不仅是农业减排的重要内容，也是农业面源污染防控、可再生能源管理的重点方面（朱志平等，2020）。国际上，特别是发达国家，已形成系统的做法，主要包括强化粪便贮运管理、粪便生物发酵产生沼气、沼液沼渣还田，以及粪便堆肥还田（Velthof et. al，2015）。粪便能源化和资源化利用，不仅替代化石燃料减少了 CO_2 排放，还能减少粪便贮运过程中 CH_4 和 N_2O 的排放，同时肥料还田提高了养分利用率，增加了土壤碳储量。发展新能源技术，减少了对森林的破坏，保护了自然植被，使碳汇能力得到了不同程度的增强，从而促进碳减排。

在上述方面，清洁能源的应用不仅有效降低了农业生产对环境的负面影响，还在推动农业实现可持续发展方面发挥了重要作用，成为实现农业减污降碳战略目标的重要技术路径。因此，本章提出假说：

假说 1：清洁能源示范省政策有利于减少农业面源污染。

假说 2：清洁能源示范省政策有利于实现农业降碳。

第四节　研究设计

一、数据来源

本章采用 2000—2022 年，除港、澳、台和西藏地区以外的中国 30 个省（自治区、直辖市）面板数据。农业面源污染与农业碳排放数据的来源与第二章第二节相同。有效灌溉面积、农作物总播种面积、农业机械总动力、耕地面积、农村居民人均可支配收入来源于《中国农村统计年鉴》。第一产业增加值、城镇人口、总人口数量、地方财政一般预算支出、地区生产总值、第二产业增加值、第三产业增加值来源于《中国统计年鉴》，部分缺失数据从中国国家统计局以及各省份数据库获取，最后采用线性插值法来处理余下的个别残缺数据。

二、变量选取与描述性统计

（一）被解释变量

包括农业面源污染与农业碳排放，计算方法与第二章第二节相同。

（二）核心解释变量

浙江、四川、甘肃、宁夏、青海 5 省（自治区、直辖市）创建清洁能源示范省，以此构建核心解释变量 D，表示"清洁能源示范省"的设立，具体而言，如果样本省（自治区、直辖市）被创建为清洁能源示范省，则作为处理组，未设立的省（自治区、直辖市）作为对照组。其中，处理组省（自治区、直辖市）在清洁能源示范省创建当年及之后年份，D 取值为 1，反之取值为 0；对照组省（自治区、直辖市）D 全部取值为 0。

（三）控制变量

控制变量选取如下：①农业灌溉水平：采用有效灌溉面积与农作物总播种面积的比值来衡量；②农业机械化水平：利用农业机械总动力与耕地面积的比值来表示；③农业发展水平：使用第一产业增加值与地区生产总值的比值来衡量；④农村经济发展水平：使用农村居民人均可支配收入取对数衡量；⑤城镇化率：使用城镇人口占总人口的比重来衡量；⑥政府干预程度：使用地方财政一般预算支出占地区生产总值的比重来衡量；⑦产业结构：使用第二产业增加值与第三产业增加值的比重来衡量；⑧农作物播种面积：使用农作物总播种面积取对数表示；⑨工业化程度：使用第二产业增加值占地区生产总值的比重表示（表 8-2）。

表 8 - 2　变量描述性统计

变量名称	样本量	样本均值	标准差	最小值	最大值
农业面源污染	690	7.096	5.245	0.297	22.528
农业碳排放	690	1.640	1.932	0.189	20.199
农业灌溉水平	690	0.417	0.174	0.139	1.234
农业机械化水平	690	0.745	0.390	0.132	1.885
农业发展水平	690	0.117	0.064	0.002	0.364
农村经济发展水平	690	8.837	0.786	7.244	10.590
城镇化率	690	0.523	0.159	0.139	0.896
政府干预程度	690	0.218	0.105	0.069	0.758
产业结构	690	0.970	0.314	0.189	1.930
农作物播种面积	690	8.178	1.102	4.484	9.630
工业化程度	690	0.422	0.082	0.159	0.620

三、模型设定

本章以清洁能源示范省政策为准自然实验，使用双重差分法探究清洁能源示范省政策对农业面源污染和农业碳排放的影响。基准回归模型设置如下：

$$Y_{it} = \beta_0 + \beta_1 D_{it} + \gamma Controls_{it} + \varepsilon_{it} \qquad (8-1)$$

式 8 - 1 中，i 为省（自治区、直辖市）；t 为年份；Y_{it} 表示农业面源污染与农业碳排放；D_{it} 表示"清洁能源示范省"的政策变量；$Controls_{it}$ 表示控制变量；ε_{it} 为误差项；β_1 是本章关心的核心参数，即清洁能源示范省政策对农业面源污染和农业碳排放的影响。

第五节　实证结果与分析

一、基准回归结果

基于双重差分模型探究清洁能源示范省政策对农业减污降碳的影响，回归分析结果见表 8 - 3。模型 1 和模型 2 探究清洁能源示范省政策对农业面源污染的影响：模型 1 未加入任何控制变量、模型 2 加入所有控制变量，但无论是否添加控制变量，清洁能源示范省政策均可在 1% 的水平上对农业面源污染产生显著负向影响，即假说 1 得到验证。模型 3 未加入任何控制变量、模型 4 加入所有控制变量，但无论是否添加控制变量，清洁能源示范省政策均可在 1% 的水平上对农业碳排放产生显著负向影响。这说明在清洁能源政策实施之后，随着时间的推移和政策的发展，农业面源污染和碳排放指数会出现下降趋势。这也意味着清洁能源政策的实施可以显著推动农业的减污降碳，即假说 2 得以验证。

控制变量中，农业发展水平、农作物播种面积以及工业化程度分别在 5%、1%、5% 的水平上对农业面源污染有显著正向影响；城镇化率、政府干预程度、产业结构分别在 1%、5%、5% 的水平上对农业面源污染有显著负向影响；农业灌溉水平、农业机械化水平、农村经济发展水平对农业面源污染的影响并不显著。农业灌溉水平、产业结构、农作物播种面积均在 1% 的水平上对农业碳排放强度有显著正向影响；农业机械化水平、农业发展水平、农村经济发展水平、政府干预程度、工业化程度分别在 1%、1%、5%、1%、1% 的水平上对农业碳排放强度有显著负向影响；城镇化率对农业碳排放的影响并不显著。

表 8-3　基础回归结果

变量名称	农业面源污染		农业碳排放强度	
	模型 1	模型 2	模型 3	模型 4
清洁能源示范省政策	−0.917***	−0.749***	−1.429***	−0.537***
	(0.253)	(0.232)	(0.204)	(0.154)
农业灌溉水平		0.883		2.260***
		(0.969)		(0.641)
农业机械化水平		−0.040 0		−1.112***
		(0.310)		(0.205)
农业发展水平		6.760**		−21.26***
		(3.257)		(2.154)
农村经济发展水平		0.161		−1.538**
		(1.062)		(0.702)
城镇化率		−1.735***		0.730
		(0.670)		(0.443)
政府干预程度		−2.828**		−15.93***
		(1.361)		(0.900)
产业结构		−2.066**		2.107***
		(0.878)		(0.580)

（续）

变量名称	农业面源污染		农业碳排放强度	
	模型 1	模型 2	模型 3	模型 4
农作物播种面积		4.045 ***		1.062 ***
		(0.496)		(0.328)
工业化程度		8.823 **		−22.65 ***
		(4.278)		(2.829)
常数项	5.707 ***	−30.78 ***	3.705 ***	19.22 ***
	(0.220)	(7.621)	(0.178)	(5.040)
个体固定	Yes	Yes	Yes	Yes
年份固定	Yes	Yes	Yes	Yes
样本量	690	690	690	690
R^2	0.274	0.440	0.526	0.754

二、稳健性检验

（一）平行趋势检验

为了检验清洁能源示范省政策对试点地区农业的减污降碳效应是否有效，本章进行了平行趋势检验。结果如图 8-1、图 8-2 所示。以政策时点 2014 年为界可以发现，在政策实施之前，即 2009—2014 年，农业面源污染的置信区间在 0 上下波动，回归系数不显著，这表明在政策实施之前，受清洁能源示范省政策影响的处理组和未受政策影响的对照组没有显著差异，变化趋势基本一致；但在政策实施之后，回归结果统计水平逐渐上升，置信区间开始逐渐与 0 没有交点，回归系数呈现负向显著，这说明在清洁能源示范省政策实施之后的几年内，政策的影响虽然具有一定的滞后性，但对试点地区农业面源污染的改善还是有显著效果的，政策检验通过。

以政策时点 2014 年为界可以发现，在政策实施之前，即 2009—2014 年，农业碳排放强度的置信区间在 0 上下波动，回归系数不显著，这表明在政策实施之前，受到清洁能源示范省政策影响的处理组和未受政策影响的对照组没有显著差异，变化趋势基本一致；但在政策实施之后，回归结果统计水平逐渐上升，置信区间逐渐与 0 没有交点，回归系数呈现负向显著，这说明清洁能源示范省政策实施之后的几年内，政策的影响虽然具有一定的滞后性，但对试点地区农业碳减排还是有显著效果的，政策检验通过。

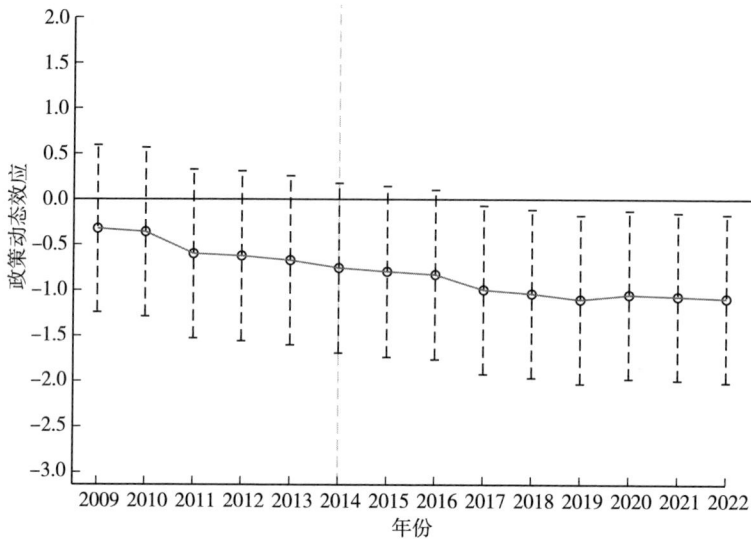

图 8-1　农业面源污染

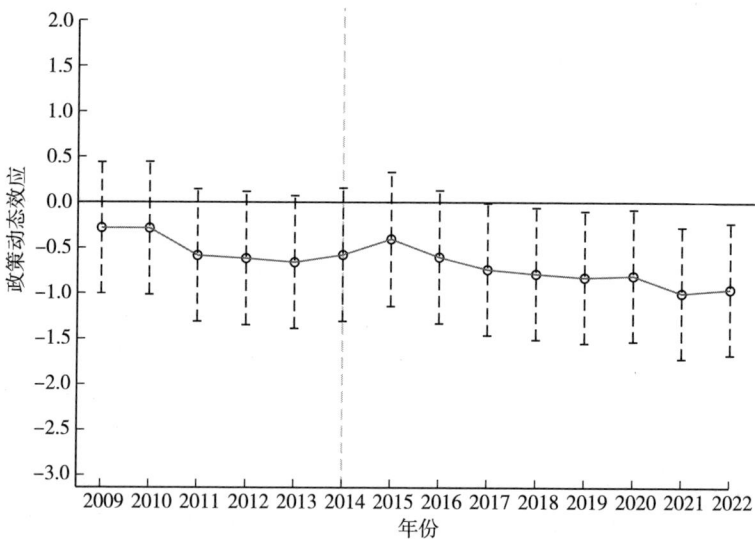

图 8-2　农业碳排放强度

（二）调整样本研究区间

为进一步有针对性地分析清洁能源示范省政策对试点地区农业的减污降碳的影响以及排除其他因素的干扰，本章采用调整样本研究区间的方式进行稳健性检验。基准回归中样本研究区间是 2009—2022 年，为了实现稳健性检验的目的，将样本研究区间调整到 2006—2022 年。若回归结果显著，则说明试点地区农业减污降碳的增长效应并非清洁能源示范省政策的实施带来的；若回归系数依然显著为负，则说明清洁能源示范省政策对农业的减污降碳是显著的。由表 8-4 可知，清洁能源示范省政策推行之后，农业面源污染和农业碳排放强度的系数在 1% 的水平上显著为负。这表明所获得的结果是可靠的，即通过了稳健性检验。

表 8-4　稳健性检验

变量名称	农业面源污染	农业碳排放强度
	模型 5	模型 6
清洁能源示范省政策	−0.366***	−0.387***
	(0.126)	(0.095)
控制变量	Yes	Yes
个体固定	Yes	Yes
年份固定	Yes	Yes
样本量	510	510
R^2	0.636	0.704

(三) 考虑疫情的影响

2020 年新冠疫情全面暴发，为排除疫情暴发这一因素的干扰，确保数据的有效性，构造了新冠疫情虚拟变量（将 2020 年及之后取值为 1，其他年份为 0），并加入回归中，回归结果如表 8-5 所示。在控制新冠疫情影响后，农业面源污染和农业碳排放强度的系数在 1% 的水平上仍然显著为负，这说明清洁能源示范省政策的推行对农业减污降碳是有效的。

表 8-5　剔除疫情影响

变量	农业面源污染	农业碳排放强度
	模型 7	模型 8
清洁能源示范省政策	−0.749***	−0.537***
	(0.232)	(0.154)
新冠疫情	Yes	Yes
控制变量	Yes	Yes
个体固定	Yes	Yes
年份固定	Yes	Yes
样本量	690	690
R^2	0.440	0.754

（四）交互固定效应

在评估清洁能源示范省政策对农业减污降碳的影响时，遗漏变量、反向因果等内生性问题可能导致估计结果存在偏误。首先，为缓解遗漏变量导致的内生性问题，本章控制了个体固定效应与时间固定效应，极大消除了遗漏变量导致的估计偏误。其次，本章采用控制变量滞后一期的方式进行内生性检验，从而消除反向因果导致的内生性问题。表8-6为内生性检验结果，在对控制变量进行滞后一期处理后，清洁能源示范省政策对农业面源污染与农业碳排放强度的影响系数分别为-0.652、-0.428，且均在1%水平下负向显著，这表明在消除内生性问题后，前文结论依旧成立。

表8-6   内生性检验结果

变量	农业面源污染	农业碳排放强度
	模型9	模型10
清洁能源示范省政策	-0.652***	-0.428***
	(0.205)	(0.147)
滞后一期的控制变量	Yes	Yes
个体固定	Yes	Yes
时间固定	Yes	Yes
样本量	660	660
R^2	0.539	0.772

第六节   结论与启示

一、研究结论

本章利用2009—2022年的省级面板数据，采用双重差分模型探究清洁能源示范省政策对农业减污降碳的影响。结果发现，清洁能源示范省政策在1%的水平上对农业面源污染、农业碳排放产生显著负向影响。控制变量中农业发展水平、农作物播种面积以及工业化程度对农业面源污染有显著正向影响；城镇化率、政府干预程度、产业结构对农业面源污染有显著负向影响；农业灌溉水平、农业机械化水平、农村经济发展水平对农业面源污染的影响并不显著。农业灌溉水平、产业结构、农作物播种面积等控制变量对农业碳排放强度有显著正向影响；农业机械化水平、农业发展水平、农村经济发展水平、政府干预程度、工业化程度对农业碳排放强度有显著负向影响；城镇化率对农业碳排放的影响并不显著。这说明在清洁能源示范省政策实施之后，随着时间的推移和政策的发展，农业面源污染和碳排放指数会出现下降趋势。即清洁能源示范省政策的实施可以显著地促进浙江省农业的减污降碳，且经过平行趋势检验、调整样本研究区间、剔除疫情影响、考虑交互固定效应等稳健性检验之后，清洁能源示范省政策对农业面源污染、农业碳排放强度产生显著负向影响这一结论依旧成立。

二、研究启示

本章的研究结论对于浙江省政府未来有关政策的制定和推进有以下启示：

第一，推动多元化能源系统建设，发展"新能源＋"模式，例如大力推动"新能源＋储能""新能源＋氢能""新能源＋智能电网"等多元化能源系统的建设，提升能源系统的灵活性和可靠性。鼓励新能源与数字技术的深度融合，通过大数据、物联网、人工智能等技术手段优化新能源发电、调度过程，实现能源系统的智慧化管理。

第二，优化现有政策体系，增强浙江省与中央之间以及各级地市之间的协调性与可持续性，进一步完善新能源发展的政策体系，增强不同政策之间的协调性，避免政策冲突或重复。加大对新能源项目的长期支持力度，完善新能源电价补贴和税收优惠政策，确保政策的持续性和稳定性，增强市场主体的信心。

第三，加强国际合作，借鉴全球先进经验，积极参与全球新能源技术合作与交流。借鉴国际先进的低碳发展经验，加强新能源大机械化生产等领域的技术创新和标准制定的国际合作，共同推动全球减污降碳目标与人类命运共同体的实现。

第四，促进新能源在各领域的应用，推动新能源在工业、交通、建筑等领域的应用，提高新能源在能源消费中的比重。鼓励企业采用新能源技术进行节能减排改造，推广新能源汽车、新能源船舶等交通工具。同时加强新能源在农村地区的应用，推进农村能源革命。发展农村分布式能源，提高农村能源供应的可靠性。

具体到农业领域，首先，加大技术研发与推广力度，提高新能源技术适应性。增强农业新能源技术的研发投入，针对不同区域和作物类型，开发适应性强、经济高效的新能源应用技术，尤其是光伏农业、生物质能利用等；建立农业新能源技术推广示范基地，通过现场观摩、技术培训等方式，提高农户对新能源技术的认知度和接受度，促进技术推广应用。其次，完善财政支持政策，降低新能源设施建设成本。浙江省应加大对农业新能源项目的财政支持力度，通过补贴、税收减免、低息贷款等方式，降低农户和企业的投资门槛；特别是对初期投入较大的光伏农业大棚、农业生物质能发电等项目，应提供专项补贴，减轻农户负担，提高项目经济效益。最后，鼓励多元化融资渠道，推动农业新能源项目发展。除政府补贴外，还应鼓励社会资本、金融机构参与农业新能源项目的投资，充分发挥市场这只"看不见的手"，通过绿色信贷、产业基金等多元化融资手段，拓宽项目资金来源；建立农业新能源项目的风险分担机制，降低企业和农户投资风险，促进项目可持续发展。

参 考 文 献

蔡兴，2022. "蓝天保卫战"空气污染治理效应评估 [J]. 中南大学学报（社会科学版），28（5）：78-91.

陈林，肖倩冰，蓝淑菁，2021. 基于产业结构门槛效应模型的环境政策治污效益评估：以《大气污染防治行动计划》为例 [J]. 资源科学，43（2）：341-356.

程芳芳，傅京燕，2020. 区域联防联控环境治理政策对企业生产规模的影响研究 [J]. 中国人口·资源与环境，30（9）：46-53.

杜志雄，胡凌啸，2023. 党的十八大以来中国农业高质量发展的成就与解释 [J]. 中国农村经济（1）：2-17.

冯楚寒，武曙红，2022. 美国引导林农参与碳市场的经验及启示 [J]. 世界林业研究，35（1）：124-129.

黄光球，刘富垒，2019. 陕西省能源消费结构对碳排放强度的作用机理研究 [J]. 生态经济，35（5）：36-41.

贾陈忠，乔扬源，2021. 基于等标污染负荷法的山西省农业面源污染特征研究 [J]. 中国农业资源与区划，42（3）：141-149.

雷贵祥，2023. 基于能源结构调整的省级区域碳排放预测研究 [J]. 能源与节能（5）：43-46.

李莉，雷涯邻，吴三忙，等，2021. 我国煤炭消费产生的温室气体和大气污染排放研究 [J]. 华北水利水电大学学报（自然科学版），42（6）：81-85.

李乔楚，陈军华，张鹏，2024. 基于清单算法的区域温室气体排放特征分析——以四川省为例 [J]. 环境污染与防治，46（4）：550-558.

梁琦，肖素萍，刘玉博，2022. 环境政策对城市生态效率的影响与机制研究：基于生态文明先行示范区的准自然实验 [J]. 西安交通大学学报（社会科学版），42（3）：61-70.

刘晓龙，崔磊磊，李彬，等，2021. 碳中和目标下中国能源高质量发展路径研究 [J]. 北京理工大学学报（社会科学版），23（3）：1-8.

陆安颉，2021. 公众参与对环境治理效果的影响：基于阶梯理论的实证研究 [J]. 中国环境管理，13（4）：119-127.

罗知，李浩然，2018. "大气十条"政策的实施对空气质量的影响 [J]. 中国工业经济

（9）：136 - 154.

马九杰，崔恒瑜，2021. 农业保险发展的碳减排作用：效应与机制 ［J］. 中国人口·资源
　　与环境，31（10）：79 - 89.

毛显强，曾桉，刘胜强，等，2012. 钢铁行业技术减排措施硫、氮、碳协同控制效应评价
　　研究 ［J］. 环境科学学报，32（5）：1253 - 1260.

任亚运，傅京燕，2019. 碳交易的减排及绿色发展效应研究 ［J］. 中国人口·资源与环境，
　　29（5）：11 - 20.

尚杰，杨滨键，2019. 种植业碳源、碳汇测算与净碳汇影响因素动态分析：山东例证 ［J］.
　　改革（6）：123 - 134.

田云，尹忞昊，2022. 中国农业碳排放再测算：基本现状、动态演进及空间溢出效应 ［J］.
　　中国农村经济（3）：104 - 127.

王恒，方兰，2023. 中国农业数字化与绿色化时空耦合协调关系及驱动力分析 ［J］. 长江
　　流域资源与环境，32（4）：868 - 882.

王莉，亢延锟，薛飞，等，2022. 环境政策效果的综合框架：来自 16 项试点政策的经验证
　　据 ［J］. 财贸经济，43（4）：98 - 112.

邢有凯，毛显强，冯相昭，等，2020. 城市蓝天保卫战行动协同控制局地大气污染物和温
　　室气体效果评估：以唐山市为例 ［J］. 中国环境管理，12（4）：20 - 28.

徐维祥，郑金辉，周建平，等，2023. 资源型城市转型绩效特征及其碳减排效应 ［J］. 自
　　然资源学报，38（1）：39 - 57.

薛飞，周民良，2022. 用能权交易制度能否提升能源利用效率？［J］. 中国人口·资源与环
　　境，32（1）：54 - 66.

杨儒浦，王敏，胡敬韬，等，2023. 工业园区减污降碳协同增效评价方法及实证研究 ［J］.
　　环境科学研究，36（2）：422 - 430.

杨斯悦，王凤，刘娜，2020.《大气污染防治行动计划》实施效果评估：双重差分法 ［J］.
　　中国人口·资源与环境，30（5）：110 - 117.

叶榅平，2023. "双碳"目标下减污降碳协同增效法制保障体系之重塑 ［J］. 中国地质大学
　　学报（社会科学版），23（2）：18 - 30.

易兰，杨田恬，杜兴，等，2022. 减污降碳协同路径研究：典型国家驱动机制及对中国的
　　启示 ［J］. 中国人口·资源与环境，32（9）：53 - 65.

张国兴，樊萌萌，马睿琨，等，2022. 碳交易政策的协同减排效应 ［J］. 中国人口·资源
　　与环境，32（3）：1 - 10.

张国兴，雷慧敏，马嘉慧，等，2021. 公众参与对污染物排放的影响效应 ［J］. 中国人
　　口·资源与环境，31（6）：29 - 38.

张丽峰，2011. 我国产业结构、能源结构和碳排放关系研究 ［J］. 干旱区资源与环境，25
　　（5）：1 - 7.

张艳，郑贺允，葛力铭，2022. 资源型城市可持续发展政策对碳排放的影响 ［J］. 财经研
　　究，48（1）：49 - 63.

赵俊伟，尹昌斌，2016. 青岛市畜禽粪便排放量与肥料化利用潜力分析 [J]. 中国农业资源与区划，37 (7)：108 - 115.

赵立祥，赵蓉，张雪薇，2020. 碳交易政策对我国大气污染的协同减排有效性研究 [J]. 产经评论，11 (3)：148 - 160.

郑石明，2019. 环境政策何以影响环境质量？：基于省级面板数据的证据 [J]. 中国软科学 (2)：49 - 61，92.

郑逸璇，宋晓晖，周佳，等，2021. 减污降碳协同增效的关键路径与政策研究 [J]. 中国环境管理，13 (5)：45 - 51.

朱志平，董红敏，魏莎，等，2020. 中国畜禽粪便管理变化对温室气体排放的影响 [J]. 农业环境科学学报，39 (4)：743 - 748.

ALIMUJIANG A，JIANG P，2020. Synergy and co - benefits of reducing CO_2 and air pollutant emissions by promoting electric vehicles：A case of Shanghai [J]. Energy for Sustainable Development，55 (0)：181 - 189.

DU W J，LI M J，2020. Assessing the impact of environmental regulation on pollution abatement and collaborative emissions reduction：Micro - evidence from Chinese industrial enterprises [J]. Environmental impact Assessment Review (82)：106382.

Intergovernmental Panel on Climate Change，2023. Climate change 2023：Synthesis report [R] Geneva：IPCC.

MARDONES C，CABELLO M，2019. Effectiveness of local air pollution and GHG taxes：The case of Chilean industrial sources [J]. Energy Economics，83 (9)：491 - 500.

SINHA A，SCHNEIDER N，SONG M，et al.，2022. The determinants of solid waste generation in the OECD：Evidence from cross - elasticity changes in a common correlated effects framework [J]. Resources，Conservation and Recycling 182：106322.

VELTHOF G，HOU Y，OENEMA O，2015. Nitrogen excretion factors of livestock in the European Union：A review [J]. Journal of the Science of Food and Agriculture，95：3004 - 3014.

WU Y，ZHANG W Y，2016. The driving factors behind coal demand in China from 1997 to 2012：An empirical study of input - output structural decomposition analysis [J]. Energy Policy，95：126 - 134.

第九章
农业绿色发展先行区政策的效果评估

本章提要： 创建农业绿色发展先行区是推进农业绿色生产转型的重要政策举措。本章以农业绿色全要素生产率代表面源污染状况，利用浙江省2011—2022年60个县（市、区）的面板数据，采用双重机器学习方法，实证检验农业绿色发展先行区政策对农业绿色全要素生产率的影响效应。研究发现：设立农业绿色发展先行区对农业绿色全要素生产率具有显著的正向影响，并且可促进农业绿色技术进步和农业绿色技术效率提升。机制检验表明：农业产业集聚、产业结构优化是农业绿色发展先行区政策效能发挥的两条作用路径。调节效应分析发现：资金支持能正向调节农业绿色发展先行区政策的绿色效应，金融普惠的调节作用并不明显。异质性分析结果表明：农业绿色发展先行区政策更有助于提升平原县与产粮大县的农业绿色全要素生产率。研究结论从新制度经济学视角出发，丰富了农业绿色转型的制度路径，也为县域农业绿色转型的实现路径提供理论借鉴。

第一节 引 言

推进农业绿色转型是实现农业可持续发展的关键举措。中国高投入、高消耗的传统"粗放型"农业发展方式虽然推动了以"粮食"为代表的农业快速增长，却也引发了农业资源过度消耗、农业面源污染等问题（韩海彬和杨冬燕，2023），严重影响到农业绿色转型发展进程。据统计，1978—2022年，中国粮食产量从30 476.5万吨增至68 653万吨，提高了1.25倍，而化肥施用量从884万吨增至5 079.2万吨，增加了4.75倍[①]。这种较高的农业化学品投入与较低的利用效率，造成了较大的农业面源污染，甚至已成为我国环境污染的关键来源

---

① 数据来源：国家统计局，https://www.stats.gov.cn/sj/。

（郭海红和李树超，2022）。可见，中国以要素高消耗、环境高污染为特征的农业增长模式，具有显著的外部不经济性（李谷成和李欠男，2022）。因此，如何推进农业绿色发展已成为农业转型升级过程中亟待解决的现实问题。在此背景下，以绿色技术体系运用为核心的农业绿色发展先行区政策应运而生。2017 年，中共中央办公厅和国务院办公厅联合印发了《关于创新体制机制推进农业绿色发展的意见》，并在同年启动了农业可持续发展试验示范区（农业绿色发展试点先行区）建设工作。2018 年，浙江省农业厅积极响应中央政策，制定并颁布了《浙江省农业绿色发展试点先行区三年行动计划（2018—2020 年）》（以下简称《行动计划》），强调以绿色技术创新与绿色制度体系建立来推进农业绿色发展的重要思想，并于 2019 年、2020 年先后设立两批共 51 个农业绿色发展先行县（市、区）开展试点工作。那么，以科技创新和制度创新"双轮驱动"的农业绿色发展先行区能否有效推进农业绿色发展？其作用机制又是什么？这些问题亟待解答。

已有文献基于外部性理论剖析了农业绿色发展的困境（刘刚，2020），提出激励和约束机制是推动农业绿色发展的重要动力（王玉爽和钟茂初，2023）。大量学者基于我国实践评估了各类农业绿色发展政策的效能，如有机肥补贴、技术补贴、农业支持保护补贴等激励政策（范东寿等，2023；杨兴杰和齐振宏，2022；周静，2020），以及秸秆还田、环境税规制、化肥零增长行动等约束政策（余志刚等，2023；周志波，2023；张田野等，2020），且均肯定了政策的绿色效能。但也有学者发现，激励与约束政策的效果并不理想，如张军伟等（2020）发现，农业金融支持政策中的农村信贷和农业保险对农业绿色发展的作用不明显，农业补贴反而负向影响农业绿色发展；马国群和谭砚文（2021）认为，约束政策的成本遵循效应将抑制农业绿色发展。部分学者将研究视角拓展至制度经济学，认为仅凭政策激励和约束机制等外部动力是不足以支撑农业绿色发展的，同时要综合纳入竞争、组织结构创新、绿色文化等内部动力（曾凡银，2024）。农业绿色发展先行区政策作为整建制全要素全链条推进的区域性政策，兼具技术创新与制度创新理念，但鲜有研究从制度经济学的视角对其效果进行评估。

鉴于此，本章基于新制度经济学理论，利用农业绿色发展先行区政策和浙江省县域面板数据，以双重机器学习法系统评估了农业绿色发展先行区的政策效应，并从农业产业集聚、产业结构优化方面明晰了作用机制。可能的贡献有以下几个方面。（1）基于我国农业绿色转型的现实背景，聚焦于浙江省农业绿色发展先行区的制度设计，评估了该政策的绿色效能，丰富了农业绿色发展的政策研究。（2）将农业产业集聚与农业产业结构优化作为中介变量，揭示了农业绿色发展先行区政策效应的作用路径，为区域性政策制度设计和农业绿色发展的潜在理论路径提供了实证支撑。（3）考察了资金支持与普惠金融在政策效能中的调节效应，为放大农业绿色发展先行区政策的绿色效能提供理论参考。

第二节　政策背景与理论分析

一、政策背景

2018 年，浙江省农业厅颁布《行动计划》，并于 2019 年、2020 年先后设立两批共 51 个农业绿色发展先行县（市、区），期望通过先行先试，以点带面推动农业绿色转型。通过归纳浙江省颁布的政策文件可知，整体上，农业绿色发展先行区政策以科技创新和制度创新为理念，立足各个地区资源禀赋和突出问题，明确了以实现产业、资源、产品、乡村、制度和增收"六个绿色"的发展导向与目标计划。建设内容具体包含"三调三治理"，即推进产业结构、生产方式、经营机制三大"调整"和养殖业污染、农业投入品、田园环境三大"治理"，其中与农业相关的具体措施见表 9-1。

表 9-1　农业绿色发展先行区政策的措施、目标及内容

主要措施	目标	主要内容
创新农业生产方式	绿色技术进步	推广绿色增产、节本降耗、生态环保的绿色生产技术
		研发农业废弃物高效利用、农业投入品精准减量等关键技术
		促进生物技术、工程技术和信息技术的集成应用
	绿色技术效率	实施"千万吨秸秆资源化利用行动"
		实施"千万吨畜禽粪污资源化利用行动"
		加快发展数字农业、设施农业、机器换人
		扩大太阳能、沼气等清洁能源在农业生产中的应用
确立农业经营机制	促进农业产业集聚	推进规模化经营
		促进经营主体合作联合
		加快推动产业融合发展
调整农业产业结构	引导产业体系绿色变革	优化农业生产空间布局
		加快培育农业新产业新业态
		大力开发绿色农产品
治理农业投入品	构建标准体系	完善农业投入品标准和追溯体系
		强化农业投入品执法监督
治理田园环境	健全法规政策	农业面源污染防控
		农业生态环境整治

二、理论分析与研究假说

(一)直接效应

农业绿色全要素生产率是衡量农业绿色发展的重要指标(谢会强等,2023),通常可理解为加入环境要素后计算得到的农业全要素生产率,其中环境要素主要是面源污染和固体废弃物排放等非期望产出,并且该指标可分为农业绿色技术进步(AGTC)和农业绿色技术效率(AGEC)两部分。具体到采用农业绿色全要素生产率评估农业绿色发展先行区的政策效果,影响机理主要体现在以下方面:

根据外部性理论可知,农业绿色发展具有典型的公共物品属性,虽无排他性但具有竞争性,对于投入更高、收益不确定性更强的农业绿色生产行为,其外部性往往更加显著。虽然绿色农产品的经济价值更高,但在制度环境与制度安排不完善的背景下,农户绿色生产的收益难以弥补成本,同时受制于农产品"逆向选择"作用下的优质而非优价,农业经营主体可能会主动选择低成本、高化肥的农业生产方式(朱俊峰和邓远远,2022)。因此,农业绿色发展先行区通过一系列的制度调整以激活农业生产向绿色转型。从制度环境来看,农业绿色发展先行区政策以绿色科技创新为核心,通过"三农六方"①引领、产学研结合、省市县联动的网络化科技创新推广体系,加强绿色技术推广落地,同步健全农业投入品标准体系、农业面源污染监测体系和农田污染控制标准,为农业生产者提供明确的指导和规范,确保农业绿色发展的质量和效益。从制度安排来看,农业绿色发展先行区政策建立正向激励、反向约束的制度体系以优化农业资源配置效率。根据诱致性技术变迁理论,生产要素价格的变动会引致农业经营主体择优选取资源配置模式(金绍荣和任赞杰,2022)。农业绿色发展先行区政策通过加大耕地保护、生态补偿和绿色生产等政府补贴、实施"千万吨秸秆资源化利用行动"以及全面推广"机器换人"以降低农机、有机肥、优质耕地等要素价格,同时以农药实名制购买、农业生态环境"黑名单制度"等措施提高污染成本,从而改善农业绿色生产的技术效率。基于此,文章提出下列假说:

假说1:农业绿色发展先行区政策能提升农业绿色全要素生产率。

假说2:农业绿色发展先行区政策能促进农业绿色技术进步。

假说3:农业绿色发展先行区政策能提高农业绿色技术效率。

---

① 根据《浙江省人民政府办公厅关于政府向社会力量购买服务的实施意见》(浙政办发〔2014〕72号),"三农六方"指的是强化浙江省农业厅(现浙江省农业农村厅)、浙江省农业科学院、浙江大学、中国水稻研究所、中国农业科学院茶叶研究所、浙江农林大学(简称省"三农六方")之间的协作,推动农科教、产学研联合开展技术攻关,促进成果转化和产业提升发展。

（二）影响机制

一是农业产业集聚。《行动计划》强调要调整农业经营机制，通过规模化经营、经营主体合作联合、产业融合发展引领农业产业绿色转型，具体内容包括"健全承包土地流转登记、中介服务等机制""引导农民专业合作社、家庭农场等经营主体联合""建立紧密型利益链接关系"等。这意味着农业绿色发展先行区内部被要求推动经营体系变革，以产业集聚推进农业绿色发展。从产业集聚对农业绿色发展的影响来看，产业集聚主要凭借规模效应、分工深化和共生经济来发挥政策的绿色效能。其一，在规模效应层面，要素有序流转推动下的产业集聚可以有效构建"产购储加消"一体化发展格局，破除区域间要素和产品流动的障碍，降低农业生产要素、中间品投入和农产品贸易成本（杨莲娜和张心雨，2024）。其二，在分工深化层面，新型农业经营主体联合带动的产业集聚有利于促进产业间纵向专业化分工和横向经济协同发展，达到改善资源错配、推动劳动生产率提升、实现专业化生产的目的，最终助推农业绿色转型（李晓慧等，2024）。其三，在共生经济层面，紧密型利益链接关系下的产业集聚可以有效消除行业间隔阂，实现集约化资源利用，特别是横向产业与纵向产业集聚的协同共生，更有助于形成绿色循环的农业体系（孙虹玉和刘泽杰，2023）。

二是农业产业结构优化。《行动计划》强调要通过优化农业生产空间布局、加快培育农业新产业新业态、大力开发绿色农产品三大措施优化农业产业结构以推进农业绿色发展，具体内容包括"立足资源环境承载力，优化农业生产力布局""实施休闲农业和乡村旅游精品工程""加强绿色品种引进、选育和推广"等。这意味着以市场需求为导向的产业结构优化也是农业绿色发展先行区政策推进的重点方向。从产业结构优化对农业绿色发展的影响来看，产业结构优化主要发挥资源优化配置、技术扩散效应以及技术诱导效应。其一，在资源优化配置层面，"推进规模化农产品基地和优势产业带建设"等措施，能够促进要素的流动与重新配置，有利于生产要素的"量质齐增"，推动农业绿色全要素生产率的提升。其二，在技术扩散效应层面，新产业新业态作为附加值高且技术密集的部门会占据主导地位，形成地区间的技术追赶，进而提高农业绿色全要素生产率（金芳和金荣学，2020）。其三，在技术诱导效应方面，绿色农产品的品牌溢价和声誉激励将激活"优质优价"的市场运行机制，从而诱导生产者积极施用绿色农业投入品，提升产品质量（黄炜虹等，2022；张艳和黄炎忠，2022）。基于此，文章提出下列假说：

假说4：农业绿色发展先行区政策通过推动农业产业集聚来提升农业绿色全要素生产率。

假说5：农业绿色发展先行区政策通过优化农业产业结构来提升农业绿色全要素生产率。

（三）资金保障的调节效应

资金保障能与农业绿色发展先行区政策形成互补，在助力农业经营主体的绿色技术采纳、缓解资金约束方面发挥着至关重要的作用。一方面，农业绿色发展先行区政策提出要加大生态补偿、绿色生产等政府补贴，以加强对农业绿色发展的资金支持力度，从而激活各类社会主体参与农业绿色发展的积极性。绿色生产补贴通过提高农业经营主体的无风险收益，改变其风险偏好，进而影响政策的实施效果（高鸣和魏佳朔，2022）。第一，从新技术采纳看，政府资金补贴直接提高了农业经营主体的收入水平，从而拓宽其农业绿色技术的选择范围，提升农业绿色技术的采纳率。第二，政府资金补贴揭高了农业经营主体的抗风险能力，缓解其因规避风险而对新技术产生的抗拒心理，从而增强其采取新技术的意愿与能力，推动农业绿色发展（闵锐和胡卓辉，2024）。另一方面，农业绿色发展先行区政策提出探索绿色金融服务先行先试的方式，在农业绿色转型过程中推广应用绿色信贷、绿色保险产品。普惠金融通过发挥"资金集聚效应"和"科技创新效应"促进农业绿色发展。第一，普惠金融为农业经营主体提供多元化的融资渠道，解决了农业资本积累缓慢导致的资金约束问题，满足农业绿色生产转型的需要。第二，金融支持可以有效缓解创新研发过程中的持续性投入问题，从而激活科技创新效应，促进农业绿色发展（唐勇和吕太升，2021）（图9-1）。基于此，文章提出下列假说：

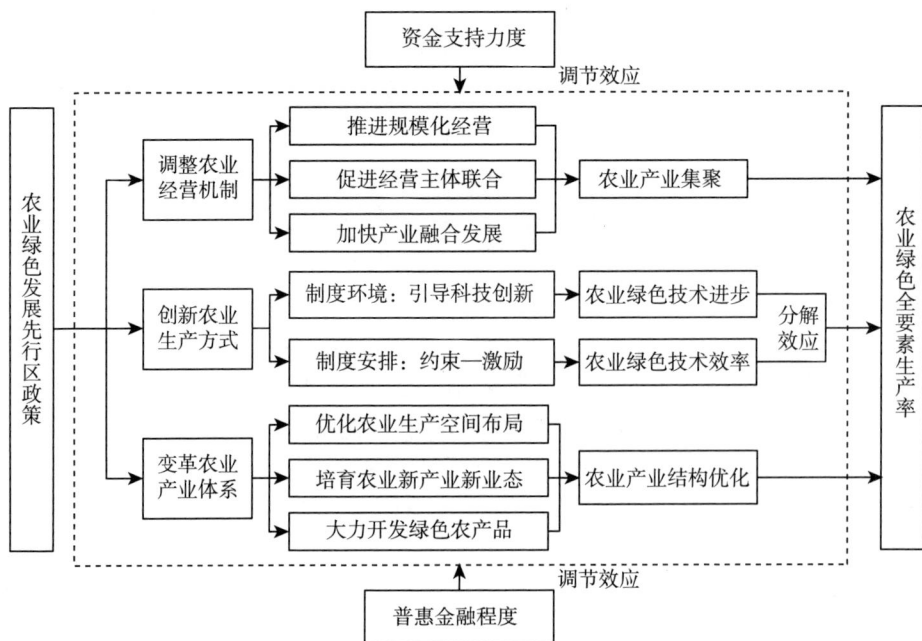

图 9-1　研究框架图

假说 6：政府资金补贴会正向调节农业绿色发展先行区政策对农业绿色全要素生产率的促进效应。

假说 7：普惠金融能正向调节农业绿色发展先行区政策对农业绿色全要素生产率的促进效应。

第三节 研究设计

一、样本选择与数据来源

本章选取 2011—2022 年浙江省县域数据，在剔除农业生产投入指标及控制变量缺失较多的样本后，最终获得 60 个县（市、区）的面板数据，其中 40 个县（市、区）被设立为农业绿色发展先行区。农业总产值、化肥施用折纯量、有效灌溉面积等数据来源于《浙江统计年鉴》（2011—2023 年），部分缺失数据通过查询地级市统计年鉴以及采用插值法予以补充。

二、变量选取及描述性统计

（一）被解释变量

农业绿色全要素生产率（AGTFP）是衡量资源环境与经济增长之间相互作用的有效指标，已有较多学者采用该指标衡量农业绿色发展水平（韩海彬和杨冬燕，2023；李谷成和李欠男，2022；马国群和谭砚文，2021）。本章选择该指标作为被解释变量，来具体衡量农业绿色发展先行区政策的实施效果。研究过程中，本章以狭义农业作为研究对象，并采用 SBM - GML 方法来测算农业绿色全要素生产率。投入变量包括化肥施用折纯量、农作物播种面积、农业机械总动力、有效灌溉面积、农业一产就业人员。产出变量有两类，一是期望产出，即平减 2010 年后的农业总产值；二是非期望产出，主要为化肥污染和农业废弃物污染（李谷成，2014）。另外，由于县域数据中农药和农膜数据缺失，未对其进行核算。其中，GML 指数能反映生产率变化在农业中的动态影响，表达式如下：

$$GML^{t,t+1}(x^t, y^t, b^t; x^{t+1}, y^{t+1}, b^{t+1}) = [1 + D_G^T(x^t, y^t, b^t)]/ [1 + D_G^T(x^{t+1}, y^{t+1}, b^{t+1})]$$

$$(9-1)$$

其中，$D_G^T(x, y, b) = \max\{\beta | (y + \beta y, b - \beta b) \in P_G(x)\}$，由全局基准生产可能性集获得。GML 指数能进一步分解为 AGTC 和 AGEC 两部分。

$$GML^{t,t+1}(x^t, y^t, b^t; x^{t+1}, y^{t+1}, b^{t+1}) = AGEC^{t,t+1} \times AGTC^{t,t+1}$$

$$(9-2)$$

（二）核心解释变量

浙江省在 2019 年和 2020 年先后颁布两批农业绿色发展先行区，以此构建核心解释变量 D，表示"农业绿色发展先行区"的设立。具体而言，如果样本县（市、区）在 2019 年或 2020 年被设为农业绿色发展先行区，则作为处理组，未设立的县（市、区）作为对照组。其中，处理组县（市、区）在农业绿色发展先行区设立当年及之后年份，D 取值为 1，反之取值为 0；对照组县（市、区）D 全部取值为 0。

（三）控制变量

根据已有的研究，控制变量包括宏观经济指标和农业生产情况（杜建军等，2023）。一是宏观经济指标。①财政自给率：采用一般公共预算收入与一般公共预算支出的比值来衡量。②经济发展水平：利用各地区农村居民可支配收入取对数来表示。二是农业生产情况。①机械化水平：使用农业机械总动力除以农作物播种面积衡量。②有效灌溉比例：使用有效灌溉面积除以农作物播种面积衡量。③农业种植结构：使用粮食作物播种面积除以农作物播种面积衡量。

（四）中介变量

中介变量包括农业产业集聚和农业产业结构优化。参考韩海彬和杨冬燕（2023）的做法，采用区位熵的方法，对于各个县（市、区），先计算其农业总产值占全省农业总产值的比例，然后除以该县（市、区）的生产总值占全省生产总值的比例，以此衡量农业产业集聚程度。借鉴蒋辉等（2022）的研究，以农业总产值×（农林牧渔专业及辅助性活动产值/农林牧渔业总产值）计算出农业服务业总产值，并作为农业产业结构优化的代理变量。农业专业及辅助性活动主要包含种子种苗培育活动、农产品初加工活动等，能较好地表示农业产业结构的革新。

（五）调节变量

调节变量包括政府资金补贴与普惠金融。由于县级财政支农数据缺失，本章采用浙江省各县（市、区）环境保护专项资金作为政府资金补贴的代理变量，该数据目前统计区间仅为 2017—2022 年，样本期间包含农业绿色发展先行区政策的实施年份。限于数据的可得性，本章采用北京大学的数字普惠金融指数来衡量各县（市、区）普惠金融发展程度，样本时间跨度为 2014—2022 年，样本期间包含农业绿色发展先行区政策的实施年份，部分年份缺失数字普惠金融的数据，本章采用插值法对数字普惠金融数据进行补充（表 9-2）。

表 9 - 2 变量描述性统计

变量类型	变量名称	变量符号	样本量	均值	标准差	最小值	最大值
被解释变量	农业绿色全要素生产率	AGTFP	720	1.081	0.104	0.743	1.904
	农业绿色技术进步	AGTC	720	1.120	0.295	0.172	7.968
	农业绿色技术效率	AGEC	720	0.992	0.268	0.095	6.826
控制变量	财政自给率	FIN	720	0.610	0.321	0.132	3.484
	经济发展水平	ECO	720	10.008	0.439	8.859	10.851
	机械化水平	MEC	720	2.837	13.086	0.182	196.815
	有效灌溉比例	IRR	720	0.646	0.359	0.002	3.307
	种植结构	STR	720	0.501	0.123	0.087	0.769
中介变量	农业产业集聚	AIA	720	1.463	0.965	0.028	4.881
	农业产业结构优化/万元	AISO	720	5 089.789	6 145.148	0.799	34 688.205
调节变量	环境保护专项资金/亿元	ENV	360	0.072	0.073	0.000	0.569
	数字普惠金融指数	IND	540	114.247	17.090	61.640	145.610

三、模型设定

本章旨在评估农业绿色发展先行区的政策效果，已有研究多采用传统因果推断模型，而传统模型的诸多限制与缺陷会影响结论的准确性（王茹婷等，2022；张涛和李均超，2023）。Chernozhukov 等（2018）提出的双重机器学习有效弥补了传统模型的不足：一方面，采用双重机器学习处理非线性数据，可以减少模型错误设定的风险；另一方面，双重机器学习采用工具变量、两阶段预测残差回归和分割样本的方法，可以降低"正则化偏差"，确保处理效应估计的无偏性（王茹婷等，2022）。基于此，本章选用双重机器学习评估农业绿色发展先行区政策的效果，公式见第 7 章。

第四节 实证结果与分析

一、基础回归结果

表 9 - 3 汇报了使用双重机器学习方法的基准回归结果。其中，部分线性模型采用随机森林算法进行预测求解，样本分割比例为 1：4。表 9 - 3 结果显

示，农业绿色发展先行区政策对农业绿色全要素生产率的影响系数为 0.046，在 1％的水平下呈现正向显著，这表明设立农业绿色发展先行区能促进农业绿色全要素生产率的提升，假说 1 得到验证。从农业绿色全要素生产率的分解效应看，农业绿色发展先行区政策对农业绿色技术进步、农业绿色技术效率的影响系数分别为 0.023、0.025，且均在 5％的水平下正向显著，这说明科技创新与制度创新"双轮驱动"下的农业绿色发展先行区政策，对农业绿色技术进步与农业绿色技术效率提升发挥了重要的促进作用，从而在农业绿色转型方面形成了重要影响，假说 2、假说 3 得到验证。

表 9 - 3　基准回归结果

变量	部分线性模型		
	AGTFP	AGTC	AGEC
农业绿色发展先行区政策	0.046***	0.023**	0.025**
	(0.015)	(0.011)	(0.012)
控制变量	Yes	Yes	Yes
地区	Yes	Yes	Yes
年份	Yes	Yes	Yes
观测值	720	720	720

二、稳健性检验

(一) 调整研究样本

为了避免时间跨度过大的样本对研究结果产生影响，本章将分析时间窗口限定在政策实施前后两年，确保样本时区的对称性。结果如表 9 - 4 所示，将研究区间调整为 2017—2022 年后，农业绿色发展先行区政策对农业绿色全要素生产率仍呈现正向显著影响，证明了前文结论的稳健性。

(二) 缩尾处理

考虑到回归样本中的异常值可能影响估计结果的无偏性，本章将基准回归中除核心解释变量外的所有变量进行前后 1％、3％、5％的缩尾处理，替换了超出上分位点和低于下分位点的数值并进行回归分析。表 9 - 4 的结果显示，剔除异常值后，回归结果仍然显著为正。

(三) 考虑地级市-年份交互固定效应

由于浙江省各地级市间的政策实施考核可能存在差异，而同地级市内各县

（市、区）在资源禀赋、政策背景、经济文化等方面存在相似性，所以本章采取控制地级市-年份交互固定效应的方法进行稳健性检验。表9-4结果显示，控制地级市-年份交互固定效应后，系数依旧显著为正。

表9-4　稳健性检验

变量	（1）调整研究样本	（2）缩尾处理			（3）交互固定效应
	调整样本区间	1%缩尾	3%缩尾	5%缩尾	地级市-年份
农业绿色发展先行区政策	0.044***	0.040***	0.018**	0.014*	0.055***
	(0.016)	(0.012)	(0.009)	(0.008)	(0.017)
控制变量	Yes	Yes	Yes	Yes	Yes
地区	Yes	Yes	Yes	Yes	Yes
年份	Yes	Yes	Yes	Yes	Yes
地级市-年份交互固定效应	No	No	No	No	Yes
观测值	360	720	720	720	720

（四）重设双重机器学习模型

为避免模型设定偏误对结论产生的影响，本章从双重机器学习模型的设定条件入手，通过改变样本分割比例、更换机器学习方法进行稳健性检验。由表9-5检验结果可知，切换样本分割比例以及调整机器学习算法均不影响农业绿色发展先行区政策促进农业绿色全要素生产率提升的结论，只改变了系数大小，说明原结论是稳健的。

表9-5　双重机器学习稳健性检验

变量	（1）改变样本分割比例			（2）更换机器学习方法		
	Kfolds=3	Kfolds=8	Lassocv	Gradboost	Elasticcv	Svm
农业绿色发展先行区政策	0.039***	0.048***	0.057***	0.048***	0.056***	0.037*
	(0.013)	(0.015)	(0.015)	(0.015)	(0.015)	(0.015)
控制变量	Yes	Yes	Yes	Yes	Yes	Yes
地区	Yes	Yes	Yes	Yes	Yes	Yes
年份	Yes	Yes	Yes	Yes	Yes	Yes
观测值	720	720	720	720	720	720

（五）改变模型设定

第一，将基准回归的部分线性模型变更为交互式模型进行稳健性检验。第二，选取传统的多时点双重差分法（Staggered DID）以及针对 Staggered DID 的两种改进方法进行稳健性检验（Callaway and Sant'Anna，2021；Sun and Abraham，2021）。表 9-6 为检验结果，四类模型得到的估计系数均显著为正，证明了结论的稳健性。

表 9-6　改变模型设定的稳健性检验

变量	(1) 交互式模型	(2) Staggered DID	(3) Callaway and Sant'Anna	(4) Sun and Abraham
农业绿色发展 先行区政策	0.033*** (0.009)	0.065*** (0.024)	0.076** (0.031)	0.065** (0.024)
控制变量	Yes	Yes	Yes	Yes
地区	Yes	Yes	Yes	Yes
年份	Yes	Yes	Yes	Yes
观测值	720	720	720	720

（六）剔除并行政策影响

评估农业绿色发展先行区政策的效果，难免受到同期相关政策的影响。因此，本章对同时期的其他类似政策进行了控制，确保研究结论的稳健性。与浙江省农业绿色发展先行区政策相关的政策包括：2017 年创建"国家生态文明建设示范县"、2016 年建设"国家全程机械化示范县"以及 2017 年设立"浙江省农业'机器换人'示范县"。回归结果如表 9-7 所示，在剔除三类并行政策的影响后，农业绿色发展先行区政策的效果不变，证明结论是可靠的。

表 9-7　剔除并行政策影响的稳健性检验

变量	剔除并行政策影响			
	(1)	(2)	(3)	(4)
农业绿色发展先行区政策	0.046*** (0.015)	0.046*** (0.014)	0.047*** (0.015)	0.045*** (0.014)
国家生态文明建设示范县	Yes			Yes
国家全程机械化示范县		Yes		Yes

（续）

变量	剔除并行政策影响			
	(1)	(2)	(3)	(4)
浙江省农业"机器换人"示范县			Yes	Yes
控制变量	Yes	Yes	Yes	Yes
地区	Yes	Yes	Yes	Yes
年份	Yes	Yes	Yes	Yes
观测值	720	720	720	720

（七）安慰剂检验和内生性检验

参考武力超等（2022）的研究，为进一步排除估计中随机因素的干扰，通过改变政策实施时间来构造反事实检验。假设政策实施时间分别提前1年、2年和3年进行检验，表9-8展示了安慰剂检验的结果。在多次改变政策时点后，农业绿色发展先行区政策的影响系数均不再显著，说明结论是可靠的。

为了消除控制变量内生性对回归结果产生的影响，本章对样本中全部的控制变量采取滞后一期处理。表9-8列（4）为内生性检验结果，处置变量的系数呈现正向显著，仍然支持本章的研究结论。

表9-8　安慰剂检验和内生性检验

变量	(1) 政策冲击提前1年	(2) 政策冲击提前2年	(3) 政策冲击提前3年	(4) 控制变量滞后一期
农业绿色发展 先行区政策	0.019 (0.018)	0.023 (0.016)	0.017 (0.017)	0.047*** (0.015)
控制变量	Yes	Yes	Yes	Yes
地区	Yes	Yes	Yes	Yes
年份	Yes	Yes	Yes	Yes
观测值	720	720	720	660

三、机制检验

参考 Farbmacher 等（2022）的做法，本章采用基于双重机器学习的因果中介效应分析方法，检验农业绿色发展先行区政策对提升农业绿色全要素生产率的传导机制。结果如表9-9所示，两种作用路径下的总效应均呈现正向显著，并没有改变农业绿色发展先行区政策正向促进农业绿色全要素生产率提升的结论，说明农业绿色发展先行区政策可以通过农业产业集聚与农业产业结构优化推动农业绿色转型，假说4、假说5得到验证。其中，农业产业集聚的间接效应之和显著为正，在剥离农业产业集聚路径后，处置组的直接效应也表现出正向显著，说明政策推动的规模化经营、经营主体合作联合、产业融合发展等措施能够促进农业产业集聚，从而提高农业绿色全要素生产率；农业产业结构优化的处置组间接效应和处置组直接效应均呈现正向显著，说明凭借优化农业生产空间布局、培育新产业新业态、开发绿色农产品等政策措施可以有效引导农业产业体系绿色变革，从而加快农业绿色发展步伐。

表9-9　机制检验结果

变量	总效应	处置组直接效应	控制组直接效应	处置组间接效应	控制组间接效应
农业产业集聚	0.032***	0.032***	0.014	0.018*	0.000
农业产业结构优化	0.032***	0.032***	0.007	0.025**	0.000

四、调节效应

调节效应分析结果如表9-10所示。列（1）为环境保护专项资金与农业绿色发展先行区政策的交互效应，交互项系数为0.613，在1%的水平下呈正向显著，说明政府资金补贴对农业绿色发展先行区政策的绿色效应发挥具有正向调节作用，假说6得到验证。列（2）为数字普惠金融指数与农业绿色发展先行区政策的交互效应，交互项系数为0.060，但不显著，假说7并未得到验证。解释可能是，农业产业中的低人力资本水平与数字普惠金融难以匹配，加大了农户对数字普惠金融的排斥，从而无法充分发挥数字普惠金融在推进农业绿色发展过程中的"资金集聚效应"与"科技创新效应"。

表9-10　调节效应分析结果

变量	（1）	（2）
农业绿色发展先行区政策×环境保护专项资金	0.613*** (0.199)	
农业绿色发展先行区政策×数字普惠金融指数		0.060 (0.040)

（续）

变量	(1)	(2)
控制变量	Yes	Yes
地区	Yes	Yes
年份	Yes	Yes
观测值	360	540

五、异质性分析

（一）地形异质性

为了考察农业绿色发展先行区政策对农业绿色全要素生产率影响的地形异质性，本章根据《中国县（市）社会经济统计年鉴》将样本分为平原县、丘陵县、山区县三类，再依次进行回归。表 9 - 11 为异质性回归结果，农业绿色发展先行区政策的处置系数均为正，但仅在平原县样本中呈现显著。解释可能是，丘陵县和山区县受限于地块破碎且分散的地理因素，无法有效推动农业产业集聚与农业产业结构优化，导致农业绿色技术的创新能力与应用水平较低，所以农业绿色发展先行区政策的绿色效应在这些地区并不明显。

（二）粮食产量异质性

绿色转型和粮食安全是农业发展过程中两大重要问题。为了考察不同粮食产量特征下农业绿色发展先行区政策效果的差异性，本章依据浙江省 2020 年发布的"产粮大县"名单，先将样本分为产粮大县、非产粮大县两类，再进行分组回归。表 9 - 11 列（4）、列（5）的结果显示，农业绿色发展先行区政策的影响系数在产粮大县呈现正向显著，而在非产粮大县并不显著。原因可能是，测土配方施肥、节水灌溉、秸秆还田等农业技术多建立在粮食生产的基础上，所以产粮大县在农业绿色技术的集成应用上存在明显优势，从而更有利于提升当地的农业绿色全要素生产率。

表 9 - 11　异质性回归结果

变量	(1)	(2)	(3)	(4)	(5)
	平原县	丘陵县	山区县	产粮大县	非产粮大县
农业绿色发展先行区政策	0.118**	0.055	0.009	0.117**	−0.001
	(0.048)	(0.044)	(0.011)	(0.055)	(0.012)

（续）

变量	(1) 平原县	(2) 丘陵县	(3) 山区县	(4) 产粮大县	(5) 非产粮大县
控制变量	Yes	Yes	Yes	Yes	Yes
地区	Yes	Yes	Yes	Yes	Yes
年份	Yes	Yes	Yes	Yes	Yes
观测值	228	156	336	216	504

第五节　结论与政策启示

一、结论

本章基于浙江省 2011—2022 年 60 个县（市、区）的面板数据，利用 SBM-GML 模型测算各县（市、区）的农业绿色全要素生产率，并使用双重机器学习方法评估了农业绿色发展先行区政策的效果，得出以下结论：

第一，农业绿色发展先行区政策实施后，农业绿色全要素生产率取得了显著提升，该结论经过稳健性检验、安慰剂检验和内生性检验后仍然成立。从分解效应看，农业绿色发展先行区政策对农业绿色技术进步和农业绿色技术效率提升也具有促进作用。

第二，机制检验发现，农业绿色发展先行区政策通过推动农业产业集聚、优化农业产业结构两条传导路径来提升农业绿色全要素生产率。

第三，调节效应分析结果表明，政府资金补贴力度对农业绿色发展先行区政策存在正向调节效应，金融普惠程度的调节作用并不明显。

第四，异质性分析结果表明，农业绿色发展先行区政策更有助于提升平原县、产粮大县的农业绿色全要素生产率。

二、理论贡献

本章的理论贡献如下：

第一，目前，学术界对于农业绿色全要素生产率的研究已较为丰富，但鲜有学者探讨农业绿色发展先行区政策对农业绿色全要素生产率的影响。本章从农业绿色全要素生产率的角度入手，聚焦于浙江省农业绿色发展先行区制度设计评估政策的绿色效能，丰富了农业绿色发展的政策研究。

第二，已有研究仅从案例视角对农业绿色发展先行区的发展模式进行梳理，忽略了对政策的目标导向、制度内容等深层次的分析。本章则结合新制度经济学理论，从技术创新的制度环境与激励约束的制度安排两个方面出发，探究了农业绿色发展先行区政策推动农业绿色转型的直接效应。在此基础上，采用双重机器学习的因果中介效应分析方法，揭示了农业绿色发展先行区政策效果发挥的农业产业集聚与农业产业结构优化的作用路径，探究了政府资金补贴与普惠金融对农业绿色发展先行区政策效能发挥的调节效应，进一步丰富了农业绿色发展先行区政策影响农业绿色全要素生产率的边界条件。

第三，本章还挖掘了县域间不同的地形、产粮情况特征，分析了农业绿色发展先行区政策对农业绿色全要素生产率的影响，为明晰农业绿色发展先行区政策在不同条件下的异质性表现提供了有益参考。

三、政策启示

基于研究结论，本章提出了如下政策建议：

第一，推广设立以科技创新和制度创新"双轮驱动"的农业绿色发展先行区。在科技创新方面，多方合作积极完善农业绿色技术创新体系，推动绿色技术的集成应用和落地推广；在制度创新方面，调整制度安排与体制机制创新，强化正向激励与反向约束，引导农业经营主体开展绿色生产。

第二，围绕农业绿色发展目标任务，推进农业产业集聚、优化农业产业结构。在农业产业集聚方面，引导土地资源流转整合以形成规模效益，通过主体联合、产业融合的方式提升资源利用效率并激发创新活力；在农业产业结构优化方面，要立足资源环境承载力，优化农业生产空间布局，积极培育农业绿色新产业新业态，引领农业绿色转型。

第三，加大对农业绿色发展的财政资金支持，增强对农业绿色生产的补贴力度，夯实农业绿色发展的经济基础；积极宣传和推广数字普惠金融知识，缓解农业人力资本与普惠金融的不对称性，进一步探索和创新农业绿色信贷和保险产品，从而推动农业绿色发展。

第四，结合地区实情推动农业绿色发展先行区的建设，以农业绿色转型带动地区经济发展。中国自然资源丰富，农业发展潜力巨大，但农业绿色发展先行区政策在区域推进过程中需做到因地制宜、合理规划，科学推动当地农业向绿色化方向转型，以此助推农业资源的生态价值实现高质量转换。

参　考　文　献

曾凡银，2024. 农业绿色发展的制度保障与路径选择［J］. 江淮论坛（1）：13－20.

杜建军，章友德，刘博敏，等，2023. 数字乡村对农业绿色全要素生产率的影响及其作用

机制 [J]. 中国人口·资源与环境，33（2）：165-175.

范东寿，杨福霞，郑欣，等，2023. 绿色农业补贴的化肥减量效应及影响机制：来自有机肥补贴试点政策的证据 [J]. 资源科学，45（8）：1515-1530.

高鸣，魏佳朔，2022. 收入性补贴与粮食全要素生产率增长 [J]. 经济研究，57（12）：143-161.

郭海红，李树超，2022. 环境规制、空间效应与农业绿色发展 [J]. 研究与发展管理，34（2）：54-67.

韩海彬，杨冬燕，2023. 农业产业集聚对农业绿色全要素生产率增长的空间溢出效应研究 [J]. 干旱区资源与环境，37（6）：29-37.

黄炜虹，闵锐，齐振宏，2022. 农产品品牌化与稻虾户水稻绿色投入品使用行为 [J]. 农林经济管理学报，21（6）：689-698.

蒋辉，张驰，蒋和平，2022. 中国农业经济韧性对农业高质量发展的影响效应与机制研究 [J]. 农业经济与管理（1）：20-32.

金芳，金荣学，2020. 农业产业结构变迁对绿色全要素生产率增长的空间效应分析 [J]. 华中农业大学学报（社会科学版）（1）：124-134，168-169.

金绍荣，任赞杰，2022. 乡村数字化对农业绿色全要素生产率的影响 [J]. 改革（12）：102-118.

李谷成，2014. 中国农业的绿色生产率革命：1978—2008 年 [J]. 经济学（季刊），13（2）：537-558.

李谷成，李欠男，2022. “两型社会”试验区的设立促进了农业绿色发展吗？：基于 PSM-DID 模型的实证 [J]. 农林经济管理学报，21（2）：127-135.

李晓慧，李谷成，高扬，2024. 高标准农田建设提升农业绿色全要素生产率的研究：基于连续型双重差分的实证检验 [J]. 中国农业资源与区划（5）.

刘刚，2020. 农业绿色发展的制度逻辑与实践路径 [J]. 当代经济管理，42（5）：35-40.

马国群，谭砚文，2021. 环境规制对农业绿色全要素生产率的影响研究：基于面板门槛模型的分析 [J]. 农业技术经济（5）：77-92.

闵锐，胡卓辉，2024. 粮食直接补贴的全要素生产率效应：以水稻为例 [J]. 中南民族大学学报（人文社会科学版），44（3）：140-147，187.

孙虹玉，刘泽杰，2023. 城市蔓延、生产性服务业集聚与绿色全要素生产率：基于绿色发展理念的底层逻辑研究 [J]. 宏观经济研究（2）：85-101.

唐勇，吕太升，2021. 农业信贷、农业保险与农业全要素生产率增长：基于交互效应视角 [J]. 哈尔滨商业大学学报（社会科学版）（3）：116-128.

王茹婷，彭方平，李维，等，2022. 打破刚性兑付能降低企业融资成本吗？[J]. 管理世界，38（4）：42-64.

王玉爽，钟茂初，2023. 生态文明示范区建设对绿色全要素生产率的影响与机制研究 [J]. 现代财经（天津财经大学学报），43（9）：89-107.

武力超，王锐，方心怡等，2022. 绿色信贷政策与出口企业绿色技术创新 [J]. 研究与发展管理，34（4）：66-80.

谢会强，吴晓迪，杨丽莎，2023. 农村普惠金融对农业绿色全要素生产率的影响研究：基于空间溢出效应的视角［J］. 中国农机化学报，44（4）：239-247.

杨莲娜，张心雨，2024. 农产品贸易促进了中国农业绿色发展吗？：基于农业绿色全要素生产率视角［J］. 财贸研究，35（2）：31-41.

杨兴杰，齐振宏，2022. 预期收益与技术补贴对农户采纳生态农业技术的影响：以稻虾共作技术为例［J］. 华中农业大学学报（社会科学版）（5）：89-100.

余志刚，孙子烨，金鑫，2023. 秸秆还田与农业绿色全要素生产率：促进还是抑制？［J］. 干旱区资源与环境，37（9）：36-45.

张军伟，费建翔，徐永辰，2020. 金融支持对绿色农业发展的激励效应［J］. 中南财经政法大学学报（6）：91-98.

张涛，李均超，2023. 网络基础设施、包容性绿色增长与地区差距：基于双重机器学习的因果推断［J］. 数量经济技术经济研究，40（4）：113-135.

张田野，孙炜琳，王瑞波，2020. 化肥零增长行动对农业污染的减量贡献分析：基于 GM（1，1）模型及脱钩理论［J］. 长江流域资源与环境，29（1）：265-274.

张艳，黄炎忠，2022. 地理标志品牌参与对农产品质量安全的影响研究［J］. 华中农业大学学报（社会科学版）（5）：123-135.

周静，2020. 农业支持保护补贴对稻作大户投入行为的激励作用实证分析［J］. 经济地理，40（7）：150-157.

周志波，2023. 环境税规制农业面源污染的实验经济学研究：基于重庆市北碚区、合川区 8 个乡镇的样本［J］. 贵州财经大学学报（1）：70-80.

朱俊峰，邓远远，2022. 农业生产绿色转型：生成逻辑、困境与可行路径［J］. 经济体制改革（3）：84-89.

CALLAWAY B，SANT'ANNA P H，2021. Difference-in-Differences with multiple time periods［J］. Journal of Econometrics，225（2）：200-230.

CHERNOZHUKOV V，CHETVERIKOV D，DEMIRER M，et al.，2018. Double/debiased machine learning for treatment and structural parameters［J］. The Econometrics Journal，21（1）：C1-C68.

FARBMACHER H，HUBER M，LAFFÉRS L，et al.，2022. Causal mediation analysis with double machine learning［J］. The Econometrics Journal，25（2）：277-300.

SUN L，ABRAHAM S，2021. Estimating dynamic treatment effects in event studies with heterogeneous treatment effects［J］. Journal of Econometrics，225（2）：175-199.

第十章
全域土地综合整治试点政策的效果评估

本章提要： 土地利用是造成全球气候变化和碳循环不平衡的重要原因之一。如何在可持续发展和"碳中和"目标下系统优化土地利用的总量、功能、强度和布局等，已经成为国际组织和学术界关注的焦点。自 2019 年以来，浙江省就开始探索"山水林田湖草"全要素的全域土地综合整治项目，以乡镇作为政策试点，旨在提高土地利用效率的同时充分发挥土地的碳汇功能。然而，对于全域土地综合整治试点政策是否能够实现碳减排及其所需的组态条件是什么，人们知之甚少。本章创新性地构建"社会-经济-生态"外缘系统和"人-地-业"内核系统交互作用的理论框架，利用浙江省乡镇面板数据，运用双重机器学习法和模糊集定性比较研究法，揭示了全域土地综合整治政策的碳减排效应及其组态路径。研究结果表明：第一，全域土地综合整治试点政策对碳排放存在显著的负向影响，这一结论在进行稳健性、内生性和安慰剂检验后仍然成立；第二，集聚提升型整治模式、特色保护型整治模式、生态产业型整治模式和生态修复型整治模式是高碳减排率的重要路径；第三，土地调整力度不足和经济环境不佳是导致非高碳减排率的主要原因。本章为提高土地绿色利用效率提供了一个新的视角，同时也为政策的制定提供了实证支持。

第一节 引　　言

　　土地作为碳源和碳汇的根本载体，其开发保护与利用是实现"双碳"目标的重要支撑（陈美球和严格，2021）。目前，全球每年排放的 CO_2 总量约 400 亿吨，其中 14% 来自土地利用变化，而排放出来的 CO_2 约 31% 由陆地生态系统自然吸收。值得注意的是，在碳达峰、碳中和纳入生态文明建设总体布局后，以地块为整治单元、以山（水、路）等单要素为整治对象的土地整治在推动土地利用绿色转型中的动能不足等问题日益凸显，大量整治项目甚至扰动了区域碳平衡。基于这一客观现状，以乡镇为基本实施单元及面向全空间、全地类、全要素的全域土地综合整治已经成为国土空间结构优化、土地绿色利用转型的重要抓手，被赋予了减排增汇的任务。因此，结合"千万工程"、国土空间治理与气候变化应对的背景，探索全域土地综合整治如何以减排增汇为抓手赋能"双碳"目标成为重要新兴议题。

全域土地综合整治作为"山水林田湖草沙"全要素、全生命周期、全过程的治理模式（夏方舟等，2018），受到管理学（余建忠等，2021；李秋芳等，2024）、地理学（范业婷等，2021）、生态学（游和远等，2023）等诸多领域学者的关注。然而，作为土地整治的全新样态（于水和汤瑜，2020），目前学术界较少关注全域土地综合整治与碳排放的关系，已有相关研究大多集中在单要素土地整治的碳排放效应（张中秋等，2019）和生态修复固定效应（闫美芳等，2019），具体包括土地整理（郭义强等，2016）、土地复垦（张中秋等，2019）、建设用地整理（盛羊羊等，2022）、生态修复（LU等，2018）等在内的整治项目碳排放与碳汇效应核算与对比研究（贺大为等，2018；张利国等，2018），并涉及山区（张利国等，2018）、盆地（盛羊羊等，2020）、平原（张庶等，2016；李茹茹等，2016）和高原（张中秋等，2022）等多种地形项目区。在此基础上，对土地整治碳足迹与碳排放的脱钩效益（张中秋等，2020）、土地整治减排潜力的多情景模拟等展开研究（李茹茹等，2016），进一步挖掘减排增汇的驱动力。这些研究对理解全域土地综合整治减排增汇机理和路径提供了重要参考。从已有研究成果来看，短期内土地整治实施后的碳汇效应难以抵消整治施工产生的碳排放（张利国等，2018），但中长期时序下生态修复固碳增汇效应显著（闫美芳等，2019）。

根据上述分析，虽然目前已有研究关注到了土地整治与碳减排的关系，也有学者初步探讨了全域土地综合整治对于碳减排的重要性，但还有三个问题有待解决。第一，过去的研究大多聚焦单一土地要素的整治，进而讨论生产、生活、生态变化的碳减排效应；且关于土地利用碳减排效应的研究大多仅以土地利用类型作为唯一的指标，而忽略了其他因素与土地要素的协同效应。第二，研究的焦点大多围绕县域或单一的乡镇案例，不利于基于系统论的视角分析全域土地综合整治政策的碳减排效应。第三，传统的计量经济学模型，如固定效应模型、空间计量模型或双重差分模型，更常用于探索单一土地要素的碳减排效果，无法厘清政策的具体路径。

为了填补这些知识空白，本章构建了"社会-经济-生态"外缘系统和"人-地-业"内核系统交互作用的理论框架，基于中国浙江省 704 个乡镇面板数据，运用双重机器学习法和模糊集定性比较研究法评估了全域土地综合整治试点政策的碳减排效应及其组态路径。我们旨在解决以下科学问题：①以“山水林田湖”全要素为抓手的全域土地综合整治试点政策是否能够缓解碳排放？②探索了外缘系统和内核系统因素联动匹配的组态效应，进一步厘清了土地整治协同其他要素实现碳减排的充分性和必要性因果关系，也回应了要运用系统性方法和思维探讨土地调整实现碳减排这一复杂问题的呼吁。③本章识别出导致高碳减排和非高碳减排的前因组态路径，明晰何种土地调整路径得以实现更高效的碳减排效应。本章为了解土地整治与碳减排之间的关系提供了一个创新和更加全面的视角，研究结果可以为各地区全域土地综合整治提供一个方向性指导。

第二节　政策背景与理论分析

一、政策背景

（一）土地开发复垦整理阶段

大体从 2000 年到 2010 年，遵循“千村示范、万村整治”示范引领阶段“以点带面、典型示范”的建设路径，聚焦村庄环境综合整治，开展以农村建设用地复垦为主的城乡建设用地增减挂钩试点工作。2003 年 6 月，习近平同志亲自主持出台的“千村示范、万村整治”工程（以下简称“千万工程”）第一个文件就明确指出，村庄整治要与土地整理结合起来，集约利用土地；在 2005 年 8 月 3 日“千万工程”嘉兴现场会上，习近平同志再次强调，要鼓励各地借鉴土地整理的政策，开展“村庄整理”，把村庄集聚与土地资源的节约利用有机结合起来。2006 年，国土资源部给予浙江省城镇建设用地增加与农村建设用地减少相挂钩试点。这一阶段，浙江通过建设用地复垦指标在省域范围内有偿调剂，并挂钩安排新建用地，推动改善农村生产生活条件，实现土地政策导向由“以地为纲”向“以人为本”转变，有效回答了“城乡土地要素如何流动”的问题。

（二）农村土地综合整治阶段

大体从 2011 年到 2018 年，遵循“千村精品、万村美丽”深化提升阶段提高乡村内在品质的要求，聚焦美丽乡村建设，以落实城乡建设用地增减挂钩政策为抓手，探索开展农村土地综合整治。2009 年 9 月，国土资源部与浙江省签署深化改革推进农村土地整治工作合作协议。2010 年，中共浙江省委、浙江省人民政府出台《关于深入开展农村土地综合整治工作扎实推进社会主义新农村建设的意见》。这一阶段，浙江通过探索开展农村土地综合整治，引导农民住宅、自然村向中心村、中心镇集聚，全面推进垦造耕地工程和高标准基本农田建设，推动优化农村生产、生活、生态用地合理布局，实现了从"单一化"的开发复垦整理向"多元化"的土地综合整治转变，有效回答了美丽乡村建设"人地钱"核心问题。

（三）全域土地综合整治阶段

2018 年至今，浙江省围绕高质量发展和建设共同富裕示范区的要求，聚焦乡村共富共美，以全域土地综合整治为突破口，经历了三个迭代阶段，推动了"千万工程"的深化发展。2018 年 6 月，自然资源部作出支持浙江省实施全域土地综合整治的重要决策，浙江开展了以"农田整治＋"为主要内容的乡村全域土地综合整治；2021 年以来，浙江开展了"3＋X"模式（农田整治、村庄整治、生态修复、特色整治项目）的乡村全域土地综合整治与生态修复工程；2021 年 5 月，《中共中央　国务院关于支持浙江高质量发展建设共同富裕示范区的意见》发布，支持浙江打造全域土地综合整治新模式，浙江开展了以"三整治一修复"（农用地整治、村庄整治、低效工业用地和城镇低效用地整治、生态保护修复）为主要内容的跨乡镇全域土地综合整治试点。2023 年，浙江省将土地综合整治纳入"十项重大工程"之一。这一阶段，浙江省通过土地综合整治模式的迭代创新，全方位支撑"千万工程"纵深推进，加快生产、生活、生态空间全面重塑，有效推动了国土空间资源要素配置与共同富裕现代化生产力布局优化相适配。

浙江省不仅是中国美丽乡村建设的重要开端，也是最早开始探索全域土地综合整治试点的省份。通过归纳浙江省颁布的政策文件可知，整体上，全域土地综合整治的主要任务包括农村土地利用规划编制、农用地综合整治、闲置低效建设用地整治、生态环境整治修复、农村土地民主管理机制建立；主要措施包含农用地和建设用地复垦、永久基本农田调整、农村和乡镇土地利用规划同步更新、有条件使用规划新增建设用地预留指标、新增建设用地计划指标奖励，以及城乡建设用地增减挂钩并部分在省域内调剂、减免相关费用等。

基于此，本章以浙江省乡镇为研究样本，系统总结其全域土地综合整治的政策与经验，科学评估全域土地综合整治试点政策的碳减排效应，并深入分析全域土地综合整治视角下乡镇碳减排的现实路径，对"双碳"目标的实现具有重要意义。

二、理论分析与研究假说

（一）直接效应

有别于传统土地整治以土地资源的开发、利用、保护和治理为重心，全域土地综合整治是面向全要素、全空间的整治活动，且在规划实践中全程贯彻生态文明理念，通过农用地整治、建设用地整治、生态保护修复实现自然资源利用的空间优化，进而重塑生态系统的碳源（汇）和土地利用减碳格局，在一定程度上改变整治区的碳库储量和碳排放量，对自然界的碳循环过程产生直接影响（袁方成和周韦龙，2024）。一是农用地整治的规模效应。农用地整治将细碎化农田整合作为基础内容，通过高标准农田建设、农业基础设施优化、低效林草地和园地整治等手段推动耕地集中连片与提质增效。根据规模经济理论，耕地集中连片带来的适度规模经营方式使投入要素，尤其是化肥等污染性投入要素，配比更加趋于科学化，有助于实现减量增效目标，进而降低农业碳排放。此外，根据诱致性技术变迁理论，经营规模的变化会诱致各类农业生产要素的变化，扩大农户环境友好型技术投入的可能性，有效提高能源和资源利用率，提升农地碳生产率（孙学涛和张丽娟，2024；吴诗嫚等，2023）。二是建设用地整治的减排效应。建设用地整治遵循主体功能区原则，开展宅基地复垦、工矿废弃地整理、设施建设等项目集中配置建设用地资源，同时在农产品主产区、生态功能区进行减量化配置。其结果：一方面，避免非城市化地区因大面积开发建设用地而导致的土地利用碳排放（肖周燕等，2022）；另一方面，乡镇空间布局结构更加集约、紧凑，形成集约型城镇化发展模式，进而降低碳排放（魏滨辉等，2025）。三是生态修复的增汇效应。全域土地综合整治试点政策创新性地将生态修复纳入土地整治范畴，以矿山修复、水土治理、植被复绿、廊道建设、景观营造等工程项目挖掘生态保育和修复潜力，对植物光合作用、土壤碳储量等自然生态系统碳汇能力相关的过程产生正向促进作用，从而实现碳减排（吕天宇等，2022）。基于此，本章提出如下假说：

假说1：全域土地综合整治试点政策对乡镇碳减排具有负向影响。

（二）组态效应

全域土地综合整治试点政策作为国土空间规划传导的重要路径，本质是响应社会、经济、生态的发展需求（袁方成和周韦龙，2024），同时对内部土地资源污损化和利用粗放化、产业发展动力不足等问题提供系统解决方案。因此，全域土地综合整治试点政策的减排增汇是在外部"社会-经济-生态"系统约束下，以"人-地-业"要素为核心，形成双轮驱动的嵌套结构（吕天宇等，2022）。针对"外缘-内核"复杂系统的相对契合性，组态视角因其关注"多重并发""殊途同归"现象的特点，有助于回答因果关系的非对称性和等效性问题，适用于研究全域土地综合整治试点政策推进碳减排的多重影响路径。基于此，本章尝试在组态视角下进一步厘清全域土地综合整治试点政策对碳减排的多元驱动机制（图 10-1）。

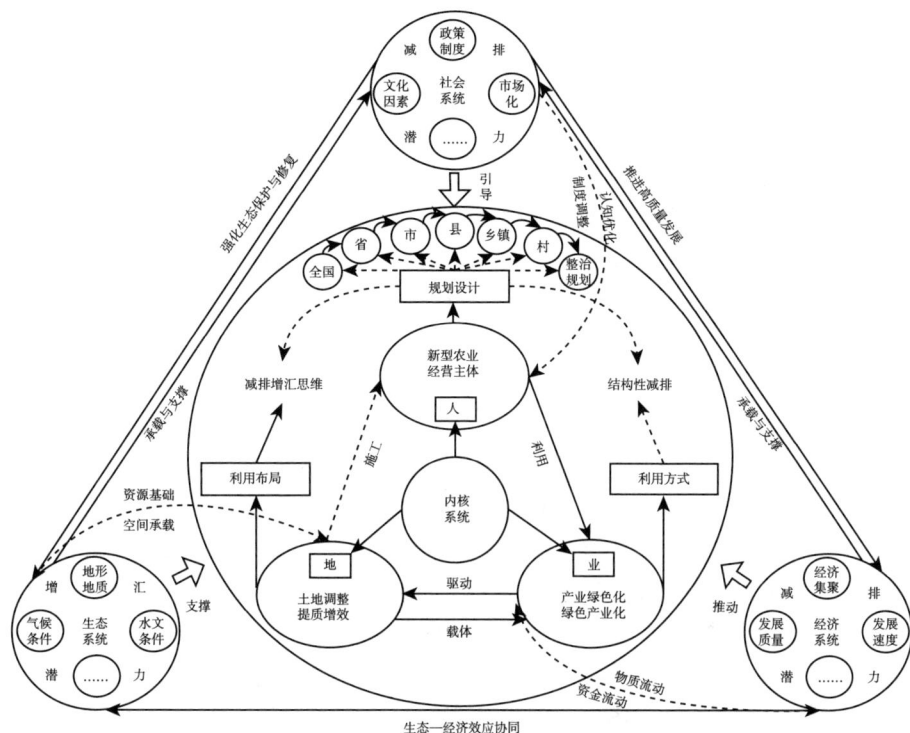

图 10-1 全域土地综合整治试点政策碳减排路径的理论框架

1. 内核系统

内核系统是全域土地综合整治试点政策减排增汇得以实现的内在表现，包括"人-地-业"三大核心要素，三者彼此耦合互动，协调推动土地利用的绿色转型。其中，"人"是行为主体，通过识别并响应外缘系统特征，将自身的主观能动性作用于以理性利用意识主导土地再利用的全域土地综合整治全周期，形成减排增汇的直接驱动力。本章将新型农业经营主体用于衡量全域土地综合整治试点政策中的"人"。新型农业经营主体是土地要素的具体使用者，在农业生产要素配置中居主体地位（杜鹰，2018）。根据"理性经济人"假设，新型农业经营主体在脱离传统农业生产中人口压力过大的约束条件下，经营行为表现更趋"理性"，且更能认识到生态生产行为对农产品质量安全以及环境保护的重要性，倾向推动土地的绿色利用（柯春媛和黄世政，2024）。"地"是空间载体，以"地"为直接整治对象，融入低碳技术和生态材料，能够实现碳源/碳汇用地结构性优化，释放土地减排增汇潜力。根据政策实践，"地"的绿色效能主要来自农用地整治的规模效应、建设用地整治的减排效应、生态修复的增汇效应。本章将乡镇土地调整的面积用于衡量全域土地综合整治中的"地"。"业"是驱动力，通过深化横向分工与纵向分工，打破产业界限，推动土地资源的优化配置和高效利用，实现碳减排。本章根据乡镇所获产业发展相关成就衡量全域土地整治中的"业"。其中，农业的横向分工主要是农业机械化导向下的农业生产要素优化配置，消除农业土地要素和劳动力要素配置扭曲带来的增碳效应，降低地区农业碳排放强度（胡平波和钟漪萍，2019）。纵向分工得益于产业融合提供的技术、功能、市场优势支持，提高土地绿色利用效能，主要包括以技术密集为基础的第二产业带来其他细分部门技术进步，以乡村旅游为主导的第三产业倒逼生态发展、清洁生产，以电子商务为工具的第三产业推动市场统一与产业间耦合共生（郝爱民和谭家银，2023）。

2. 外缘系统

外缘系统是实施全域土地综合整治试点政策的外部环境，是全域土地综合整治试点政策实现减排增汇的战略依据和支撑力量。全域土地综合整治试点政策作为一种基础政策工具，受社会经济发展和自然资源禀赋的深刻影响（吕天宇，2022），其减排增汇过程与地区社会、经济和生态子系统相互关联、共同作用，故将其减排增汇的外缘系统划分为"社会-经济-生态"三个层面。其中，"社会"是全域土地综合整治的中枢力量，决定了内核系统全域土地综合整治的减排方向。本章将土地市场化水平用于衡量土地整治中的"社会"。全域土地综合整治试点政策以建立统一的土地要素市场为核心（龚华等，2023），按照城乡融合发展目标系统安排各类整治用地的数量和布局。基于公开、公平、公正的市场配置机制，一方面，土地出让市场化能够扭转地方政府自利性短视行为所存在的盲目性，有效避免其在土地出让过程中的恶性竞争及寻租腐败，减少其利用行政管理、行政审批等特权为高污染、高耗能、高排放产业提供用地支持（刘璇等，2022）；另一方面，土地出让市场化能够使用地需求方参与市场竞争，按照其自身经营范围与能力获取合适价格、性质、区位的地块进行建设，从而使适配企业能够合理配置现有资源进行生产经营，推动要素投入和产出结构的耦合，实现绿色效能的发挥（钟文等，2024）。"经济"决定了内核系统的减排力度，其在推动内核系统产业发展和乡村造血能力螺旋式上升过程中，以高质量倒逼全域土地综合整治项目区产业升级与能源转型，推动整治向更高层次的低碳化转型。本章使用乡镇夜间灯光亮度来衡量"经济"（乔艺波等，2024）。"生态"是土地整治减排增汇的阈值，一方面，碳吸收的自然机制构成了碳减排的基础和下限；另一方面，通过碳交易市场，森林碳汇等生态产品可以转化为经济收益，激励更多主体参与生态保护与修复活动，从而推高了碳减排的上限。本章采用乡镇土地碳吸收量来衡量"生态"（蔡为民等，2024）。基于此，提出假说：

假说2："人-地-业"内核系统和"社会-经济-生态"外缘系统相互协同影响全域土地综合整治试点政策的碳减排效应。

第三节　研究设计

一、研究区概况

浙江省地处中国东南沿海长江三角洲南翼，地跨北纬 $27°02'—31°11'$，东经 $118°01'—123°10'$。该地区属于季风性湿润气候，气温适中，四季分明，光照充足，雨量丰沛。平均年气温在 $15\sim18℃$，年日照时数在 $1\,100\sim2\,200$ 小时，平均年降水量在 $1\,100\sim2\,000$ 毫米。陆域面积 10.55 万平方千米，山地占 74.6%，水面占 5.1%，平坦地占 20.3%，故有"七山一水两分田"的说法，经济发展与土地资源稀缺问题突出。2018 年 7 月，自然资源部批复同意《浙江省实施全域土地综合整治助推乡村振兴战略行动计划工作方案》，支持浙江省通过实施全域土地综合整治工程与生态修复工程，对农村生态、农业、建设空间进行全域优化布局；又于 2019 年 12 月印发《自然资源部关于开展全域土地综合整治试点工作的通知》，支持在全国部署开展全域土地综合整治试点。截至 2022 年，浙江省作为率先在全省范围内开展全域土地综合整治的全国试点，分别于 2019 年、2020 年、2021 年开展三批全域土地综合整治试点。

二、数据来源

浙江省全域土地综合整治试点乡镇信息来自自然资源部和浙江省自然资源厅官网。乡镇相关数据来源于 2016—2023 年《中国县域统计年鉴（乡镇卷）》，包括行政区域面积、工业企业个数。气温和降水数据来源于学者彭守璋在国家青藏高原科学数据中心平台上分享的数据。县级控制变量来源于 2016—2023 年《浙江统计年鉴》。对于统计年鉴中的缺失值，本章采用线性插值法、移动平均法予以补齐处理。碳排放量、甲烷排放量、氧化亚氮排放量使用全球大气排放和研究数据库（Emissions Database for Global Atmospheric Research，EDGAR）相关数据，原始数据为 $0.1°×0.1°$ 空间栅格数据，利用 ArcGIS 软件处理形成浙江省乡镇三类温室气体排放量数据。乡镇人口数量来自美国能源部橡树岭国家实验室发布的 LandScan 全球人口分布栅格数据。

三、模型设定

本章旨在评估全域土地综合整治试点政策的碳减排效应，已有研究多采用传统因果推断模型，而传统模型的诸多限制与缺陷会影响结论的准确性（王茹婷等，2022；张涛和李均超，2023）。Chernozhukov et al.（2018）提出的双重/去偏机器学习方法有效弥补了传统模型的不足，一方面，此方法通过应用机器学习处理高维、非线性数据，可以降低模型错误设定的风险；另一方面，双重机器学习通过工具变量、两阶段预测残差回归和分割样本的方法，可以降低"正则化偏差"，确保处理效应估计的无偏性（王茹婷等，2022）。基于此，本章选用双重/去偏机器学习方法（Double/Debiased Machine Learning，DML）评估全域土地综合整治试点政策的效果。

本章构建双重机器学习的部分线性模型如下：

$$Y_{it} = \theta_0 D_{it} + g(X_{it}) + U_{it}, E(U_{it} \mid X_{it}, D_{it}) = 0 \quad (10-1)$$

$$D_{it} = m(X_{it}) + V_{it}, E(V_{it} \mid X_{it}) = 0 \quad (10-2)$$

式（10-1）中，i 为乡镇；t 为年份；Y_{it} 表示乡镇人均碳排放量；D_{it} 表示"全域土地综合整治试点"的政策变量；θ_0 为处置系数。X_{it} 为高维控制变量集合，使用机器学习算法估计出 $\hat{g}(X_{it})$，U_{it} 是误差项。为解决机器学习算法正则化后结果有偏的问题，构造如式（10-2）的辅助回归。

同时，参考 Chernozhukov et al.（2018），建立了更为一般的交互式模型对政策效果进行估计：

$$Y_{it} = g(D_{it} + X_{it}) + U_{it}, E(U_{it} \mid X_{it}, D_{it}) = 0 \quad (10-3)$$

$$D_{it} = m(X_{it}) + V_{it}, E(V_{it} \mid X_{it}) = 0 \quad (10-4)$$

该模型得到的处理效应：$\theta_0 = E[g(D_{it} = 1 \mid X_{it}) - g(D_{it} = 0 \mid X_{it})]$。相关参数的具体估计方法与部分线性模型一致。

四、变量测度

（一）被解释变量

本章选取的被解释变量为人均碳排放量。乡镇碳排放核算范围包括 CO_2、CH_4、N_2O 三种，其排放量分别乘以 IPCC 全球增温势权重（GWP100）系数 1、28 及 265，换算为统一的度量标准 CO_2 当量（万吨），并根据乡镇人口数量换算成人均碳排放量。在组态分析中，结果变量碳减排率以试点乡镇的人均碳减排率的年均值表示。

（二）核心解释变量

本章根据自然资源部和浙江省自然资源厅公布的全域土地综合整治试点信息构建核心解释变量。其中，2019 年 6 月 6 日和 2020 年 9 月 11 日先后公布的第一批和第二批浙江省省级全域土地综合整治与生态修复试点名单共 497 个；

2021 年，自然资源部公布了国家级全域土地综合整治试点名单，浙江省共 42 个。因此，浙江省全域土地综合整治试点共 539 个。在剔除街道试点与数据缺失严重的乡镇试点后，共收集到 269 个试点乡镇的数据。构建核心解释变量 D，表示全域土地综合整治试点的设立。具体而言，如果样本乡镇在研究期内被设为全域土地综合整治试点，则作为处理组；未被设立的乡镇作为对照组。其中，处理组乡镇在全域土地综合整治试点设立当年及之后年份，D 取值为 1，反之取值为 0；对照组乡镇 D 全部取值为 0。

（三）控制变量

参考已有研究（吴一平等，2022；陈林和万攀兵，2021），本章选取的控制变量包括乡镇级控制变量与县级控制变量两类。乡镇级控制变量：①行政区域面积（平方千米）；②工业企业数量（个）；③气温（摄氏度）；④降水（毫米）。县级控制变量：①经济发展水平（万元），用人均生产总值衡量；②产业结构，用第二产业产值占地区生产总值的比重表示；③政府干预程度，用地方财政支出与地区生产总值的比值衡量；④教育发展水平，用普通中学以及小学在校生人数占地区年末总人口数的比重表示；⑤农业发展水平，用农、林、牧、渔业增加值占地区生产总值的比重表示；⑥人口密度（万人/平方千米），用年末总人口数占地区土地面积的比重表示；⑦技术创新水平（项/万人），用每万人专利申请授权量表示。

（四）条件变量

1.“人”要素

“人”是行为主体，本章用新型农业经营主体数量衡量全域土地综合整治试点政策中的“人”要素。通过“天眼查”平台，在限定地区、行业、登记状态、成立时间等条件后，分别获取试点乡镇在政策颁布前后仍存续、正常营业的农、林、牧、渔业工商企业数量。并根据各试点乡镇的确立时间，计算出其在政策实施期内年均新增的新型农业经营主体的数量，作为全域土地综合整治试点政策中“人”要素的代理变量。

2.“地”要素

“地”是空间载体，本章将乡镇土地调整的面积用于衡量全域土地综合整治政策中的“地”要素。本章通过自然资源部网站的“补充耕地项目与地块信息公开”获取各试点乡镇在政策实施期内的土地调整总面积，并根据政策实施时间计算出年均土地调整面积，作为全域土地综合整治中“地”要素的代理变量。

3.“业”要素

“业”是驱动力，本章根据乡镇所获产业发展相关成就衡量全域土地整治试点政策中的“业”要素。本章收集了浙江省“淘宝镇”名单、浙江省省级特色农业强镇名单、浙江省旅游风情小镇名单、浙江省农业"机器换人"示范乡镇名单，根据四类名单构造虚拟变量，并通过对四类虚拟变量进行加总，作为全域土地综合整治中"业"要素的代理变量。

4."社会"要素

"社会"是全域土地综合整治试点政策的中枢力量，决定了内核系统全域土地综合整治的减排方向。本章将土地市场化水平用于衡量土地整治中的"社会"要素。参考已有研究，本章以乡镇土地招、拍、挂出让面积占土地出让总面积的比重表示乡镇的土地市场化程度，作为全域土地综合整治中"社会"要素的代理变量（表10-1）。

表10-1　变量描述性统计

变量类型	变量名称	观测值	均值	标准差	最小值	最大值
被解释变量	人均碳排放	5 632	11.350	32.806	0.044	686.852
核心解释变量	全域土地综合整治试点政策	5 632	0.172	0.377	0.000	1.000
控制变量	行政区域面积	5 632	97.351	60.013	10.200	1 113.000
	工业企业个数	5 632	304.858	672.161	1.000	14 671.000
	降水	5 632	1 296.254	350.492	663.777	2 501.282
	气温	5 632	17.138	1.012	13.054	20.203
	经济发展水平	5 632	7.872	2.800	1.805	26.737
	产业结构	5 632	0.441	0.088	0.128	0.695
	政府干预程度	5 632	0.204	0.125	0.046	0.713
	教育发展水平	5 632	0.105	0.021	0.057	0.189
	农业发展水平	5 632	0.099	0.057	0.003	0.295
	人口密度	5 632	0.053	0.047	0.006	0.407
	技术创新水平	5 632	43.260	27.921	5.640	262.046
结果变量	碳减排率	152	0.006	0.065	−0.193	0.228
条件变量	人	152	34.963	36.029	0.000	252.000
	地	152	10.010	17.673	0.060	143.848
	业	152	0.789	0.786	0.000	3.000
	社会	152	0.361	0.249	0.000	0.998
	经济	152	2.041	2.616	0.000	12.486
	生态	152	36 835.330	35 241.900	157.119	190 270.600

5. "经济"要素

"经济"决定了内核系统的减排力度，推动整治向更高层次的低碳化转型。本章根据美国国家海洋和大气管理局（NOAA）负责处理和发布的 SNPP - VIIRS 卫星数据，通过 ArcGIS 软件处理形成浙江省乡镇试点的夜间灯光数据，作为全域土地综合整治中"经济"要素的代理变量。

6. "生态"要素

"生态"是土地整治减排增汇的阈值，本章采用乡镇土地的碳吸收量来衡量"生态"要素。首先，本章根据 Zenodo 数据分享平台获取的中国逐年土地覆盖数据，分别计算出耕地、林地、草地、水域、未利用地的面积。其次，参考已有研究（刘耀彬等，2024），确定出不同地类的碳吸收系数：耕地的碳吸收系数取值为 0.13tC/（hm·a），林地的碳吸收系数取值为 5.7tC/（hm·a），草地的碳吸收系数取值为 0.41tC/（hm·a），水域的碳吸收系数取值为 1.701tC/（hm·a），未利用地的碳吸收系数取值为 0.005tC/（hm·a）。最后，采用碳吸收系数法，即不同地类的面积乘以其对应的碳吸收系数，得出各地类的碳吸收量并求和。将试点乡镇土地碳吸收总量的年均值作为全域土地综合整治政策中"生态"要素的代理变量（表 10 - 1）。

第四节　实证结果与分析

一、基础回归结果

本章采用双重机器学习模型估计了全域土地综合整治试点政策对碳排放的影响，表 10 - 2 显示了基准回归结果。其中，样本分割比例为 1:4，采用随机

表 10 - 2　基准回归结果

变量	部分线性模型		交互式模型	
	(1)	(2)	(3)	(4)
全域土地综合整治试点政策	−1.605***	−1.455***	−12.56***	−30.61***
	(0.419)	(0.387)	(0.454)	(0.596)
控制变量一次项	Yes	Yes	Yes	Yes
控制变量二次项	No	Yes	No	Yes
乡镇、年份固定效应	Yes	Yes	Yes	Yes
样本量	5 632	5 632	5 632	5 632

森林算法对主回归和辅助回归进行预测求解。模型（1）和模型（2）均采用部分线性模型进行估计，由模型（1）可知，全域土地综合整治试点政策对人均碳排放的影响系数为－1.605，且在1%的水平上显著，说明全域土地综合整治试点政策具有明显的碳减排效应。在模型（1）基础上，模型（2）进一步加入了控制变量的二次项，得到的回归系数为－1.455，在1%的水平上显著。模型（3）和模型（4）使用交互式模型进行回归分析，同样得到在1%的水平下负向显著的结果，假说1得到验证。

二、稳健性检验

（一）平行趋势检验

本章采用双重机器学习方法对全域土地综合整治试点政策的碳减排效应进行评估，需要对事前的平行趋势进行检验，以满足双重差分法的使用要求。本章采取事件研究法检验事前的平行趋势并考察事后全域土地综合整治试点政策的碳减排效应。

平行趋势检验结果如图10-2所示：在政策实施前的时段，政策效应的系数均不显著；而在政策实施之后，随着时间推移，政策效应的系数绝对值有明显缩小，且在统计上均保持显著。这一结果表明，在政策实施之前，控制组和处理组之间不存在显著的差异，双重差分法使用的平行趋势假设在本章中是成立的。

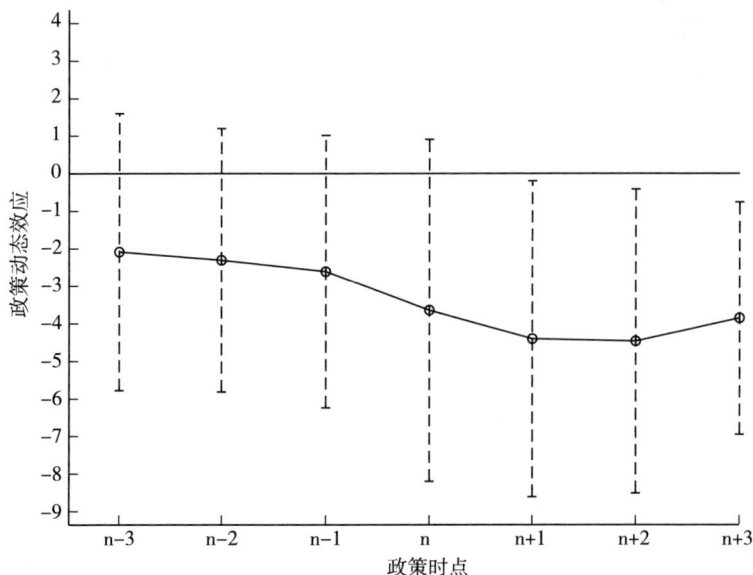

图10-2　平行趋势检验图

（二）剔除新冠疫情影响

为了排除新冠疫情这一重大事件对乡镇人均碳排放量的影响，本章参考已有研究（唐飞鹏，2024），构造新冠疫情虚拟变量并加入回归进行控制。表 10-3 的结果显示，在控制新冠疫情影响后，回归系数仍呈现负向显著，证明前文结论是稳健的。

（三）缩尾处理

考虑到回归样本中的异常值可能影响估计结果的无偏性，本章将基准回归中除核心解释变量外的所有变量进行前后 1%、2%、3% 的缩尾处理，替换了超出上分位点和低于下分位点的数值并进行回归分析。表 10-3 的结果显示，剔除异常值后，回归结果仍然显著为负。

（四）考虑地级市-年份交互固定效应

由于浙江省各乡镇之间的政策实施考核可能存在差异，而同县级县（市、区）内各乡镇在资源禀赋、政策背景、经济文化等方面存在相似性，所以本章采取控制县级市-年份交互固定效应的方法进行稳健性检验。表 10-3 结果显示，控制县级市-年份交互固定效应后，系数依旧显著为负，说明前文的结论是可靠的。

表 10-3　稳健性检验（1）

变量	剔除疫情影响	缩尾处理			交互固定效应
	碳排放取对数	1%缩尾	2%缩尾	3%缩尾	县级市-年份
全域土地综合整治试点政策	−1.017**	−0.730***	−0.529***	−0.229*	−1.329***
	(0.419)	(0.196)	(0.155)	(0.136)	(0.382)
控制变量一次项	Yes	Yes	Yes	Yes	Yes
控制变量二次项	Yes	Yes	Yes	Yes	Yes
乡镇、年份固定效应	Yes	Yes	Yes	Yes	Yes
新冠疫情影响	Yes	No	No	No	No
县级市-年份交互固定效应	No	No	No	No	Yes
样本量	5 632	5 632	5 632	5 632	5 632

（五）更换估计模型

第一，选取传统的多时点双重差分法（Staggered DID）以及针对 Staggered DID 的两种改进方法进行稳健性检验（Callaway and Sant'Anna，2021；Sun and Abraham，2021）。表 10-4 检验结果显示，三类模型得到的估计系数均显著为负，证明了结论的稳健性。

第二，为避免模型设定偏误对结论产生的影响，本章从双重机器学习模型的设定条件入手，通过改变样本分割比例、更换机器学习方法进行稳健性检验。由表 10-4 检验结果可知，切换样本分割比例以及调整机器学习算法均不影响全域土地综合整治试点政策促进碳减排的结论，只改变了系数大小，说明原结论是稳健的。

表 10-4 稳健性检验（2）

变量	传统多期双重差分模型及改进方法				重设双重机器学习模型			
	(1)	(2)	(3)	(4)	(5)	(6)	(7)	(8)
	Staggered DID	CSDID	SADID	Kfolds=3	Kfolds=8	lassocv	elasticcv	nnet
全域土地综合整治试点政策	−2.142***	−2.486***	−1.993***	−1.689***	−1.374***	−2.027***	−2.094***	−0.207***
	(0.766)	(0.822)	(0.665)	(0.436)	(0.335)	(0.485)	(0.481)	(0.039)
控制变量一次项	Yes	Yes	Yes	Yes	Yes	Yes	Yes	Yes
控制变量二次项	Yes	Yes	Yes	Yes	Yes	Yes	Yes	Yes
乡镇、年份固定效应	Yes	Yes	Yes	Yes	Yes	Yes	Yes	Yes
样本量	5 632	5 632	5 632	5 632	5 632	5 632	5 632	5 632

三、内生性检验与安慰剂检验

（一）内生性检验

评估全域土地综合整治试点政策的碳减排效应时，可能存在遗漏变量、反向因果等内生性问题，因此，首先，本章尽可能将影响乡镇人均碳排放量的因素考虑在内，从而避免遗漏变量导致的内生性问题；其次，本章将控制变量滞后一期，进行内生性检验，从而避免了双向因果问题；最后，本章采用工具变量法缓解内生性问题，以 Chernozhukov et al. （2018）为基础，构建双重机器学习的部分线性工具变量模型，具体设置如下：

$$Y_{it} = \theta_0 D_{it} + g(X_{it}) + U_{it} \qquad (10-5)$$

$$Z_{it} = m(X_{it}) + V_{it} \qquad (10-6)$$

其中，Z_{it} 为 D_{it} 的工具变量。此外，本章参考已有研究的做法，将全域土地综合整治试点政策变量滞后一期作为工具变量，进行内生性检验，进而缓解内生性问题。表 10-5 的内生性检验结果显示，在消除内生性问题后，全域土地综合整治试点政策仍具有显著碳减排效应。

（二）安慰剂检验

为进一步排除估计中随机因素的干扰，本章分别假设政策实施时间提前两年和提前三年，从而构造出反事实进行检验。表 10-5 模型（3）和模型（4）展示了安慰剂检验的结果，在两次改变政策时点后，处置系数均不再显著，说明前文结论是可靠的。

表 10-5　内生性检验与安慰剂检验

变量	内生性检验		安慰剂检验	
	（1）	（2）	（3）	（4）
	控制变量滞后一期 人均碳排放量	工具变量 人均碳排放量	政策提前两年 人均碳排放量	政策提前三年 人均碳排放量
全域土地综合整治试点政策	−1.451***	−2.176***	−0.657	−0.395
	(0.371)	(0.528)	(0.520)	(0.565)
控制变量一次项	Yes	Yes	Yes	Yes
控制变量二次项	Yes	Yes	Yes	Yes
乡镇、年份固定效应	Yes	Yes	Yes	Yes
样本量	4 928	4 928	5 632	5 632

第五节　组态路径研究

一、样本选择与数据校准

（一）样本选择

本章构建了外缘系统"社会-经济-生态"和内核系统"人-地-业"交互作用的理论框架，以全域土地综合整治的试点乡镇作为典型案例，探究多要素协同的全域土地综合整治在推进碳减排过程中的组态路径。但限于数据的可得性，在剔除数据缺失过于严重的试点乡镇样本后，最终收集到 152 个试点乡镇的相关数据，并将其作为典型案例样本开展组态路径研究。

（二）数据校准

本章通过 QCA 方法分析"外缘-内核"系统与乡镇碳减排率之间的必要和充分两类复杂因果关系。本章采用直接校准法，将乡镇"外缘-内核"系统的各要素和乡镇碳减排率的样本描述性统计的第 90 百分位数、中位数、第 10 百分位数分别设定为完全隶属、交叉点、完全不隶属的锚点（杜运周，2022；Greckhamer et al.，2021）。此外，为了避免案例隶属度恰好为 0.50 的组态归属问题，本章将 0.50 隶属度减去 0.001 常数（Crilly et al.，2012）。具体数据校准情况如表 10-6 所示。

表 10-6　数据校准表

变量	校准		
	完全隶属（90%）	交叉点（50%）	完全不隶属（10%）
碳减排率	0.083	0.006	−0.079
人	71.383	23.875	9.066
地	22.543	3.846	0.856
业	2.000	1.000	0.000
社会	0.679	0.334	0.000
经济	5.386	0.876	0.046
生态	88 935.516	30 568.119	1 213.637

二、"外缘-内核"系统对高/非高碳减排率的必要性分析

必要性分析即判断某单个条件变量是不是结果变量的必要条件，进行必要性分析对于综合组态分析来说是不可缺少的步骤，通过必要性分析得以决定是否在组态中必然保留某单个条件，从而影响简约解与复杂解的结果。从集合角度来看，必要条件就意味着这个条件一定是结果的子集。结果如表 10-7 所示，所有前因条件的一致性均小于 0.8，说明不存在必要条件，可以进行后续组态路径分析。

表 10-7　必要条件分析结果

条件变量	结果变量			
	高碳减排率		非高碳减排率	
	一致性	覆盖度	一致性	覆盖度
人	0.605	0.657	0.608	0.646
~人	0.674	0.638	0.677	0.626
地	0.640	0.687	0.551	0.579
~地	0.608	0.580	0.703	0.656

（续）

条件变量	结果变量			
	高碳减排率		非高碳减排率	
	一致性	覆盖度	一致性	覆盖度
业	0.515	0.665	0.518	0.654
～业	0.732	0.608	0.735	0.597
社会	0.648	0.627	0.642	0.608
～社会	0.595	0.629	0.606	0.627
经济	0.556	0.616	0.564	0.612
～经济	0.650	0.604	0.647	0.587
生态	0.621	0.689	0.541	0.587
～生态	0.628	0.583	0.713	0.648

注："～"代表非高条件。

三、"外缘-内核"系统对高/非高碳减排率的充分性分析

本章通过 fsQCA3.0 软件分析了产生高碳减排率和非高碳减排率的乡镇"外缘-内核"系统要素组态。在进行组态分析时，需要设定几类参数。其一，本章将案例频数阈值设定为1，原始一致性阈值设定为0.8，并将 PRI 一致性阈值设置为0.65（Greckhamer et al.，2021；Gupta et al.，2020）。其二，由于现有研究针对各前因条件对碳减排率的影响方向并未得到一致性结论，且区域发展存在不均衡性，前因条件对结果的影响方向不宜以统一的标准判断。因此，在反事实分析进行假设时，本章秉持谨慎性原则，不作前因条件的方向设定。最终得到复杂解、中间解和简约解。本章以中间解为主要参考依据，以中间解和简约解的嵌套关系为辅助参考依据。若前因条件同时出现在中间解和简约解中，则为核心条件；若前因条件只出现在中间解中，则为边缘条件。表10-8显示了实现乡镇高碳减排率的组态结果。

从总体上看，试点乡镇的高碳减排率的总体一致性为0.881，试点乡镇的非高碳减排率的总体一致性为0.878，高于0.8的阈值，说明条件变量路径组合对研究结果具有较强的解释力。试点乡镇高碳减排率的组合原始覆盖度介于0.165～0.213，唯一覆盖度介于0.010～0.075。试点乡镇非高碳减排率的组合原始覆盖度介于0.184～0.194，唯一覆盖度介于0.073～0.083。组合间唯一覆盖度数值的偏低，也进一步说明了单个组合不能够完全解释所有个案，大

多数乡镇的碳减排效应都受到不同组合的影响。

（一）高碳减排率的组态路径分析

1. 集聚提升型整治模式

组态 S1 指出，以高"地"要素、高"经济"要素为核心条件的组态路径可以充分地产生乡镇高碳减排率。这表明在积极开展土地整治的环境下，经济集聚能有效提升减碳效果。一方面，土地整治能有效腾退"低小散"的企业，从而盘活各类存量建设用地，优化土地要素的空间配置，缓解了要素错配带来的环境负外部性。另一方面，土地整治所带来的土地规模化为经济集聚提供了可能，经济高质量发展将推动整治区内产业结构转型与能源利用效率提升，从而让全域土地综合整治呈现出显著的绿色化、低碳化特点。

2. 特色保护型整治模式

组态 S2 指出，以高"地"要素、高"经济"要素、高"生态"要素为核心条件的组态路径可以充分地引致乡镇高碳减排率。这表明在大力推动土地整治的环境中，生态建设与经济建设协同将进一步强化土地整治的绿色效能。生态环境保护与经济发展的耦合，充分体现了"绿水青山就是金山银山"的发展理论。开展全域土地综合整治，不仅能巩固生态基础屏障，激活生态修复的增汇效应，还能依托经济集聚实现横向三产融合与纵向的价值链延伸，从而推动乡镇经济在集聚中减碳扩绿。

3. 生态产业型整治模式

组态 S3 指出，以高"人"要素、高"业"要素为核心条件，高"地"要素、高"生态"要素为边缘条件的组态路径可以充分地引致乡镇高碳减排率。这表明在土地市场化水平低、经济集聚程度不高的环境中，通过内核系统"人-地-业"三大要素与外缘系统中"生态"要素的互馈耦合，乡镇可以实现较高的碳减排效果。首先，新型农业经营主体与产业发展相辅相成。一方面，新型农业经营主体具有较好的绿色生产意识与环境保护意愿，能促进产业在发展过程中实现绿色化转型升级。另一方面，随着产业在横向与纵向进一步的分工深化，新型农业经营主体的规模也将不断扩大，从而促进绿色知识溢出与绿色技术扩散。其次，在"人-业"互动的环境下，合理开展土地整治，不仅进一步优化用地结构，释放土地减排增汇潜力，也为新型经营主体规模扩大、产业绿色化转型提供了土地要素保障，最终形成"人-地-业"良性互动模式下的绿色、低碳发展。最后，"生态"要素与"内核"系统三大要素双向互构，不仅打造出"生态产业化"与"产业生态化"的生态建设路径，也重塑了生产、生活和生态的"三生"格局，从而双向提升了土地整治减排增汇的阈值。

4. 生态修复型整治模式

组态 S4 指出，以高"人"要素、高"地"要素、高"社会"要素为核心条件，高"生态"要素为边缘条件的组态路径可以充分地引致乡镇高碳减排率。这表明在加速推进土地整治的环境下，新型农业经营主体队伍的壮大、土地出让市场化机制的建立、生态环境的保护修复能有效助力乡镇实现降碳增汇的目标。土地整治、土地出让市场化均为农业土地的规模化经营提供了良好契机，新型农业经营主体通过市场配置机制，能有效提高土地要素的利用效率，从而促进要素投入和产出结构的耦合，实现绿色效能的发挥。同时，以保护环境与生态修复为目标，统筹推进农田水利、田间道路等建设，实现耕地数量增加、耕地质量提高、农田生态改善的目标，最终实现农地整治的规模效应与生态修复的增汇目标。

（二）非高碳减排率的组态分析

本章分析了产生乡镇非高碳减排率的"外缘-内核"系统组态，发现 2 个组态产生非高碳减排率。比较 2 个组态可以发现，它们共同缺乏"地"要素和"经济"要素，说明这是导致乡镇非高碳减排率的普遍原因。同时，这 2 个组态都拥有"人"要素，却引致了非高碳减排率。解释可能是，虽然新型农业经营主体具有更多资金和更高意愿购买或租赁农业机械以提高农业生产力，从而优化农业生产要素配置，降低地区碳排放强度，但由于缺乏高土地整治的核心条件，在小农户占主导的格局下，土地仍旧分散经营，最终导致大型农业机械设备应用受阻，农业机械化效率低、耗能高，从而加大农业碳排放强度（表 10-8）。

表 10-8　产生高、非高碳减排率的组态分析

前因条件	乡镇高碳减排率				乡镇非高碳减排率	
	S1	S2	S3	S4	NS1	NS2
人	⊗	⊗	●	●	●	●
地	●	●	·	●	⊗	⊗
业	⊗	⊗	●	⊗	⊗	⊗
社会	⊗		⊗	●	●	⊗
经济	●	●	⊗	⊗	⊗	⊗
生态		●	·	·	⊗	·
一致性	0.906	0.934	0.909	0.862	0.877	0.892
原始覆盖度	0.173	0.166	0.165	0.213	0.184	0.194
唯一覆盖度	0.029	0.010	0.044	0.075	0.073	0.083

（续）

前因条件	乡镇高碳减排率				乡镇非高碳减排率	
	S1	S2	S3	S4	NS1	NS2
总体一致性		0.881				0.878
总体覆盖度		0.352				0.267

注：对真值表进行标准化分析时，需要对质蕴含项进行选择。对于非高碳减排率选择质蕴含项人 * ～地 * ～经济 * ～生态。其中，"*"表示且；●＝核心条件存在；⊗＝核心条件缺失；·＝边缘条件存在；⊗＝边缘条件缺失。

四、稳健性检验

在 fsQCA 的研究过程中，往往采取稳健性检验来确保研究的可靠性，本章对产生高碳减排率的"外缘-内核"系统组态进行了三类稳健性检验。第一，参考已有研究（White et al.，2021），提高案例一致性阈值由 0.8 至 0.85，对比数据结果发现，所含前因条件组态基本相同。第二，本章提高案例频数阈值由 1 至 2，产生的 4 个组态与现有组态中基本一致。第三，提高 PRI 一致性从 0.65 至 0.75，产生的一个组态与现有组态基本一致。上述稳健性检验证明前文结论是可靠的，因此，假说 2 得到验证。

第六节　结论与政策启示

一、研究结论

如何推动中国"双碳"目标的实现是目前学术界关注的焦点。全域土地综合整治试点政策通过改变土地利用现状及其负载的人类活动，影响不同用地类型所承载的自然及人为碳通量过程，对区域减排增汇具有重要作用。本章基于 2015—2022 年浙江省乡镇面板数据，采用双重机器学习方法科学评估了全域土地综合整治试点政策的碳减排效应，并构造了"外缘-内核"双轮驱动的理论框架，通过 QCA 方法以组态视角分析了"外缘—内核"系统的六大要素对乡镇高碳减排率的多元路径。

第一，本章采用双重机器学习方法在整体上对全域土地综合整治试点政策的碳减排效应进行科学的评估，发现设立全域土地综合整治试点能对乡镇人均碳排放量产生显著的负向影响。这一结论在进行稳健性、内生性和安慰剂检验后仍然成立。

第二，本章以组态视角和 QCA 方法发现了产生乡镇高碳减排率的 4 种组态路径。这 4 种整治模式体现了不同乡镇碳减排的多重实现方式。这说明政策制定者可以根据所在乡镇的要素组成现状，对比实现乡镇高碳减排率 4 条路径中具有相近要素构成的乡镇，根据"外缘—内核"双轮驱动逻辑，处理好"人-地-业"内核系统与"社会-经济-生态"外缘系统的共栖或共生关系，优化乡镇的土地整治发展模式，实现乡镇高碳减排率；也可以大刀阔斧进行改革，向较不相似的乡镇学习如何优化要素构成提升乡镇碳减排的效果。

　　第三，本书中，乡镇高碳减排率的 4 个组态都包含"地"要素，且乡镇非高碳减排率的 2 个组态都缺失"地"要素与"经济"要素。这说明在"双碳"背景下开展全域土地综合整治的过程中：内核系统的"地"要素对乡镇碳减排发挥着重要作用；而"外缘"中的"经济"要素缺失，则对乡镇产生乡镇非高碳减排率具有重要影响。

二、政策启示

　　本章的研究结论可能为乡镇碳减排带来以下几点政策启示：

　　第一，推广设立以乡镇为基本实施单元，涉及全要素、全生命周期、全过程的全域土地综合整治试点。在"双碳"目标纳入生态文明建设整体布局的新时期，全国的全域土地综合整治亦被赋予了减排增汇的新使命。大力推动单一类型土地整治项目向以乡镇为基本实施单元全域综合整治转变，积极促进土地特定要素整治向山水林田湖草全要素综合整治转变，最终实现乡镇的土地整治向清洁化、低碳化转型升级。

　　第二，对于集聚提升型、特色保护型、生态产业型、生态修复型四类整治模式，各地政府要结合自身乡镇发展的要素禀赋，因地制宜地借鉴成功案例。同时，在要素协同互动过程中，完善多元主体的参与机制、优化碳源/碳汇空间布局、聚焦产业低碳化转型升级，从而探索出差异化的全域土地综合整治绿色发展路径。

　　第三，重视土地要素与经济系统在乡镇碳减排中的重要性。在土地要素方面，通过土壤修复、细碎化农田整合等举措，强化农用地固碳增汇的生态效益；整理建设用地，实现复垦复绿等的转型利用；实施生态修复和保护保育等措施，提升生态系统碳汇能力。在经济系统方面，以土地整治引导乡镇经济的规模化发展与高质量发展，从而倒逼全域土地综合整治项目区产业升级与能源转型，推动整治向更高层次的低碳化转型。

参 考 文 献

蔡为民，王燕秋，林国斌，等，2024. 基于"资源—资产—资本—资金"转化路径的森林碳汇价值实现机制［J］. 中国人口・资源与环境，34（3）：60－67.

陈林，万攀兵，2021. 城镇化建设的乡镇发展和环境污染效应［J］. 中国人口・资源与环境，31（4）：62－73.

陈美球，严格，2021. 构建低碳型国土空间格局的思考［J］. 中国土地（11）：9－11.

杜鹰，2018. 小农生产与农业现代化［J］. 中国农村经济（10）：2－6.

杜运周，刘秋辰，陈凯薇，等，2022. 营商环境生态、全要素生产率与城市高质量发展的多元模式：基于复杂系统观的组态分析［J］. 管理世界，38（9）：127－145.

范业婷，金晓斌，张晓琳，等，2021. 乡村重构视角下全域土地综合整治的机制解析与案例研究［J］. 中国土地科学，35（4）：109－118.

龚华，仝德，张楚婧，等，2023. 城乡融合视角下的全域土地综合整治模式优化［J］. 规划师，39（12）：38－44，52.

郭义强，郧文聚，黄妮，等，2016. 土地整理工程对土壤碳排放的影响［J］. 土壤通报，47（1）：36－41.

郝爱民，谭家银，2023. 农村产业融合赋能农业韧性的机理及效应测度［J］. 农业技术经济（7）：88－107.

贺大为，金贵，望元庆，等，2018. 湖北省不同类型土地整治项目施工阶段的碳排放核算［J］. 湖北大学学报（自然科学版），40（6）：568－573.

胡平波，钟漪萍，2019. 政府支持下的农旅融合促进农业生态效率提升机理与实证分析：以全国休闲农业与乡村旅游示范县为例［J］. 中国农村经济（12）：85－104.

柯春媛，黄世政，2024. 基于外部绿色压力的农业碳减排行为研究［J］. 华东经济管理，38（3）：74－83.

李秋芳，汪文雄，崔永正，等，2024. 组织关系视角下全域土地综合整治多元主体协同治理的逻辑框架与网络形式［J］. 自然资源学报，39（4）：912－928.

李茹茹，赵华甫，吴克宁，等，2016. 农村土地整治项目 CO_2 排放及减排政策下的情景模拟［J］. 水土保持通报，36（6）：177－183.

刘璇，许恒周，张苗，2022. 土地出让市场化的碳排放效应及传导机制：基于产业结构中介视角［J］. 中国人口・资源与环境，32（6）：12－21.

刘耀彬，邓伟凤，李硕硕，等，2024. 基于碳汇潜力的碳排放空间关联网络结构特征及影响因素：以长江中游城市群为例［J］. 中国人口・资源与环境，34（3）：1－15.

罗明忠，魏滨辉，2023. 农业生产性服务的碳减排作用：效应与机制［J］. 经济经纬，40（4）：58－68.

吕天宇，曾晨，岳文泽，2022. "双碳"目标背景下全域土地综合整治减排增汇的机理与路径研究［J］. 中国土地科学，36（11）：13－23.

乔艺波，赵奕涵，李晓璞，等，2024. 乡镇数字经济的空间演化与发展绩效：基于江苏省乡镇数据的实证研究［J］. 经济地理，44（2）：124－133.

盛羊羊，林彤，刘新平，等，2022. 欠发达地区土地利用多功能化演变的时空轨迹：来自西北典型城市的证据［J］. 东北师大学报（自然科学版），54（2）：150－160.

孙学涛，张丽娟，2024. 高标准农田建设对农业技术进步偏向的影响［J］. 南京农业大学学报（社会科学版），24（2）：148－159.

唐飞鹏，2024. 中国地方的拉弗曲线：契税税率自主下调与城市财政能力［J］. 经济科学（3）：42－69.

王茹婷，彭方平，李维，等，2022. 打破刚性兑付能降低企业融资成本吗？［J］. 管理世界，38（4）：42－64.

魏滨辉，罗明忠，赵纯凯，2025. 劳动力返乡创业对县域新型城镇化的影响［J］. 山西财经大学学报，47（1）：16－30.

吴诗嫚，丁如，匡兵，等，2023. 土地综合整治对耕地利用生态效率的影响研究：基于农户微观数据的实证分析［J］. 中国土地科学，37（11）：95－105.

吴一平，杨芳，周彩，2022. 电子商务与财政能力：来自中国淘宝村的证据［J］. 世界经济，45（3）：82－105.

夏方舟，杨雨濛，严金明，2018. 中国国土综合整治近 40 年内涵研究综述：阶段演进与发展变化［J］. 中国土地科学，32（5）：78－85.

肖周燕，李慧慧，孙乐，2022. 人口与工业集聚对生产和生活污染的影响及空间溢出［J］. 长江流域资源与环境，31（4）：851－861.

闫美芳，王璐，郝存忠，等，2019. 煤矿废弃地生态修复的土壤有机碳效应［J］. 生态学报，39（5）：1838－1845.

游和远，张津榕，夏舒怡，2023. 基于生态价值与生态产品价值实现潜力权衡的全域土地综合整治用地优化［J］. 自然资源学报，38（12）：2950－2965.

于水，汤瑜，2020. 全域土地综合整治：实践轨迹、执行困境与纾解路径：基于苏北 S 县的个案分析［J］. 农业经济与管理（3）：42－52.

余建忠，董翊明，田园，等，2021. 基于自然资源整合的浙江省全域土地综合整治路径研究［J］. 规划师，37（22）：17－23.

袁方成，周韦龙，2024. 要素流动何以推动县域城乡融合：经验观察与逻辑诠释：以佛山市南海区全域土地综合整治为例［J］. 南京农业大学学报（社会科学版），24（2）：63－74.

张利国，王占岐，李冰清，2018. 湖北省土地整治项目碳效应核算及其分析［J］. 自然资源学报，33（11）：2006－2019.

张庶，金晓斌，杨绪红，等，2016. 农用地整治项目的碳效应分析与核算研究［J］. 资源科学，38（1）：93－101.

张涛，李均超，2023. 网络基础设施、包容性绿色增长与地区差距：基于双重机器学习的因果推断［J］. 数量经济技术经济研究，40（4）：113－135.

张中秋，胡宝清，张世康，等，2019. 临时用地土地复垦碳效应分析与测算：以广西为例［J］. 农业资源与环境学报，36（6）：744－756.

张中秋，劳燕玲，胡宝清，等，2020. 老少边山穷地区城镇化与国土空间生态修复耦合协调机制研究［J］. 农业资源与环境学报，37（6）：882－893.

钟文，郑明贵，钟昌标，2024. 土地出让市场化对城市碳排放绩效的影响研究：基于城市面板数据的检验分析 [J]. 华东经济管理，38（2）：75-84.

CALLAWAY B，SANT'ANNA P H，2021. Difference-in-Differences with multiple time periods [J]. Journal of Econometrics，225（2）：200-230.

CHEN J D，GAO M，CHENG S L，et al.，2020. County-level CO_2 emissions and sequestration in China during 1997—2017 [J]. Scientific data，7（1）：391.

CHERNOZHUKOV V，CHETVERIKOV D，DEMIRER M，et al.，2018. Double/debiased machine learning for treatment and structural parameters [J]. The Econometrics Journal，21（1）：C1-C68.

HANSEN M T，ZOLLO M，CRILLY D，2012. Faking it or muddling through? Understanding decoupling in response to stakeholder pressures [J]. Academy of Management Journal，55（6）：1429-1448.

GRECKHAMER T，GUR F A，2021. Disentangling combinations and contingencies of generic strategies：A set-theoretic configurational approach [J]. Long Range Planning，54（2）：101951.

GUPTA K，CRILLY D，GRECKHAMER T，2020. Stakeholder engagement strategies，national institutions，and firm performance：A configurational perspective [J]. Strategic Management Journal，41（10）：1869-1900.

LU F，HU H，SUN W，et al.，2018. Effects of national ecological restoration projects on carbon sequestration in China from 2001 to 2010 [J]. Proceedings of the National Academy of Sciences，115（16）：4039-4044.

SUN L，ABRAHAM S，2021. Estimating dynamic treatment effects in event studies with heterogeneous treatment effects [J]. Journal of econometrics，225（2）：175-199.

WHITE L，LOCKETT A，CURRIE G，et al.，2021. Hybrid context，Management Practices and Organizational Performance：A Configurational Approach [J]. The Journal of Management Studies，58（3）：718-748.

第十一章
农业减污降碳政策优化

本章提要： 浙江省农业减污降碳政策经历"弱相关期—基本协同期—强联合期"三个阶段的演进，逐步形成以绿色发展为核心的多元化政策体系。浙江省尽管减污降碳协同水平高于全国的平均水平，但仍面临政策协同不足、激励效果有限及耦合协调水平待提升等挑战。政策评估发现："肥药两制"政策、现代生态循环农业政策、高标准农田建设政策、全程机械化政策清洁能源示范省政策、农业绿色发展先行区政策以及全域土地综合整治试点政策均在减污降碳方面取得一定成效。政策建议：一是强化行政规制，完善目标考核与监管体系，推动 EOD 模式试点及"碳汇＋司法修复"机制；二是优化市场激励，深化耕地补贴、畜禽治理资金扶持及农机绿色补贴，促进种植业、畜牧业与可再生能源协同减排；三是夯实保障机制，加强部门统筹、技术创新与试点示范，依托浙江先行区优势构建减污降碳技术工具箱。

第一节　政策总结

一、浙江省农业减污降碳协同增效的政策演进与区域比较

1. 农业减污降碳政策经历弱相关期、基本协同期、强联合期三个阶段

逐渐将农业减排固碳目标纳入农业绿色发展政策，协同面源污染治理推动农业绿色转型；政策的基本定位仍以回应现实的农业减污需求为主，政策工具的应用实现了从单一到多元，政策内容逐渐从模糊到具体；浙江省减污降碳水平高于全国平均水平。

2. 浙江省减污降碳协同增长面临的障碍和压力依然巨大

一是协同碳减排和面源污染治理的政策措施尚未明晰，在全省范围内减污降碳成功的、可推广的模式较少，尚未形成示范功能强、因地制宜的减污降碳

协同模式。二是已实施的减污降碳扶持政策多是"打包式"，并未与实际减污降碳贡献挂钩，缺乏量化的补贴依据，因而对减污降碳协同的激励效果有限。三是减污降碳协同增效的耦合性相较全国平均水平较弱，协调性水平处于中度耦合协调阶段，亟待提高。

二、浙江省减污降碳政策实施的效果评估

1. "肥药两制"政策具有显著的减污效应

"肥药两制"改革政策作为浙江省运用数字技术从农业生产源头推动农业生产理念和方式转型的首创政策，在农业减污中发挥重要作用。①调节效应表明：该政策受到电商嵌入的负向调节的影响。②异质性分析表明：在粮食作物主导地区实施"肥药两制"改革政策具有显著的化肥减量效应，而在非粮食作物主导地区不显著；在不同经济发展水平中，经济发达地区相较于经济欠发达地区政策实施带来的化肥减量效应更为明显。③组态路径分析表明：产生高化肥减量的组态路径有 3 条，即环境主导技术协同型、组织主导技术协同型、技术主导型。

2. 现代生态循环农业政策具有显著的减污降碳效应

现代生态循环农业政策作为实现农业可持续发展的有效途径，不仅是实现农业现代化战略目标的重要保障，更是推动农业绿色发展的现实需求。①浙江省现代生态循环农业整建制建设之后，有效减少了甲烷的排放，提升了农业绿色全要素生产率。②作用机制表明：浙江省的现代生态循环农业政策通过提高农业机械化水平和优化农业产业结构，不仅有效降低了甲烷的排放，还提高了农业全要素生产率，对于浙江省实现农业绿色化转型具有重要的促进作用。

3. 高标准农田建设政策具有显著的减污降碳效应

①高标准农田建设政策对农业面源污染和碳排放具有持续的抑制效应，该结论在替换核心解释变量、添加关键控制变量、扩展实验数据等稳健性检验后依然成立。②影响机制分析表明，高标准农田建设政策可以通过提高横向分工水平和纵向分工水平来影响农业减污降碳。

4. 全程机械化政策具有显著的减污效应

①全程机械化示范县政策实施后，示范县化肥施用强度显著下降，该结论经过平行趋势检验、SDID 的稳健性检验、安慰剂检验、双重机器学习稳健性检验后仍然成立。②机制分析结果表明，全程机械化示范县政策可以通过促进示范县的农业绿色技术进步，进而降低当地的化肥施用强度。③异质性分析结果表明，全程机械化示范县政策对化肥施用强度的负向影响随着分位点的增加

呈"L"形，逐步递减。并且，相较于非平原地区地形，全程机械化在平原地区对化肥减量的影响较为显著。

5. 清洁能源示范省政策具有显著的减污降碳效应

清洁能源示范省政策对农业面源污染、农业碳排放产生显著负向影响。

6. 农业绿色发展先行区政策具有显著的减污效应

①农业绿色发展先行区政策实施后，农业绿色全要素生产率取得了显著的提升效果，该结论经过稳健性检验、安慰剂检验和内生性检验后仍然成立。从分解效应看，农业绿色发展先行区政策对农业绿色技术进步和农业绿色技术效率提升也具有促进作用。②机制检验发现，农业绿色发展先行区政策通过推动农业产业集聚、优化农业产业结构两条传导路径来提升农业绿色全要素生产率。③调节效应分析结果表明，政府资金补贴力度对农业绿色发展先行区政策存在正向调节效应，普惠金融程度的调节作用并不明显。④异质性分析结果表明，农业绿色发展先行区政策更有助于提升平原县、产粮大县的农业绿色全要素生产率。

7. 全域土地综合整治试点政策具有显著的降碳效应

①全域土地综合整治政策实施后，人均碳排放量取得了显著减少的效果，该结论经过稳健性检验、安慰剂检验和内生性检验后仍然成立。②组态视角和QCA方法发现了产生乡镇高碳减排率的4种组态路径：集聚提升型整治模式、特色保护型整治模式、生态产业型整治模式、生态修复型整治模式。③乡镇非高碳减排率的2个组态都缺失"地"要素与"经济"要素，反映出在"双碳"背景下开展全域土地综合整治的过程中，内核系统的"地"要素对乡镇碳减排发挥着重要作用，而外缘系统中的"经济"要素缺失，则对乡镇产生乡镇非高碳减排率具有重要影响。

第二节　政策建议

当前，浙江省农业减污降碳协同增效的协调水平不高，非均衡性成为限制减污降碳协同增效的主要障碍。浙江省应突出薄弱环节，强化政策协同以推进农业减污降碳协同增效（表11-1）。

1. 制定行政规制政策

健全面源污染治理与减排固碳考核目标责任制，将面源污染治理与减排固碳的责任要求，包括目标指标和重点任务、措施、要求等，通过评估考核落实下来；强化减污降碳监管与激励协同政策，建立健全协同减排的统计核算、监测和保障体系，加强畜禽养殖废弃物污染治理和综合利用，构建"源头—过程—末端"全过程一体化减污降碳协同监管体系；增强碳汇与生态保护修复协同政策，推进生态环境导向的开发（EOD）模式试点建设，组织开展"绿盾 2021"自然保护地强化监督和生态保护红线监督试点，完善"碳汇＋生态环境司法修复"模式，以强化生态环境质量与固碳增汇能力的协同增效。

表 11-1　协同政策实施路线图

政策类型	政策推进路径	
	2021—2025 年	2026—2030 年
面源污染治理与减排固碳考核目标责任制	推进地方构建面源污染治理与减排固碳目标制定与实施责任制 健全面源污染治理与减排固碳考核目标责任制 将减排固碳目标纳入农业绿色发展政策	强化农业减污降碳协同增效的目标考核体系 完善责任考核制度，并加强考核结果的评估和示范
行政规制政策　强化减污降碳监管与激励协同政策	建立健全协同减排的统计、核算、监测和保障体系。以农业面源污染与碳排放控制为出发点，以强化协同减污降碳为目标，推动农业减污降碳工作体系 加强畜禽养殖废弃物污染治理和综合利用，强化污水、垃圾等集中处置设施环境管理，协同控制甲烷、氧化亚氮等温室气体排放	构建"源头—过程—末端"全过程一体化农业减污降碳协同监管体制 建设农业面源污染监管平台。系统整合农田氮磷流失监测、地表水生态环境质量监测、农村环境质量监测等数据，实现从污染源头到减排固碳的监测数据互联互通
增强碳汇与生态保护修复协同政策	推进生态环境导向的开发（EOD）模式试点建设 组织开展"绿盾 2021"自然保护地强化监督和生态保护红线监督试点 完善"碳汇＋生态环境司法修复"模式，以认购碳汇的方式来履行修复生态环境义务	强化生态环境质量与固碳增汇能力的协同增效 探索制定生态保护修复工程及碳汇技术集成应用方案 探索生态价值实现新路径，鼓励和引导生态保护修复项目参与全国碳排放权交易，对形成具有碳汇能力且符合相关要求的生态系统，申请核证碳汇增量并进行交易，拓宽生态保护修复主体收益渠道

（续）

政策类型	政策推进路径	
	2021—2025 年	2026—2030 年
市场经济政策 种植业节能减排	稳定实施耕地地力保护补贴政策，继续实施耕地轮作休耕 　落实"肥药两制"改革，促进化肥农药减量增效 　推广应用以"控肥、控苗、控病虫"为主要内容的施肥技术，减少化肥使用率，提高肥料利用率	推进形成区域间种植业协同减排节能政策 　高效节能的农业科技成果更为普遍地惠及农业生产全过程
畜牧业减排降碳	实施精准饲喂，降低单位畜禽产品的肠道甲烷排放强度 　实施生猪品种补贴方案，促进生猪品种改良以及减少生猪的氮、磷、钙等的排泄 　加强对畜禽养殖废弃物处理配套设施建设运行及综合利用的指导服务，推进畜禽粪污资源化利用 　开展畜禽粪污资源化利用项目，落实补助资金	推进畜禽养殖场建成后进行环境影响评价和定期的环境监测 　完善对畜禽养殖废弃物治理的资金扶持和补助
农田固碳扩容	调整省级耕地保护补偿政策，进一步加强耕地和永久基本农田保护 　开展商品有机肥补贴资金工作 　积极开展农田土壤改良、地力培肥和治理修复等工作 　统筹市、区两级财政资金，重点用于土壤污染修复、土壤调查监测、土壤环境保护监管体系建设等方面	优化不同区域稻田监测点位设置，推动构建科学布局、分级负责的监测评价体系，对农田开展定位监测 　完善耕地保护补偿机制
农机节能减排	实施高耗能农业机械报废补偿政策，淘汰老、旧、高耗能农业机械 　培育壮大新型农机服务组织，提升作业效率，降低能源消耗 　示范推广节种、节水、节能、节肥、节药的农机化技术	加快绿色、智能、复式、高效农机化技术装备普及应用 　推进农机化技术装备结构的升级换代 　推进将更多绿色机具、智能装备纳入补贴范围
可再生能源替代	推广应用生物质能、太阳能、风能、地热能等绿色用能模式，增加农村地区清洁能源供应 　设立清洁能源发展专项资金 　支持煤炭清洁高效利用专项再贷款延续实施，在保障能源供应安全的同时支持经济向绿色低碳转型	推广农村可再生能源等监测调查，开展常态化的统计分析 　完善促进清洁能源开发利用的价格、补贴政策

（续）

政策类型	政策推进路径	
	2021—2025 年	2026—2030 年
统筹协调	发挥面源污染治理和减排固碳工作联席会议的牵头作用和统筹协调职能 加强部门间政策的统筹协调，做好行政规制政策和市场经济政策的有效衔接	牵头单位加强统筹协调，做好工作指导，推动任务有序有效落实，及时防范、化解风险 省级政府对本地区农业减污降碳工作负总责，提供组织和政策保障，做好监督考核。市级政府做好上下衔接、域内协调和督促检查等工作。县级政府做好具体组织实施工作
实施保障　能力支撑	强化农业面源污染与碳排放的统计监测评估、统一监督执法、统一信息共享等能力建设 研究制定农业减污降碳协同政策行动计划 各级财政资金加大对绿色低碳的支持，鼓励开展统筹考虑应对气候变化的 EOD 项目	推动农业减污降碳协同政策的定期评估，健全实施与效果反馈的完整政策闭环 健全协同政策的协调与信息共享机制
试点示范融合与技术创新	发布浙江省重点推广的农业低碳技术目录 支持减污降碳协同相关技术研发、示范和推广 建立减污降碳技术应用工具箱	推进试点示范的动态评估和考核 探索减污降碳全过程一体化示范工程建设

2. 强化市场经济政策

依据各环节减污降碳特征，充分发挥交易、金融、补偿等市场政策手段在协同降碳减污中的作用。在种植业节能减排方面，稳定实施耕地地力保护补贴政策，落实"肥药两制"改革，推广应用以"控肥、控苗、控病虫"为主要内容的施肥技术，以推进形成区域间种植业协同减排节能；在畜牧业减排降碳方面，完善对畜禽养殖废弃物治理的资金扶持和补助，重点推进畜禽养殖场建成后进行环境评价和定期的环境监测；在农田固碳扩容方面，完善耕地保护补偿机制，开展农田土壤改良、地力培肥和治理修复等工作，以期推动农田固碳扩容；在农机节能减排方面，推进将更多绿色机具、智能装备纳入补贴范围，以实现农机化技术装备结构的升级换代；在可再生能源替代方面，支持煤炭清洁高效利用专项再贷款延续实施，完善促进清洁能源开发利用的价格、补贴政策。

3. 夯实协同政策实施保障

　　加强农业减污降碳政策统筹协调工作，更好发挥面源污染治理和减排固碳工作联席会议的牵头作用和统筹协调职能，加强部门间政策的统筹协调；夯实农业减污降碳协同政策实施的能力支撑，强化减污降碳信息共享等能力建设，研究制定农业减污降碳协同政策行动计划，在财政上支持绿色低碳转型；加强试点示范融合与技术创新，依托浙江省农业绿色发展的试点先行区，探索开展农业减污降碳协同管控试点示范，优选协同减排技术和协同治理策略，建立技术应用工具箱。

图书在版编目（CIP）数据

"八八战略"以来浙江省农业减污降碳协同增效的政策演进及其效果评估 / 卢泓钢等编著. -- 北京 ：中国农业出版社，2025. 6. -- ISBN 978-7-109-33345-1

Ⅰ. F327.55

中国国家版本馆 CIP 数据核字第 202586WG28 号

———————————————————

中国农业出版社出版

地址：北京市朝阳区麦子店街 18 号楼

邮编：100125

责任编辑：屈 娟

版式设计：杨 婧 责任校对：张雯婷

印刷：北京中兴印刷有限公司

版次：2025 年 6 月第 1 版

印次：2025 年 6 月北京第 1 次印刷

发行：新华书店北京发行所

开本：720mm×960mm 1/16

印张：13.75

字数：255 千字

定价：68.00 元

———————————————————